信息化建设 EPC总承包管理

智慧物流园区创新实践

周 斌 沈火林 袁小明 施红霞 孔令飞 等◎编著

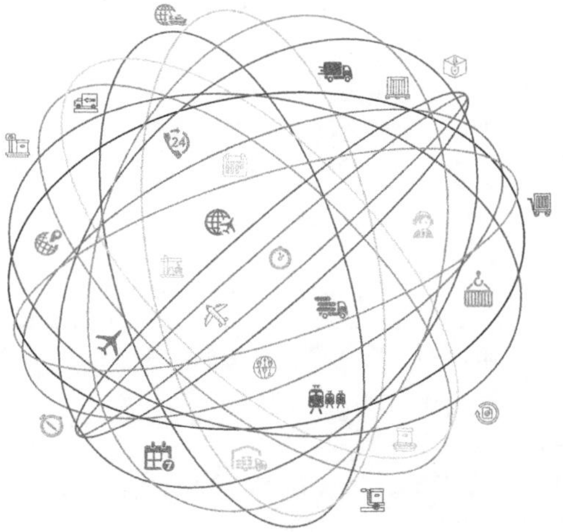

人 民 邮 电 出 版 社
北 京

图书在版编目（CIP）数据

信息化建设EPC总承包管理 ：智慧物流园区创新实践/
周斌等编著. -- 北京 ：人民邮电出版社，2021.7（2024.7重印）
ISBN 978-7-115-56054-4

Ⅰ. ①信… Ⅱ. ①周… Ⅲ. ①信息化建设－承包工程
－项目管理 Ⅳ. ①G203

中国版本图书馆CIP数据核字(2021)第036269号

内容提要

本书编写团队依托中通服咨询设计研究院有限公司在信息化总承包领域的建设经验与研究成果，借鉴EPC总承包在建筑领域、标杆项目领域的工具与方法，从项目前期策划、项目组织、设计、采购、施工、验收等方面进行论述，并以智慧物流园区为例，从具体项目的视角提出相应的工具与方法，希望能够为信息化建设的业主、EPC承包商，尤其是进行智慧物流园区建设的业主与EPC承包商提供有益参考。

本书适合信息化EPC总承包项目相关的从业人员，从事智慧物流研究、建设的管理及技术人员，以及对信息化EPC总承包项目感兴趣的相关人员阅读。

◆ 编　　著　周　斌　沈火林　袁小明　施红霞　孔令飞　等
　责任编辑　赵　娟
　责任印制　陈　犇

◆ 人民邮电出版社出版发行　　北京市丰台区成寿寺路11号
　邮编　100164　　电子邮件　315@ptpress.com.cn
　网址　https://www.ptpress.com.cn
　固安县铭成印刷有限公司印刷

◆ 开本：800×1000　1/16
　印张：21.5　　　　　　2021年7月第1版
　字数：410千字　　　　2024年7月河北第2次印刷

定价：119.80元

读者服务热线：(010)53913866　印装质量热线：(010)81055316
反盗版热线：(010)81055315
广告经营许可证：京东市监广登字20170147号

前言
Preface

近年来，随着物联网、云计算、大数据、移动互联网和人工智能等新一代信息技术的兴起，数字经济的浪潮席卷全球。在我国，数字经济发展迅速，近年来取得的成果已经向社会呈现了科技引领跨越式发展的巨大潜能，为我国经济增长提供了良好的契机。

在此背景下，智慧城市、智慧民生、数字政府、智慧园区等建设需求加速。这类项目具有投资大、工期紧、技术复杂、项目管理难度大等特点，对业主方的技术能力、项目管理能力提出了新挑战，稍有不慎轻则工期延长、浪费投资，重则达不到建设目标，导致项目建设失败。为防范、转移风险，越来越多的业主方倾向于选择工程—采购—建设（Engineering Procurement Construction，EPC）总承包模式进行信息化项目建设，将工程设计、采购、工程实施等交由技术、管理实力较强的单位进行工程总承包，借助专业公司的专业力量，提升项目的管控能力，降低项目失败的风险。但由于EPC总承包模式在我国建筑领域广泛应用的时间并不长，在信息化领域的应用更是处于初期发展阶段，许多业主和承包商大多怀着“摸着石头过河”的心态，缺乏可以借鉴的成熟理论、工具与方法。

基于以上考虑，本书编写团队依托中通服咨询设计研究院有限公司在信息化总承包领域的建设经验与研究成果，借鉴EPC总承包在建筑领域、标杆项目领域的工具与方法，从项目前期策划、项目组织、设计、采购、施工、验收等方面进行论述，并以智慧物流园区为例，从具体项目的视角提出相应的工具与方法，希望能够为从事信息化建设的业主、EPC承包商，尤其是进行智慧物流园区建设的业主与EPC承包商提供有益的参考。

EPC总承包是一项复杂的系统工程，做好信息化EPC总承包项目，既要掌握丰富的理论知识，又要依赖实践经验的积累。如果本书的出版能够引起广大学者、专家、企业对于信息化 EPC 总承包模式的关注并引发进一步的探讨研究，从而使相关理论更深入、实践更有操作性，也就实现了编写团队“抛砖引玉”的愿望。

本书由周斌、沈火林负责全书的结构和内容的把握，参与相关章节编写的有袁小明、施红霞、孔令飞、刘康康、李新、潘坤坤、戴劼、薛升超、徐向宇、宋城旭、吕美静等。

本书在编写期间得到了袁源、朱晨鸣、王江涛等同志的指导，张俊、徐豪、黄克娇等同志也给予了支持帮助，在此谨向各位同志表示衷心的感谢！编者水平所限，书中难免有疏漏和不妥之处，敬请各位专家、读者不吝指正。

编著者

2021 年 3 月于南京

目录
Contents

第 1 章

信息化项目 EPC 总承包概述

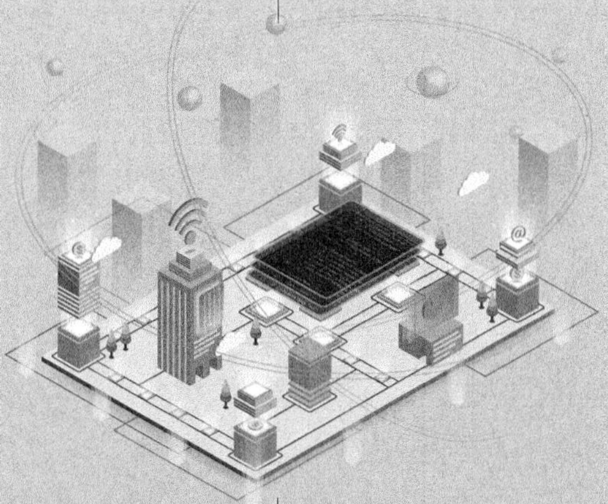

1.1 EPC 概述

1.1.1 EPC 总承包的概念

工程—采购—建设（Engineering Procurement Construction，EPC）总承包是国际通用的工程总承包产业的总称。

2014 年以来，住房和城乡建设部先后批准了浙江、吉林、福建、湖南、广西、四川、上海、重庆、陕西等省（自治区、直辖市）开展工程总承包试点。中国 EPC 企业更加重视项目的质量和效益，谋求业务的转型升级，很多企业进行了持续的新模式探索。

2019 年 12 月 23 日，住房和城乡建设部与国家发展和改革委员会联合发布了《房屋建筑和市政基础设施项目工程总承包管理办法》（建市规〔2019〕12 号），该文件将工程总承包定义为：承包单位按照与建设单位签订的合同，对工程设计、采购、施工等阶段实行总承包，并对工程的质量、安全、工期和造价等全面负责的工程建设组织实施方式。建设单位应当根据项目情况和自身管理能力等，合理选择工程建设组织实施方式。建设内容明确、技术方案成熟的项目适宜采用工程总承包方式。这标志着工程总承包事业正式全面推进。EPC 模式正在成为国家建筑产业的发展方向，引导推动工程市场结构升级；EPC 工程在整个工程市场的比重日益增大，未来具有巨大的发展空间。熟悉 EPC 模式的运作，提升对 EPC 工程的管理能力，提高 EPC 项目的投资效益，将会成为市场主体的关注重点和从业人员的必备技能。

1.1.2 EPC 总承包模式的发展背景

从历史发展来看，工程总承包主要有 4 个阶段。

1. 设计和施工没有分离的初始阶段

历史中，项目承包方式维持着建筑工匠承担所有设计和施工的原始状态，这是由当时建筑物结构单一、施工技术简单的客观情况决定的。

2. 施工和设计专业化分离

19 世纪工业革命期间，业主对建筑物的功能要求逐渐多样化，建筑和设计技术的复杂化和系统化导致两个独立的专业领域形成。1870 年，在伦敦出现了第一个设计—招标—建造（Design-Bid-Build，DBB）模式承包的项目。这种承包模式由于设计和施工分离，在复杂的工程项目中暴露出工期延长、设计变更频繁、责任划分不清等缺点。

3. 设计和施工协调阶段

为了克服设计和施工分离的工程承包模式的缺点，20 世纪 70 年代出现了建设管理（Construction Management，CM）承包模式，业主与 CM 经理签订合同，通过 CM 经理加强设计单位和施工单位之间的沟通和协调，从而提高设计的可建造性，并且希望通过分项工程分阶段招标和提前施工压缩工期。这种方式并没有从本质上改变设计方和施工方分离的状态，原因有三：一是因为尽管协调矛盾的责任由业主转移到 CM 经理，可是设计方和施工方之间存在利益冲突而导致沟通受阻；二是因为各分项工程仍然是 DBB 模式，还存在压缩工期的可能；三是因为业主和 CM 经理、设计单位、设备供应商、安装单位、运输单位等分别签订合同，多方之间划分责任导致管理关系变得复杂，同时多次招标增加了参与单位的管理成本。

4. 设计和施工一体化阶段

20 世纪 90 年代，建设工程承包市场呈现出设计和施工一体化的趋势。

首先，业主观念发生了变化。美国总承包商会对《财富》（*Fortune*）杂志评选出的 500 强企业中的部分企业工程部主管进行了调研，结果显示，建筑工程市场的业主的观念发生了转变：对建设工期尽量缩短的要求增多。世界经济一体化带来的竞争压力使业主期望在最短的时间内拥有生产设施，更快地向市场提供产品；业主的全面质量管理理念反映到工程实施的要求上，新的观念使工程价格在价值衡量中的重要性相对降低了；集成化管理意识和伙伴关系意识增强，业主和承包商以及工程师之间的关系更加倾向于为项目整体成功而合作，从准备应对索赔向避免索赔转变，从追求各自利益的最大化向整体利益的最大化转变。

其次，实现设计和施工一体化的条件逐步成熟。一些大型工程承包公司具备了提供设计咨询、施工管理和采购等综合服务的能力，已经不满足于单一地提供施工管理和设计咨询服务；工程项目管理理论中的很多理论和模型被纳入一体化管理体系中；制造业的并行工程、价值工程、准时生产、精益生产、柔性生产等新思想、新观念为工程领域设计和施工一体化研究提供了可借鉴的丰富经验和理论工具；网络信息技术和软件工程理论和实践的突破为设计施工一体化的实施效率提供了技术保障，使设计施工一体化要求的高速信息共享和交流成为可能。

最后，风险有向承包商转移的趋势。由于工程项目具有实施时间漫长、合同各方关系复杂和一次性的特性，如果业主与承包商遵循国际上提出的双赢原则，合理分担工程实施过程中的责任和风险，对双方都有利。风险分担的基本原理是合同中的哪一方能够更好地控制某一项风险，从而产生最多的总体效益，此风险就应该分配给哪一方。但是在实践中，业主在项目实施之前无法把握工程的最终造价以及竣工时间，工程建造阶段是整个项目中消耗投资额最多的阶段，也是最容易引起投资金额超支和不能按时投产运营的阶段，因此，业主希望能够由承包商承担建造过程中的大部分风险，以固定的包干总价，在固定期限内生产出可以投产运行的工程。

1.1.3 EPC 总承包模式的优缺点

1. EPC 模式的优点

对业主而言，合同关系简单，组织协调的工作量较小。业主只与总承包单位签订一个合同，合同关系大大简化。监理工程师主要与项目总承包单位进行协调，这就使建设工程监理的协调工作量大大减少。

缩短建设周期。由于设计与施工是由一个单位统筹安排的，两个阶段有机融合，一般都能做到设计阶段与施工阶段相互搭接，因此有利于对进度目标的控制。

有利于投资控制。统筹考虑设计与施工，可以提高项目的经济性，从价值工程或全寿命费用的角度考虑，可以取得明显的经济效果，但这并不意味着项目总承包的价格较低。

2. EPC 模式的缺点

对总承包商而言，招标发包工作难度大，合同条款不易精准确定，容易造成较多的合同争议，成本风险较大，因此合同管理的难度较大。

业主择优选择承包方的范围较小，由于承包范围大，介入项目时间早，未知工程信息较多，承包方需要承担较大的风险，而有此能力的承包单位数量较少，这往往导致承包的价格较高。

质量控制难度大。原因一是质量标准和功能要求不易做到全面、具体、准确，质量控制标准的制约性受到影响；原因二是他人控制机制比较薄弱。

1.1.4 EPC 总承包项目的适用条件

一般而言，EPC 总承包项目的管理模式具有一些固有的特点，为了充分发挥它的优势，在采用 EPC 模式时应该考虑一定的适用条件。

条件一，由于承包商承担了工程建设的大部分风险，因此在招标阶段，业主应该给予投标人充分的资料和准备时间，以使投标人能够仔细审核业主的要求，从而详细地了解该文件规定的工程目的、范围、设计标准和其他技术要求，在此基础上进行前期的规划设计、风险分析和评价以及估价等工作，向业主提交一份技术先进可靠、价格和工期合理的投标书。另外，从工程本身的情况来看，所包含的隐蔽工作不能太多，承包商在投标前无法进行查勘的工作区域也不能太大，否则承包商很难判定具体的工程量，从而增加承包商的风险。承包商只能在报价中以估价的方式增加适当的风险费用，这样做难以保证报价的准确性和合理性，要么损害业主的利益，要么损害承包商的利益。

条件二，虽然业主或业主代表有权监督承包商的工作，但是不能过分地干预承包商的工作，也不要审批大多数的施工图纸。既然合同规定由承包商负责全部设计，并承担全部责任，只要其设计和完成的工程符合合同中预期的工程目的，就应该认为承包商履行了合同中的义务。

条件三，由于采用总价合同，因此工程款应由业主直接按照合同规定的时间支付，而不是像其他模式那样先由工程师审核工程量和承包商的结算报告，再签发支付证书。在 EPC 模式中，工程款支付可以按月进行，也可以按阶段支付（即里程碑式支付）。在合同中可以规定每次支付款的具体数额，也可以规定每次支付款占合同价的百分比。如果业主在招标时不能满足上述条件或不愿意接受其中某一条件，那么该建设工程就不能采用 EPC 模式和 EPC 标准合同文件。

1.1.5 EPC 总承包项目的实施要点

EPC 总承包模式的实施要点主要包括以下 3 个方面。

第一，业主在招标文件中只提出自己对工程原则性功能上的要求（有时还包括工艺流程图等初步的设计文件，视具体合同而定），而非详细的技术规范。各投标的承包商根据业主的要求，在验证所有有关的信息和数据，进行必要的现场调查后，结合自己的人员、设备和经验情况提出初步的设计方案。业主通过比较，选定承包商，并就技术和商务两个方面的问题进行谈判并签订合同。

第二，在合同实施的过程中，承包商有充分的自由按照自己选择的方式进行设计、采购和施工，但是最终完成的工程必须要满足业主在合同中规定的性能标准。业主对具体工作过程的控制是有限的，一般不得干涉承包商的工作，但要对其工作进度、质量进行检查和控制。

第三，合同实施完毕后，业主得到的应该是一个配备完毕，可以即刻投产运行的工程设施。有时候，在 EPC 总承包项目中，承包商还承担可行性研究的工作。EPC 总承包如果承担了项目运营期间的管理或维修工作，还可扩展为“EPC+ 维修运营”模式。

1.2 信息化项目 EPC 模式简析

我国信息化建设项目已经逐渐完成了从各业务部门各自为战到整体规划统一组织的转变。为应对新技术、新形势、新要求，政府和企业迫切需要新的信息化建设与管理思路、方式，并且要进一步总结信息化建设管理中存在的问题，充分借鉴工程建设等其他领域内的成功经验，创新信息化建设管理模式，提升信息化建设管理水平。EPC 模式成为信息化工程建设的必然选择。

1.2.1 信息化工程项目的特点

信息化工程根据适用场景和实现目的的不同，可以划分为很多种类，各自也有一些独有的特点。我们通常所讨论的信息化工程，一般是指企业信息化工程与政务信息化工程。企业信息化是以盈利为目的，把生产、销售、账务及相关工作数字化、信息化管理的过程；政务信息化是以管理和服务为目的，把管理和服务对象状态、自身资源政策等数字化、信息化的过程。无论是哪一类信息化工程，归根结底还是利用计算机、通信等技术，把所管理的对象进行编码，对各种状态、交互信息进行采集、传输、存储、分析处理等操作。在信息化工程实施的过程中，呈现的共性特点主要体现在以下几个方面。

1. 目标模糊性

信息化项目的目标往往是定性描述而不是定量指标，例如，实现对 ×× 业务、×× 流程的线上支撑、用户体验好、系统性能优良等，因此项目任务的边界往往是模糊的。信息化项目的质量要求更多的是由项目团队来定义的，客户更多的是尽可能地审查。

为了更好地定义或审查信息系统项目的任务范围和质量要求，建设单位可以聘请第三方信息系统监理或咨询方，借助外部的专业化能力，对项目目标进行更细致的定性描述。此外，建设单位可以借助其他项目实现的效果进行类比，从视觉感官、使用体验、系统性能、系统安全等多个维度设定建设目标。

2. 变更频繁性

在信息化项目进行的过程中，客户的需求会不断地被激发，并不断地进行确认，这可能导致项目的范围、深度、进度、费用等计划不断更改。信息技术的发展也是日新月异的，在信息化项目的建设周期内，可能会有新技术成熟应用的案例，也可能有新的业务需求被纳入考虑范围，这都会导致需求的直接变更。即便是用户数量的变化或者调整规划使用期限，也可能导致系统硬件技术方案或软件架构调整。

信息化项目的不确定性要求项目经理要不断地监控和调整项目的计划执行情况，要有较强的范围变更管理能力，对各类技术和方案的实用性、可持续性、安全性和扩容性有充分的了解，以便灵活应对需求的变更。

3. 专业综合性

信息化项目是智力密集型项目，项目成员的结构、责任心、能力和稳定性对信息系统项目的质量以及是否成功有决定性的影响。

作为信息化项目建设的核心成果之一的应用软件是不可见的逻辑实体，人员流动对后续开发工作的影响巨大。除此之外，信息化项目一般还可以包括计算机网络工程、信息系统机房工程、综合布线工程、通信系统工程、信息安全工程等，需要不同领域的专业人才负责相关的设计、施工，还要保证彼此之间的数据共享和信息联动，涉及的技术人员高度专业化。专业化细分会导致市场供应分散，这意味着信息化项目涉及的设备和软件的供应商较多，采购以及后期的使用与维护的要求比较复杂。所以信息化项目更适合综合性的服务商或集成商，采用工程总承包的模式，对整个项目进行设计、采购、施工，乃至全面管理后期运维。

4. 发展永续性

企业产品有其寿命周期，基建工程有其明确的起始时间和验收标准，市场开拓也可以非常清晰地对其阶段目标进行描述，唯有信息化项目是有始无终的。在企业管理中，只要有一项工作通过一套软件系统来运作，就意味着信息化已经开始了，只要业务不关闭、公司不倒闭，就需要不断调整业务系统满足新的需求，然后就是永无止境的升级、维护、扩展、渗透等，其他的信息化系统也是同样的道理。

从建设和运维的角度来讲，信息化项目建设是离散性地连续，运维则是不间断地连续。也就是说，信息化项目建设后交付使用，两三年甚至是三五年几乎不需要大规模的投资建设，只需要进行运维，确保硬件和软件的功能和性能稳定即可。而过了一段时间之后，由于技术的演进或需求的变换、业务的调整等，往往需要在原系统的基础上进行硬软件的扩容，这种“建设—运维”的活动是周而复始的。

5. 高度继承性

数据是企业的宝贵财富，信息化工程启动之后，数据将一直累积。随着云计算、大数据、人工智能等技术的不断发展，数据逐渐变成一种资产，成为企业竞争的关键要素。越来越多的企业在信息化建设的过程中，要求数据沉淀到自己的系统中。信息化项目的继承性往往就体现在数据上，这个特征在新建项目和扩容项目中表现得尤为明显，那就是需要和已有的系统做接口，数据要共享、要兼容，界面要集成。

除数据之外，继承性还体现在其他技术层面。例如，软件的架构、硬件的类型等，为了保障系统的兼容性和持续可用性，往往会继承已有的技术架构，兼容已有的硬件网络，只有当进行技术革新的时候，底层的硬、软件架构需要重构，但是原有的数据结构、业务流程、存量的历史数据依然面临割接、迁移的问题。

总的来说，正是因为信息化项目具有专业性、复杂性、不确定性、永续性和继承性等特征，才使信息化项目更加适合采用工程总承包的模式。一方面，从能力方面看，总承包商具有专业的设计、采购、施工人员，拥有丰富的项目经验，具备方案设计集成能力，可以实现完整交付。另一方面，从管理方面看，对于建设单位而言，通过总承包的方式简化了合同关系，建设单位不需要进行分门别类地采购，不需要管理各种软件开发商、设备供应商、系统集成商，同时也简化了后期的运维管理。此外，从操作方面看，相对于建筑工程，信息化项目的投资规模有限且周期较短，市场竞争比较充分，相关的技术标准规范、造价体系、监理体系也日趋完善，对于推动信息化项目总承包的发展奠定了基础。

1.2.2 信息化工程建设模式比较

由于信息化工程建设涉及的专业面广、各模块的关联度高、约束条件多，所以选择适宜的建设模式对建设方而言至关重要。从项目运作的角度来看，由于信息化工程多为企业投资项目自筹资金，除专业化商用数据机房和部分互联网应用之外，一般并不直接创造收益（创造收益的往往是提供的产品、服务，信息化本身只是一个手段），所以通过政府和社会资本合作（Public Private Partnership，PPP）进行社会融资或建设—经营—移交（Build Operate Transfer，BOT）转移经营权融资等模式不太适用。信息化工程建设模式的重点还是要落在项目的承包模式上，通俗地讲，就是建设单位结合自身的情况，希望多家单位参与项目的共同实施过程。

根据建设单位对项目管理的不同参与程度，通常可以分为 3 种情形。一是资源不足，参与度较低的总承包模式，即将信息化工程建设的全部内容交由专业承建单位进行建设管理，建设单位仅需要提供建设需求、资金和目标，设计、采购和施工由总承包单位负责，总承包单位对项目的成本、进度、质量、安全等进行全方位的协调和管控。二是资源充足，高度参与的自建模式，即建设单位自主设计、自主采购、自主施工，需要建设单位有专业的设计人员、采购人员、施工管理人员和施工作业人员，当然部分技术含量较低的纯劳务工作也可以适当外包。三是资源有限，参与适中的混合模式，即建设单位利用有限的资源做自身擅长的事情，一般是投资占比大或较为核心的部分，将专业化程度高、实施难度较大的部分工程交由承建单位实施。信息化工程建设模式优劣势对比分析见表 1-1。

表1–1　信息化工程建设模式优劣势对比分析

建设模式	资源要求		投资控制		项目风险		运营维护	
模式一：总承包模式	较高	• 需要专业、稳定的信息化规划、建设团队 • 具有丰富的项目管理和实施经验	较低	• 短期投入较大，长期可节省投资 • 有效整合资源，避免投资浪费	较小	• 专业的管理和实施团队，有效控制风险 • 严格的进度、质量、工期控制	有利	• 规划演进连续统一 • 硬件升级集中统一 • 软件架构升级统一 • 管理团队专业集中
模式二：自建模式	较低	• 建设单位对信息化发展建设有整体把握 • 系统建设依赖采购中选中厂商的项目管理实施能力	较高	• 短期投入较小，长期投资较大 • 系统扩容、升级、集成等成本较高 • 合作厂商较多，成本控制难度大	较大	• 项目管理的风险 • 招标采购的风险 • 研发交付的风险	适中	• 系统零散，架构各异，升级困难 • 系统扩容、演进需要多方交互
模式三：混合模式	适中	• 需要专业团队进行整体规划、布局 • 建设单位要对接总承包单位，同时管理自建平台项目	适中	• 短期投入高于自建模式但低于总承包模式 • 架构统一，资源有效整合，一定程度上可节省投资	适中	• 招标采购的风险 • 系统集成和数据交互的风险 • 资源整合的风险	不利	• 自建和分包系统相对孤立，数据集成和分析难度大 • 系统升级、架构更新差异化较大

从表 1-1 中可以看出，总承包的建设模式是信息化工程项目适用性最广的模式之一。无论建设单位是否拥有信息化建设和管理的专业团队，是否拥有信息化工程建设经验，均可以采用工程总承包的模式。通过招投标与综合实力较强的信息化工程建设承包单位建立合同关系，利用专业承建单位的技术能力和管理经验，在投资、质量、安全、工期等方面进行平衡和管理，以实现各方共赢。对于专业人员充足、项目管理经验丰富的建设单位，也可以采取纯自建的模式，有效降低工程的总投资。对于其他对数据或工程本身有特殊要求而自身专业人员不足的建设单位，可以考虑混合模式，这种模式便于后期项目交付后的整体接管和后续演进。

总之，建设模式的选取需要根据建设单位的自身条件和项目要求综合考虑，不同模式之间各有利弊，选用之前需要充分权衡，选用之后需要针对模式的缺点采取一些有针对性的措施防范风险。

1.2.3 EPC 模式在信息化建设项目中的适用性

传统 EPC 模式主要集中在石油化工加工工业、制造业、供水、交通运输、电力工业等领域，是否适用于信息化建设领域，关键取决于项目的特点。根据国际咨询工程师联合会（Fédération Internationale Des Ingénieurs Conseils，FIDIC）出版的《设计—采购—施工（EPC）、交钥匙工程合同条件》框架，EPC 适用于技术较为复杂、投资数额巨大、管理难度大等类型的项目，从这些特点出发，大型信息化建设项目同样具备采用 EPC 模式的条件。

1. 采用 EPC 模式可以缓解大型企业信息化建设全局性和任务承担者专业化之间的矛盾

一方面，根据企业架构理论，信息化应该全面支持企业的战略决策，全面满足战略的分解，并通过端到端的业务流程加以实现，通过全局性的标准规范加以固化，是整个企业层面的全局行为，超越了任何一个具体的业务部门，包括信息化部门的范畴。另一方面，在每一个业务领域，信息化建设者都必须深刻地融入业务之中，深入了解专业领域的业务流程，深入了解每一个业务环节，从而提出切合实际且又有所提升的信息化解决方案。而业务部门在自身业务领域钻得越深，就越有可能只从自身业务需求出发而忽略企业的整体利益。采用 EPC 建设模式，EPC 承包商可以从整体出发，考虑企业的信息化建设，并从信息技术和业务结合的角度提供更好的专业服务，而且各个具体的业务部门也有机会和精力在自己专业的业务领域内深入钻研。

2. 采用 EPC 模式有利于解决信息化需求完整性和信息化建设厂商专业化之间的矛盾

20 世纪末，企业信息化建设基本还是根据企业各个方面的需求，分散、独立地由不同的专业信息化厂商提供服务，例如，硬件、网络、集成、系统软件、人力资源业务应用、财务业务应用、物资业务应用、智能分析与辅助决策等内容，根据各家厂商的专业领域格式提供专业化服务。而随着企业集约化管理水平的不断提升，信息技术服务进入建设和服务并重的时代，特别是大型企业信息化建设，整体性需求表现得很明显，任何一家厂商都无法独立实现大型企业完整的信息化建设需求。而在 EPC 模式下，EPC 承包商必须能够提供企业信息化的整体解决方案，组织形式及业务策略也要随之转变，要求企业更加综合、产品更加集成、信息技术服务更加多元化。

3. 采用 EPC 建设模式，是在信息技术飞速发展的前提下，解决大型企业内 IT 部门与具体业务部门职能定位矛盾的有效方式

以信息技术为主要内容之一的第四次工业革命，在带动企业生产力快速发展的同时，其自身的发展也如“摩尔定律”一般迅猛。信息技术发展得突飞猛进，必然要求企业信息化建设者拥有更强的专业性与先进性。对于大型企业的 IT 部门，其工作重心是放在信息化新技术的钻研上还是放在整家企业信息化建设的管理上是不言而喻的，“职能管理和操作执行单元分离”的原则在一些大型企业的信息化管理职能定位上也越来越明晰。而对于各个具体业务部门，业务领域的发展同样是没有止境的，业务部门最大的精力不可能也不应该放在信息化新技术的跟踪与学习上。而在 EPC 模式下，承包商完全可以承担“操作执行单元”的角色，起到 IT 部门和业务部门之间的桥梁作用，并对企业 IT 部门及各业务部门理清各自职能定位起到有效的促进作用。

他山之石，可以攻玉。EPC 模式在工程建设领域的成功，必然能够应用在信息化建设领域。越来越多的企业采用 EPC 模式进行信息化工程建设并积累了成功的经验。本书的后续章节将以智慧物流园区 EPC 建设为例，围绕信息化项目 EPC 总承包过程中的项目前期、项目组织、设计、采购、施工、竣工验收等方面进行探讨。

第2章

智慧物流园区建设

2.1 物流园区

2.1.1 物流园区定义

1. 物流园区定义

在 2017 年发布、2018 年实施的中华人民共和国国家标准《物流园区分类与规划基本要求》中，物流园区的定义是为了实现物流设施集约化和物流运作共同化，按照城市空间合理布局的要求，集中建设并由统一主体管理，为众多企业提供物流基础设施和公共服务的物流产业聚集区。

物流园区是对物流组织管理节点进行相对集中建设与发展的、具有经济开发性质的城市物流功能区；同时，也是依托相关物流服务设施，降低物流成本，提高物流运作效率，改善与企业服务有关的流通加工、原材料采购、便于与消费地直接联系的生产等活动，具有产业发展性质的经济功能区。

作为城市物流功能区，物流园区包括物流中心、配送中心、运输枢纽设施、运输组织及管理中心和物流信息中心，以及适应城市物流管理与运作需要的物流基础设施；作为经济功能区，物流园区的主要作用是开展满足城市居民消费、就近生产、区域生产组织所需要的企业生产和经营活动。根据上述定义，现代物流园区主要具有两大功能，即物流组织管理功能和依托物流服务的经济开发功能。

2. 物流园区要素

（1）土地规模

物流园区是大概念，而一般意义上的物流配送中心是小概念，这一点在国内外都是明确的，这就要求物流园区应该具有一定的规模。因为物流园区的规模大小将决定物流园区所能够承载的设施、功能与服务。

（2）物流设施

物流园区必须具备比较完备的设施，这些设施包括基础设施（用于仓储运输服务的设施）、公共设施（用于工商、税务、海关、商品检验、银行、保险等服务的设施）以及相关设施（用于办公、住宿、饮食等服务的设施）。

（3）进入企业及标准（或规则）

物流园区必须制订进入企业的标准，并以市场竞争的规则决定企业的进出或去留。那种没有标准或在标准问题上先松后紧的做法是不科学的。

（4）物流服务

物流服务包括基本服务和附加服务（或增值服务），既包括对进入企业的服务也包括对终端客户的服务。物流园区在规划与设计中不能只停留在功能上，必须定义所提供的服务，依据“链”条（需求链、供应链、价值链、产业链、服务链等）设计物流园区的服务，建议在物流园区的规划与设计中引入相关的业务模式。

（5）运营主体

运营主体物流需要集约化，土地开发需要集约化，城市也需要经营……如果物流园区没有一个明确的运营主体，那么土地以及各种投资的回报就只能是纸上谈兵。明确运营主体可以避免表面上一个运营主体实际上却各自为政或者只有管理主体而没有运营主体的情况。单一通过招商而转让或租赁土地的方式是难以形成真正意义上的运营主体的，经营土地和经营物流园区是两个不同的概念。

（6）投资主体

这个问题对于中国的物流园区尤为重要，绝大多数的物流园区是从“生地”开始的，主要情形是物流园区是政府主管部门或直属企业以土地形式投资控股，并在此基础上衍生出“两个牌子，一班人马”的机构，这就必然会出现政企不分的局面。关于投资主体问题，既要明确投资主体本身，也要明确投资主体和运营主体的关系。

2.1.2 物流园区类型

1. 分类原则

- 以依托的物流资源和市场需求特征为主要原则。
- 以某一服务对象为主要特征，将延伸服务合并为同一类型。
- 以物流园区服务功能为导向。

2. 物流园区类型

（1）货运服务型物流园区

货运服务型物流园区应符合以下要求。

① 依托空运、水运或陆运（枢纽）的规划建设。

② 为大批量或无分拨、转运提供配套设施。

③ 主要服务于区域性物流转运及运输方式的转换。

（2）生产服务型物流园区

生产服务型物流园区应符合以下要求。

① 依托经济开发区、高新技术园区、工业园区等制造业集聚园区的规划建设。

② 为生产性企业提供一体化物流服务。

③ 主要服务于生产企业的物料供应、产品生产、销售和回收等。

（3）商贸服务型物流园区

商贸服务型物流园区应符合以下要求。

① 依托各类批发市场、专业市场等商品集散地的规划建设。

② 为商贸流通企业提供一体化物流服务及配套商务服务。

③ 主要服务于商贸流通业商品集散。

（4）口岸服务型物流园区

口岸服务型物流园区应符合以下要求。

① 依托对外开放的海港、空港、陆港及海关特殊监管区域及场所的规划建设。

② 为国际贸易企业提供国际物流综合服务。

③ 主要服务于进出口货物的报关、报检、仓储、国际采购、分销和配送、国际中转、国际商品展示等。

（5）综合服务型物流园区

具备上述两种及以上功能的物流园区。

2.1.3 物流园区发展

1. 物流园区发展现状：高速发展

2009 年 3 月，全国各地的物流园区规划、物流产业规划、配送中心规划如雨后春笋般涌现出来，各地区对物流地产的开发成为中国新一轮经济增长的亮点。园区数量稳步增加，截至 2019 年，规模以上的物流园区数量超过 1600 家，年均增长率超 10%，在营园区占比达到 68%，公路为主的物流园区占比为 80.2%，从业人员数量、车辆及货运量都非常大。

2. 物流园区发展趋势：智慧化转型

未来一段时期，正是新一代科技革命和产业变革从蓄势待发到群体迸发的关键时期，也是新旧动能转换，赢取未来竞争新优势的重要时期。新技术、新模式、新业态将深刻影响物流园区的发展，助力物流园区智慧化转型，智慧物流园区建设将迎来新机遇。

（1）全面连接

通过信息互联网和设施物联网，加快园区业务线上转型，推动物流园区全面接入互联网，以信息互联、设施互联带动物流互联，打造在线物流园区，助力线下物流园区创新业务的开展。

（2）数字化转型

充分利用各类信息技术，实现物流园区数据可采集、可录入、可传输、可分析，实现一切业务数据化，打破信息不对称和信息孤岛，提高物流数字化水平，再造物流园区业务流程和运营模式。

（3）智能升级

瞄准仓储设施高标准，满足高增长、高附加值的物流服务需求，加快推进物流园区机械化、自动化、智能化，提高园区的整体运作效率，逐步用机器替代人，改变传统物流园区的运作方式。

（4）产业融合

通过信息互联互通，加强物流园区与产业集聚区的融合发展，集中制造商贸易的采购、分销、物流、维修等非核心业务，提高产业服务的专业化、社会化水平，助力区域经济价值链升级。

（5）平台开放

深入推进互联网与物流园区融合发展，推动物流园区公共信息平台技术升级、功能升级、模式升级，打造物流园区互联网平台，发挥网络效应，集聚更多的物流资源和目标用户，打破园区区域限制和分工体系，重构物流园区的商业模式。

2.2 智慧物流园区

2.2.1 智慧物流园区的定义

建设智慧物流园区不仅是实践国家经济创新、协调、绿色、开放、共享的发展理念的必经之路，而且也是企业生存、行业长期发展的必然选择。

在智慧物流园区发展迅猛的时代背景下，“智慧 +”被许多投资人看成商机。可是他们对智慧物流园区的理解存在一定的误区，认为物流园区在规划建设上利用信息系统和自动化物流设计形成一些软硬件设施，便是智慧物流园区了。其实，这事实上还远远达不到智慧物流园区的理念。园区内部设施先进，自动化程度高，充其量只是有较强的硬件基础，真正决定智慧的“大脑”更多地还要靠模式的整合，依赖其所掌握的信息（大数据）进行科学规划和准确决策。无论物流园区穿上什么外衣，它追求的本质是快捷、安全、高效、低成本，这个是不会改变的。

我国物流园区想要发挥更大的作用，必须要完成转型升级，而智慧物流园区的建设是每一个物流园区必须要走的重要一步。智慧物流园区是一个发展中的理念，只能大致描述而无法准确定义，换句话说，目前，智慧物流园区没有标准模式，大家都根据“智慧”的理念在实践，未来会如何发展，还有非常大的想象空间。

大致来说，目前的智慧物流园区是现代物流的有效载体，是以信息化、智能化、自动化、透明化、系统化的运作模式运营的物流园区，是利用“物流 + 互联网 + 大数据”融合的一体化生态运作体系。

智慧物流园区以“网上交易、业务管理、商务协同”为核心，面向物流产业链，整合上游货运厂商、下游物流公司客户，以全程电子商务平台为载体，融入电子商务交易、大屏幕货运信息交易、园区物业管理系统、园区公共服务管理系统、智能停车场、智能一卡通等子业务模块，有效提供物流产业链的全程服务，全面提升园区价值及竞争力。

智慧物流园区依托全程物流电子商务平台，园区与平台双向协调，园区与园区信息共享，以“平台构造节点化、园区管理智能化、业务服务全程化、行业效益长远化”为核心，建设有物流处理能力的高效智慧节点，是云物流的强力保障。

货运或生产服务智慧物流园区拥有智能作业设备、自动称重系统、自动装配系统等，为业主提供精准、高效、数据化的智慧服务，提高生产效率，降低生产成本，保障生产安全。

需要说明的是，本书中的智慧物流园区建设特指物流园区的信息化、智能化、数据化建设部分，包含硬件设备与软件，不包含物流园区的土建与装修部分。

2.2.2 智慧物流园区建设特点

1. 建设需求迅猛增长

（1）新建需求

近年来，我国各类物流园区的数量快速增长，新建园区对业务、管理智慧化、数据化提出了更高的需求。

（2）改造需求

信息技术飞速发展，部分已建园区的信息化水平已无法满足业务的发展需求，需要进行智慧化改造。

2. 对规划设计提出更高要求

以往，园区智能化建设只是建筑设计的一部分，只需要满足基本的业务和管理需求；现在，智慧物流园区需要充分考虑园区的战略定位、功能需求、业务发展、运营管控等，在建设规划阶段就需要进行智慧物流园区顶层的规划与设计。

3. EPC 总承包成为趋势

（1）新建园区组织配套缺乏

新建园区 / 企业、信息化技术人员和组织配套不充分，传统的设计、采购、施工分开的模式会带来效率低下、建设周期长等问题。

（2）EPC 模式优势明显

总承包模式可以提供专业的规划、项目管理和研发团队；严格的进度、质量、工期控制等优势，使越来越多的业主倾向于选用 EPC 模式。

2.2.3 智慧物流园区建设内容

智慧物流园区的主体架构通常由“四个层面、两大体系”组成。“四个层面”包括基础设施层、平台数据层、智慧应用层、融合展示层。“两套体系”包括运营保障体系和标准规范体系。智慧物流园区总体架构如图 2-1 所示。

1. 基础设施层

基础设施层由网络基础设施、数据中心设备与感知设备组成。网络基础设施包括园区内有线、无线通信网络，信号与控制网络等。数据中心设备包括用于处理信息与数据的计算机、服务器、交换机、存储器等。感知设备包括二维码标签和识读器、无线电射频识别（Radio Frequency Identification，RFID）标签和读写器、摄像头、全球定位系统（Global Positioning System，GPS）、传感器、机器对机器（Machine-To-Machine，M2M）终端、传感器网关等。

2. 平台数据层

平台数据层由数据交换平台、大数据平台和基础数据库组成。数据交换平台属于数据的应用层，是在大数据平台的基础上，对若干个应用子系统进行信息 / 数据的传输及共享，提高信息资源的利用率。大数据平台主要负责抽取、集成、管理与分析，为数据应用与交换提供基础。基础数据库即存储数据的仓库，可汇集、存储园区各个系统的运行数据。

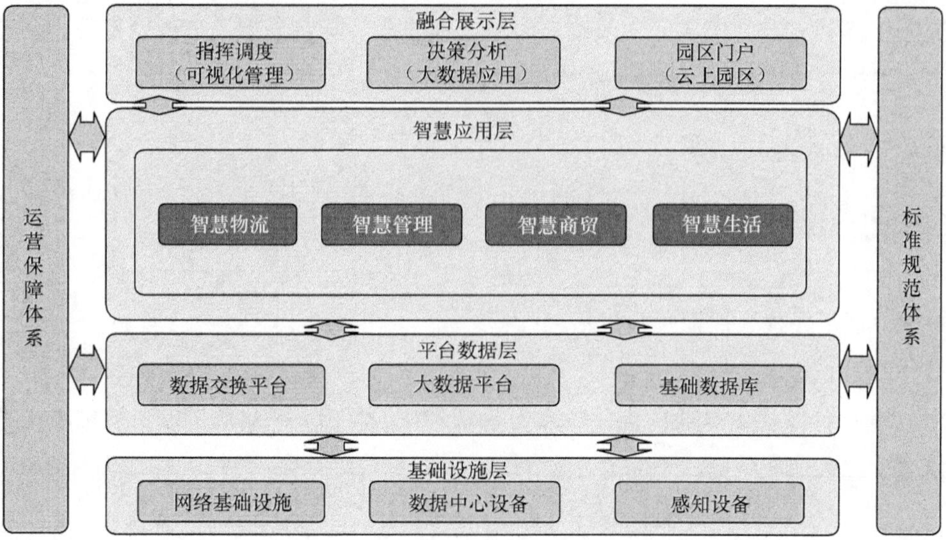

图2-1　智慧物流园区总体架构

3. 智慧应用层

智慧应用层包括智慧物流、智慧管理、智慧商贸、智慧生活等。各个信息系统加载在这一层，为园区的生产、管理与服务提供智慧化应用。

4. 融合展示层

融合展示层由指挥调度、决策分析与园区门户组成。指挥调度将应用层、数据层的信息进行可视化处理，为指挥调度提供直观、高效、准确的信息资料。决策分析对园区运行的数据进行多维度分析，提供决策建议。园区门户是各个信息系统的统一入口，点击进入所有的应用系统。

第3章

项目前期和统筹管理

什么是项目？什么是信息化项目？美国项目管理协会（Project Management Institute，PMI）在其出版的《项目管理知识体系指南》(*Project Management Body of Knowledge*）中为项目所做的定义为“项目是为创造独特的产品、服务或成果而进行的临时性工作”。在我国，项目通常是指通过运用一定的方法，将人力、材料和财务等资源组织起来，在给定的费用和时间约束下进行协调和控制，完成一项独立的、一次性的工作并实现预期的目标。信息化项目是项目的一个专业化分类，可以独立存在，也可以和其他项目共同开展，通常围绕数据采集、处理、传输、分析、展示等需求，实现业务信息化、数字化、智慧化，涵盖硬件、软件、系统集成等内容。

在我国的投资建设活动中，不同的管理部门，不同的项目管理阶段，对项目有不同的称谓。常用的有投资项目、建设项目、工程项目，它们之间既有相同的含义，又有一些区别。投资项目即固定资产投资项目的简称，是指为实现某种特定目的投入资金和资源，在规定的期限内建造或购置固定资产的一整套活动。投资项目既包括兴工动土的建造工程，例如，工厂、铁路、公路、矿山、水电站等，又包括设备购置，例如，购买飞机、车船等。信息化项目通常含有硬件和软件，其价值一般也会达到企业会计对固定资产的界定标准，可以算作是投资项目。建设项目是指按照一个主体设计进行建设并能独立发挥作用的工程实体，可以根据内容和特点划分为单项工程、单位工程、分部工程、分项工程，例如，信息化工程可以划分为综合布线、安防监控、机房工程等单项工程。在实际工作中，工程项目作为一种通用说法，项目分类的边界也越来越模糊。

本书涉及的信息化工程项目是针对建设单位的需求，对计算机、网络相关硬件、终端及配套软件开发、系统集成等一系列的建设和管理。随着近几年信息通信技术的快速发展，大数据、云计算、区块链、人工智能、5G 等技术的行业应用催生了多样化的信息化建设需求，包括智慧城市、智慧园区、智慧医疗、智慧物流等。由于这些应用涉及的专业范围广、实施周期长、管理难度大，信息化工程项目逐渐开始采用工程总承包模式进行建设。本章针对信息化总承包项目过程中项目前期和统筹管理的关键点和难点进行阐述，结合工程实践，供读者在实际工作中参考学习。

3.1 解析信息化项目深度内涵

就信息化项目而言，从一开始的投资设想到项目最终建成投产和运行维护，需要经历相当长的一段时间，建设过程中也有多方参与。不同的信息化项目，因为资金来源、建设单位、建设目标、建设内容、建设地点等关键要素不同，项目的承揽、监督和管理等方面也各不相同，忽略了项目关键要素的识别和管理执行，往往会出现项目功能不完善、投资超支、进度超期、质量缺陷、安全事故等问题，智慧物流园区工程也不例外，所以对信息化项目关键要素的识别和管理是建设单位和工程承揽单位管理和沟通的基础，这是项目成功的前提。

3.1.1 摸清基本信息

信息化项目的基本信息与建设单位相关工作的开展息息相关。随着我国经济的发展，项目建设与投融资体制的改革，越来越多的国有企业为了更好地开展企业管理，向多元化方向发展转型，开始涉足其他业务领域，开展相应的新建、改建或扩建工程项目。一般情况下，由于信息化建设项目涉及多方面资源的协调、管理，还要应对内外部质量、安全等多重监管，相对来说比较复杂，缺乏经验的建设单位往往会因为相关环节有所遗漏导致项目延迟或推进缓慢。无论是建设单位还是总承包单位，对信息化项目的基本信息和要素进行有效管理，是项目成功的前提。对于总承包单位而言，信息化项目前期的介入和引导可以有效降低项目招投标、工程施工等过程中的无效沟通，是进行高效信息化项目运作的第一步。

一般而言，针对信息化项目所处的不同阶段，项目的基本信息包括以下几个方面。

1. 项目名称

目前，信息化项目名称没有通用的现行命名规范，一般是由建设单位自己命名的，可以大致反映项目的建设内容、工程分类等。有些项目名称会根据建设单位的需要增加建设单位、建设地点、建设年度等信息。项目名称是项目建设内容的高度概括，是工程承包单位进行项目市场信息初步筛选和判断的条件，不合适的项目名称会导致项目审批、招投标等环节的隐性成本增加。由于缺少规范，信息化项目命名与项目实际建设内容偏差的情况较多，所以在商机寻源的过程中，工程承包单位切忌仅依据项目名称进行决策，而是需要结合实际建设内容进行综合考虑。在工程实践中，信息化工程常常冠以“智慧 / 智能”“信息化”“系统集成”等字样，此时，还需要结合建设内容具体甄别。当代社会是信息爆炸的时代，信息发布者可以通过多种渠道发布需求信息，工程承包单位往往通过相关的搜索引擎和平台检索、筛选业务领域内的相关项目，如果名称不合适，可能会导致项目分类错误，无法精确匹配供需单位，造成招投标或者其他隐性成本增加。

2. 建设单位

建设单位既是信息化项目的所有者，又是项目资金的筹措者，对整个项目的成败尤为重要。

一方面，建设单位的性质对信息化项目的运作和管理有一定的影响。对于民营企业投资项目，只要符合一般的监管程序即可，例如，项目备案、用地审批、设计评审等；对于国有企业或政府投资项目，往往还需要通过项目建议书、可行性研究、资金申请报告等多项审批。另一方面，建设单位的资信也是信息化项目成功的重要保障。良好的资信意味着企业管理规范、机制健全、工程款项及时结算；不好的资信往往容易导致项目产生纠纷或诉讼，不利于项目实施。实际工作中也存在一些例外的情形，包括多方监管、代建、合作开发等模式，例如，智慧政务类信息化工程需求单位和建设管理单位可能是相互独立的，这是由于近年来政务信息化发展与信息技术紧密结合，出现了大数据局、政务数据局、信息中心等集约化建设专职管理机构。为了避免投资浪费、保护信息安全、防止数据过度冗余等，建设单位在工程实践中要充分兼顾这些问题。建设单位需要充分了解信息化项目的相关决策、审批流程，在合适的阶段，寻找匹配的合作资源。供应商则需要了解项目的进展情况，提醒和配合建设单位完成项目的投资决策、立项、备案等工作。

3. 投资规模

充足的项目资金是工程按期施工、按进度结算的重要保障，合适的投资规模既不会出现筹资不足导致项目停滞，也不会出现现金流过于充裕导致资金浪费。对于使用政府财政预算、补贴等形式资金开展的项目，需要核实资金申请报告是否通过审批；对于企业自筹资金的项目，需要核实信息化项目建设资金是否通过内部决策，是否有专款专用的制度等。部分企业为了降低成本，充分利用财务杠杆，也会选择吸引一定程度的外部资金，例如，贷款、债券等，承包单位在承揽项目之前需要对信息化项目资金筹措的情况有一定的了解，避免施工过程中因资金到位不及时给项目建设带来不利的影响。

信息化项目的主要投资侧重于硬件设备部分，如果需要新建机房，机房投资也不容小觑。对于需要大面积布放终端的建设内容，需要合理估计信息点位数和覆盖情况，避免投资规模出现重大漏项。这是因为我国在投资概算审批和变更程序方面的流程与手续比较烦琐，一般不得调整，经审批变更也不得超出原概算的 10%，且只允许变更一次。此外，投资规模对于项目招投标也有必然的联系，根据《必须招标的工程项目规定》（国家发展和改革委员会 2018 年第 16 号令），属于范围内限额以上的项目依法必须采用公开招标进行采购。而公开招标的组织根据《中华人民共和国招标投标法》和《中华人民共和国招标投标法实施条例》，存在诸如标书售卖时间、标书编制时间、中标公示、合同签订等最短时间的限制，对信息化项目的组织和管理会有一定的影响。

4. 建设地点

信息化项目的建设地点与项目的实施也有重要的关系，在我国工程建设领域，除了法律法规、国家建设主管部门和行业等制定的规范外，还有相当一部分地方因地制宜自主管辖的事项，而且各地区不同的经济发展和物资供应水平，会导致本地劳动力、材料供应成本产生巨大的差异，不同地区的地质、水文、气候和交通等对工程施工过程中的措施费也有不同程度的影响。因此工程承包单位在承揽信息化项目之前应该做好相关的勘察、调研工作，合理预估相应的成本和风险，以便在投标报价的过程中优化报价策略，保证合理的利润。对于信息化项目而言，一般建设地点需要较好的供电条件，从节能减排的角度来说，可以考虑室外温度适宜、自然通风良好的地区，尤其是需要新建机房的项目。对于已有机房或采用租赁“云资源”的信息化项目，需要考虑网络带宽和通信质量对项目投资、建设效果等的影响。

5. 管理组织

一般而言，企业或单位都有自己的管理组织和议事决策机制，针对不同规模的信息化工程建设项目，不同的企业会配置不同的项目管理组织和议事流程。通常情况下，国有企业的管理比较严格和规范，需要经过层层决策，相关流程和周期相对较长；而民营企业有更大的自主决策权，决策周期短，但是容易受少数人经验主义的影响。工程上，涉及不同阶段的验收、款项支付、变更签证、索赔等各种需要沟通和决策的事项，高效的组织管理是一个不容忽视的关键因素。信息化工程是设备集约、应用多样化的体系，对于建设单位而言，前期规划尤为重要。只有系统地梳理未来几年信息化发展的需求，在基础设施建设过程中，才能充分考虑一次性投入和扩容性投入的分配，审核、决策需要考虑信息化工程建设项目的特殊性。

6. 建设周期

建设周期是根据建设内容进行资源投入均衡优化的重要依据。根据信息化项目的工程量清单内容，结合施工定额、预算定额等数据，承包单位可以合理测算项目所需的人工工日（预算定额中关于人工费用按照时间计价的模式，1 个人工工日表示 1 个工人工作 8 小时。按照不同的工作内容可以计算 1 个人工工日的劳动定额，清单工作量也就可以折算出所需的人工工日数量）、机械台班，通过优化施工组织设计进一步实现资源均衡配置，降低施工成本。工期通常也是工程合同中违约条款的内容之一，由于计划工期不足的项目往往意味着更集中的资源消耗和更紧密的沟通协作，所以工程承包单位在承揽项目时应该注意建设周期工程成本的影响。作为建设单位，合理设置信息化项目的工期也是保障项目建设质量和控制投资的有效途径之一。信息化工程实际并不是劳动密集型工程，通常根据设计文件和相关规范完成布放线缆、终端、软件开发、系统集成即可，难点更多集中在软件研发和集成调测上。

此外，信息化项目还有建设目标、质量要求、安全要求、工程承揽资质要求、项目管理团队要求等，对项目的成本、进度等指标有着不容忽视的影响，在信息化项目的分析决策阶段，承包单位需要综合评估各类指标对项目实施的影响，避免因考虑不周给项目实施带来不利的影响。建设单位常常出现的问题是需求的描述和项目目标的定位不清晰，信息化工程亦是如此，尤其是涉及软件的部分。一个信息化项目有多少投资预算、计划花多长时间、实现什么效果是建设单位投资决策必须思考和明确的问题，一切要从实际出发，从发展的视角去统筹规划，必要时可以聘请外部咨询单位，避免出现资源错配的情况。

3.1.2 核实资源条件

信息化项目的资源条件是判断项目当前运作情况和预估未来发展路径的重要因素，无论项目处于什么阶段，对项目资源状况的评估都是必不可少的。在项目前期策划和决策阶段，根据项目的具体情况履行项目的相关审批手续是一切工作的基础，主要包括立项审批、资金审核等；在进入施工前还需要用地审核、施工许可、设计评审、招标备案等环节。此外，针对施工环境、施工技术等有特殊资源需求的项目更需要注意，例如，对特殊工种的需求、对特种设备的需求、特殊天气或地质条件对设备性能的特殊需求等，都会对项目成本造成不同程度的影响。

1. 信息化项目核准与备案

项目前期的审批和决策是项目开展的前提。根据《国务院关于投资体制改革的决定》和《中共中央　国务院关于深化投融资体制改革的意见》的相关要求，政府投资的项目实行审批制管理程序；企业投资管理实行负面清单制度、权力清单制度和责任清单制度，除国家法律、法规和国务院专门规定禁止投资的项目之外，企业投资建设的项目实行核准制管理程序和备案制管理程序。企业不使用政府投资的建设项目的市场前景、经济效益、资金来源和产品技术方案等均由企业自主决策、自担风险，并依法办理环境保护、土地使用、资源利用、安全生产、城市规划等许可手续和减免税手续。信息化项目通常的投资主体是企业和政府，较少涉及外商投资及境外投资的情形。

（1）不使用政府资金的国内信息化投资项目

2016 年 12 月，国务院颁布了《企业投资项目核准和备案管理条例》，对关系国家安全、涉及全国重大生产力布局、战略性资源开发和重大公共利益等项目，实行核准管理，企业、事业单位、社会团体等投资建设固定资产投资项目都按此执行。对政府核准的投资项目目录规定以外的项目实行备案管理，实行备案管理的项目按照属地原则备案，备案机关及其权限由省、自治区、直辖市和计划单列市人民政府规定。

对于《政府核准的投资项目目录》内的项目，除涉及国家秘密的项目之外，项目核准需要通过国家建立的项目在线监管平台办理。企业办理项目核准手续应当向核准机关提交项目申请书，并对项目申请书内容的真实性负责。由国务院核准的项目，向国务院投资主管部门提交项目申请书，项目申请书应当包括：①企业基本情况；②项目情况，具体包括项目名称、建设地点、建设规模、建设内容等；③项目利用资源情况分析及对生态环境的影响分析；④项目对经济和社会的影响分析。如果信息化项目属于目录内的项目分类，需要履行相应的核准手续；如果属于涉密项目，应该按照涉密项目的相关要求履行相应手续。

对于备案类项目，除涉及国家秘密的项目之外，项目备案需要通过国家建立的项目在线监管平台办理。实行备案管理的项目，企业应当在开工建设前通过在线监管平台将有关信息告知备案机关，企业需要提交的内容包括：①企业基本情况；②项目名称、建设地点、建设规模、建设内容；③项目总投资额；④项目符合产业政策的声明。

对于企业使用政府补助、贴息投资建设的项目，应当列入 3 年滚动投资计划，并通过“投资项目在线审批监管平台”完成审批、核准或备案程序（地方政府投资项目应完成项目可行性研究报告或者初步设计审批），并提交资金申请报告，具体的申请报告内容包括：①项目单位的基本情况；②项目的基本情况，包括在线平台生成的项目代码、建设内容、总投资及资金来源、建设条件落实情况等；③项目列入 3 年滚动投资计划，并通过在线审批监管平台完成审批（核准、备案）情况；④申请投资补助或者贴息资金的主要理由和政策依据；⑤国家发展和改革委员会安排投资补助和贴息项目时专项工作方案或管理办法要求提供的其他内容。

（2）外商投资信息化项目核准和备案管理

外商投资项目包括中外合资、中外合作、外商独资、外商投资合伙、外商并购境内企业、外商投资企业增资及再投资项目等各类项目。外商投资项目依据国家发展和改革委员会颁布的《外商投资项目核准和备案管理办法》（国家发展和改革委员会 2014 年第 12 号令）进行管理。外商投资项目管理分为核准和备案两种方式。

拟申请核准的外商投资项目应按国家有关要求编制项目申请报告。项目申请报告应包括：①项目情况及投资方情况；②资源利用和生态环境影响分析；③经济和社会影响分析。

外商投资项目备案需要符合国家有关法律法规、发展规划、产业政策及准入标准，符合《外商投资产业指导目录》《中西部地区外商投资优势产业目录》。拟申请备案的外商投资项目需要由项目申报单位提交项目和投资方基本情况等信息，同时需要附上中外投资各方的企业注册证明材料、投资意向书及增资、并购项目的公司董事会决议等其他相关材料。信息化项目投资如果含有外资部分，应遵照相关要求进行核准或者备案。

（3）政府投资信息化项目

政府投资项目实行审批制。政府投资资金可以分别采取直接投资、资本金注入、投资补助、转贷和贷款贴息等方式。政府投资资金按项目安排，以直接投资方式为主。对确实需要支持的经营性项目，主要采取资本金注入方式，也可以适当采取投资补助、贷款贴息等方式。政府以资本金注入方式投入的，要确定出资人代表。政府投资的信息化项目，涉及相应直接投资、资本金注入或其他方式的，需要列入政府投资预算，在列入投资预算之前，需要进行资金申请报告的应编制资金申请报告并履行报批手续。

依据国民经济和社会发展规划及国家宏观调控总体要求，政府组织编制“3 年滚动政府投资计划”，在此基础上编制“政府投资年度计划”，合理安排政府投资。建立覆盖各地区各部门的政府技术资金项目库，未入库项目原则上不予安排政府投资。

（4）境外投资信息化项目

对于中华人民共和国境内企业（以下简称“投资主体”，包括各种类型的非金融企业和金融企业）直接或通过其控制的境外企业以投入资产、权益或提供融资、担保等方式，获得境外所有权、控制权（即直接或间接拥有企业半数以上表决权，或虽不拥有半数以上表决权，但能够支配企业的经营、财务、人事、技术等重要事项）、经营管理权及其他相关权益的投资活动，要按照《企业境外投资管理办法》（国家发展和改革委员会 2017 年第 11 号令）要求，履行境外投资项目核准、备案等手续，报告有关信息，配合监督检查。对投资主体直接或通过其控制的境外企业开展的敏感类项目实行核准管理，核准机关是国家发展和改革委员会；对投资主体直接开展的非敏感类项目，即涉及投资主体直接投入资产、权益或提供融资、担保的非敏感类项目实行备案管理。其中，投资主体如果属于中央管理企业（含中央管理金融企业、国务院或国务院所属机构直接管理的企业），那么备案机关是国家发展和改革委员会。

投资主体可以通过国家发展和改革委员会建设的“境外投资管理和服务网络系统”履行核

准和备案手续、报告有关信息；涉及国家秘密或不适宜使用网络系统的事项，投资主体可以另行使用纸质材料提交。

就信息化工程项目而言，目前主要的建设主体集中在企业，因为在信息化高速发展的时代，企业信息化和数据资产越来越成为企业竞争的关键要素。从企业的角度看，大部分信息化工程项目不需要进行外部备案或者核准，只需要企业内部自主决策即可。但近年来，随着国家大力提升政府服务能力，鼓励和支持发展智慧城市、智慧政务等相关业务，催生了较多的以政府或事业单位为投资主体的信息化工程项目，而这类项目需要履行相应的审批手续。由于政府类投资项目通常具备计划性和周期性，有较强的预算管控体系，一旦项目前期工作没有做到位，后续补办手续往往会耗费更多的时间和精力。

2. 信息化项目用地审批与规划

根据《中华人民共和国建筑法》《中华人民共和国土地管理法》《中华人民共和国城乡规划法》《建筑工程施工许可管理办法》等法律法规的要求，涉及建筑工程与用地的建设项目，建设单位还应履行相应的用地审批手续、建设工程规划许可手续、施工许可手续等。

2004年8月，经过修改后颁布的《中华人民共和国土地管理法》规定，任何单位和个人进行建设需要使用土地的，必须依法申请使用国有土地。依法申请使用的国有土地包括国家所有的土地和国家征收的原属于农民集体所有的土地。经批准的建设项目需要使用国有建设用地的，建设单位应当持法律、行政法规规定的有关文件，向有批准权的县级以上人民政府土地行政主管部门提出建设用地申请，经土地行政主管部门审查，报本级人民政府批准。

2015年4月，经过修改后颁布的《中华人民共和国城乡规划法》规定，在城市、镇规划区内以划拨方式提供国有土地使用权的建设项目，经有关部门批准、核准、备案后，建设单位应当向城市、县人民政府城乡规划主管部门提出建设用地规划许可申请，由城市、县人民政府城乡规划主管部门依据控制性详细规划核定建设用地的位置、面积、允许建设的范围，核发建设用地规划许可证。建设单位在取得建设用地规划许可证后，方可向县级以上地方人民政府土地行政主管部门申请用地，经县级以上人民政府审批后，由土地行政主管部门划拨土地。以出让方式取得国有土地使用权的建设项目，在签订国有土地使用权出让合同后，建设单位应当持建设项目的批准、核准、备案文件和国有土地使用权出让合同，向城市、县人民政府城乡规划主管部门领取建设用地规划许可证。

根据2016年5月颁发的《国务院关于印发清理规范投资项目报建审批事项实施方案的通知》，将原建设工程规划许可证核发、历史建筑实施原址保护审批等4项合并为“建设工程规划类许可证核发”。因此在城市、镇规划区内进行建筑物、构筑物、道路、管线和其他工程建设的建设单位或者个人应当向城市、县人民政府城乡规划主管部门或者省（自治区、直辖市）人民政府确定的镇人民政府申请办理建设工程规划类许可证。

根据《中华人民共和国建筑法》规定，建设单位应当按照国家有关规定向工程所在地县级以上人民政府建设行政主管部门申请领取施工许可证。按照《建筑工程施工许可管理办法》相关要求，建设单位申领施工许可证之前，还应满足征地进度、施工单位、质量监督、资金安排、技术资料等相应要求。

对于信息化工程项目而言，一般情况下，虽然较少涉及土地规划许可和施工许可等行政审批，但是针对信息化专用集约化建筑则不同，例如，兴建数据中心项目，包括土建、机房、建筑智能化、空调、消防等系列子工程，可能就涉及用地审批、用电审批、施工许可等行政审批。因此是否涉及用地审批要根据实际情况具体分析，不能一概而论。根据《最高人民法院关于审理建设工程施工合同纠纷案件适用法律问题的解释（二）》第二条，当事人以发包人未取得建设工程规划许可证等规划审批手续为由，请求确认建设工程施工合同无效的，人民法院应予以支持，但发包人在起诉前取得建设工程规划许可证等规划审批手续的除外。发包人能够办理审批手续而未办理，并以未办理审批手续为由请求确认建设工程施工合同无效的，人民法院不予支持。由此可见，规划许可对项目实施的风险不容忽视。

3. 信息化项目设计评审与招标

图纸是工程建设根本的技术文件，这就要求设计单位必须按工程的施工顺序和施工进度，安排好施工图纸的配套交付计划，保证满足施工的需要。特别是在开工前，必须有满足施工需要的施工图纸和技术资料。图纸质量直接影响项目质量、功能和造价，因而做好设计图纸质量把关是前期项目风险控制的重点。

我国有严格的施工图设计文件审查制度。施工图设计文件审查机构应当对工程施工图设计文件中涉及公共利益、公众安全、工程建设强制性标准的内容进行审查。县级以上人民政府有关部门应当按照职责对工程施工图设计文件中涉及公共利益、公众安全、工程建设强制性标准的内容进行审查。2017 年 10 月，经过修改后颁布的《建设工程勘察设计管理条例》规定，编制施工图设计文件，应当满足设备材料采购、非标准设备制作和施工的需要，并注明建设工程合理使用年限。2017 年 10 月，经过修改后颁布的《建设工程质量管理条例》规定，施工图设计文件未经审查批准的，不得使用。

2018 年 5 月 14 日，国务院办公厅印发了《关于开展工程建设项目审批制度改革试点的通知》（以下简称“《通知》”），决定在北京、天津、上海、重庆、沈阳、大连、南京、厦门、武汉、广州、深圳、成都、贵阳、渭南、延安等 16 做城市开展工程建设项目审批制度改革试点。改革涵盖了工程建设项目审批的全过程，从立项一直到竣工验收和公共设施接入服务。《通知》提出建设工程规划许可证核发时要一并进行设计方案审查，由发证部门征求相关部门和单位意见，其他部门不再对设计方案进行单独审查。此外，推行联合勘验、联合测绘、联合审图、联合验收，将消防、人防等设计审查并入施工图设计文件审查，采取政府购买服务的方式，委托一家施工图审查机构依据有关技术标准规范同步开展审查，相关部门不再单独进行技术审查。

除上述提到的审批审核程序之外，还有供水、供电等市政公用基础设施报装审批流程；根据项目特点，可能还涉及环境影响评价、节能评价、地震安全性评价等。建设单位和承包单位在项目推进过程中，应重视项目资源条件的评估和判断，尤其是总承包单位在项目前期协助建设单位运作项目时，要充分结合工程经验，从全过程咨询的角度辅助建设单位协调相应的资源。对于大中型信息化项目，无论是单独进行设计还是与其他智能化专业合并设计，理论上都应该进行施工图纸的审核，确保系统集成施工之后的系统功能和性能都能够达到预期效果。

对于非建设单位自建的项目，通常还涉及项目的发包和承包相应的招投标环节。根据《中华人民共和国招标投标法》《中华人民共和国招标投标法实施条例》的相关要求，符合一定要求或超过一定规模的工程、货物、服务类采购依法必须进行招标，依法必须公开招标的项目，要满足相应的标书发售、评标、公示、合同及备案等要求；依法邀请招标或不招标的项目，要满足相关的审批流程。对于满足一定条件，需要在公共资源交易中心进行招标的项目，建设单位应该根据工程所在地政府相关的管理要求执行相应的程序。

3.1.3　关注特性需求

信息化项目作为一个专业化的项目领域，必然有其自身的专业性和特殊性，这也是准确运作一个项目必不可少的内容。

1. 对项目经理的要求

对于建设规模、体量较大的信息化工程项目或以总承包形式进行招标的项目，建设单位通常在选拔项目经理时对其有一定的专业能力要求，一般体现在项目经理的执业资质、职称和项目经验等方面。常见的项目经理的资质要求包括一级建造师、咨询工程师（投资）、计算机技术与软件专业技术资格等。其中，根据专业的不同，一级建造师常用的资质包括机电工程专业和通信与广电专业等，咨询工程师涉及的专业包括电子信息、工程技术经济等，计算机技术与软件专业技术包括信息系统项目管理师、系统分析师、系统架构设计师、网络规划设计师和系统规划与管理师等。在职称方面，一般包括高级工程师、高级经济师等。在项目经验方面，一般要求与项目规模相匹配、建设内容接近的项目经验。对项目经理的各项要求，可以是多种条件的组合，一般体现在评分表中的打分项，资质等级高、项目经验丰富的项目经理在评标中得分较高。

2. 对知识产权的要求

由于信息化项目经常会涉及软件的研发，作为建设单位，一般会要求转移一部分知识产权，例如，软件著作权。如果不是定制开发软件，根据情况也可以要求源代码、知识产权的转移，有些情况则不适用，例如，某些操作系统软件、数据库软件、文字或图像处理软件，源代码或知识产权的购买成本相当高，而有些软件企业开发的小型成品软件则有可能连同源代码一起交付。为了避免纠纷，对建设单位而言，如果自身有能力进行软件开发、运维和管理，在获得源代码之后能够进行自主开发、功能扩容，那么出于信息和数据安全的角度考虑，可以明确要求源代码一同交付并获得软件著作权。如果建设单位不具备开发能力，要求源代码交付的实质性意义并不大。对承建单位而言，在项目洽谈及合同签署的过程中，如果对源代码存在疑问，建议提前进行沟通，避免后续产生争议。

3. 对信息安全的要求

随着互联网应用的不断发展，网络信息安全的地位越来越高。为了保障网络安全，维护网络空间主权和国家安全、社会公共利益，保护公民、法人和其他组织的合法权益，促进经济社会信息化健康发展，全国人民代表大会常务委员会于 2016 年 11 月 7 日发布了信息安全领域的首部法律——《中华人民共和国网络安全法》。该文件明确了国家实行网络安全等级保护制度以及对个人信息的保护。作为建设单位，通常会明确系统安全保护等级的要求，并要求承包单位出具相应证明。这将涉及大量个人信息的软件系统，可能会对鉴权、加密以及抵御网络攻击等方面有特殊的要求，因此建设单位和承包单位应该足够重视信息安全问题。

4. 对质保周期的要求

信息化项目涉及硬件、软件等多个方面，而不同的产品供应商提供的质保周期各不相同，不能“一刀切”。无论是建设单位还是承包单位，需要对相关行业内主要产品的质保周期有一定的了解，否则可能会支出额外的费用。以硬件为例（服务器、存储等 IT 硬件设备），大的厂商一般会提供 2 ～ 3 年的原厂质保，如果建设单位要求的质保周期小于原厂质保周期，对建设单位是一种损失；如果大于原厂质保周期，作为承包单位则需要将超出的质保费用纳入报价的考虑范畴，否则可能会提高承包单位的质保费用。此外，质保周期对质保金的返还也有一定的影响，质保周期短，承包单位的资金回流就快，尤其是在项目投资规模较大时，质保金返还的周期快，企业的负担相对较小。

5. 对运行维护的要求

信息化项目不同于普通的生产建设项目，一方面信息技术和产品迭代较快，另一方面信息化工程在交付使用后，用户和数据一般会持续增长，系统处理能力和性能会逐步减弱，需要不断维护、更新、扩容升级等以保障用户的体验效果。而信息化工程具有很强的专业壁垒，除标准化、开源化产品之外，很难通过第三方进行维护，一般是依赖于原承包单位，而运行维护费用的定价暂时没有行业规范要求，也很难引入市场化竞争机制，如果前期考虑不周，可能会造成建设单位后期运行维护成本大幅增加。当然，对承包单位而言，这部分也可能是潜在的利润源，所以市场上出现过承包单位先低价入围，后期再通过提高扩容、运维报价来弥补前期低价中标进而获得利润的案例。有些项目因建设单位的运营维护能力较弱，可能会要求供应商提供驻地化的运营维护团队，这对于在当地没有分支机构的异地企业来说会增加成本，也需要提前注意。

总而言之，由于信息化项目的关键要素不同，项目管理所需要的资源条件、审核监督程序也各不相同，建设单位和承包单位只有在清楚地了解项目属性、所处阶段、所需履行的程序等内容的前提下，才能顺利地承揽、实施工程，达到预期的建设目标。

3.2　分析信息化项目所处阶段

一个信息化项目从开始到结束所经历的各个阶段按顺序串联在一起就是信息化项目的生命周期，是从提出投资设想经过前期论证、投资决策、建设准备、建设实施、竣工验收直至投产运营所经历的全过程。为了顺利完成信息化项目的投资建设，通常要把一个信息化项目划分成若干个工作阶段，以便更好地进行管理。阶段划分的数量和必要性及每个阶段所需要的控制程度，取决于项目的规模、复杂程度和潜在影响。

可交付成果是指在某一过程、阶段或项目完成时，必须产出可核实的产品、成果或服务能力。项目阶段通常与特定的主要可交付成果的形成相关。通常，信息化项目周期可划分为 6 个阶段：项目决策阶段、设计准备阶段、设计阶段、施工阶段、动用前准备阶段和质量保修阶段。信息化项目全生命周期各阶段划分及关系如图 3-1 所示。

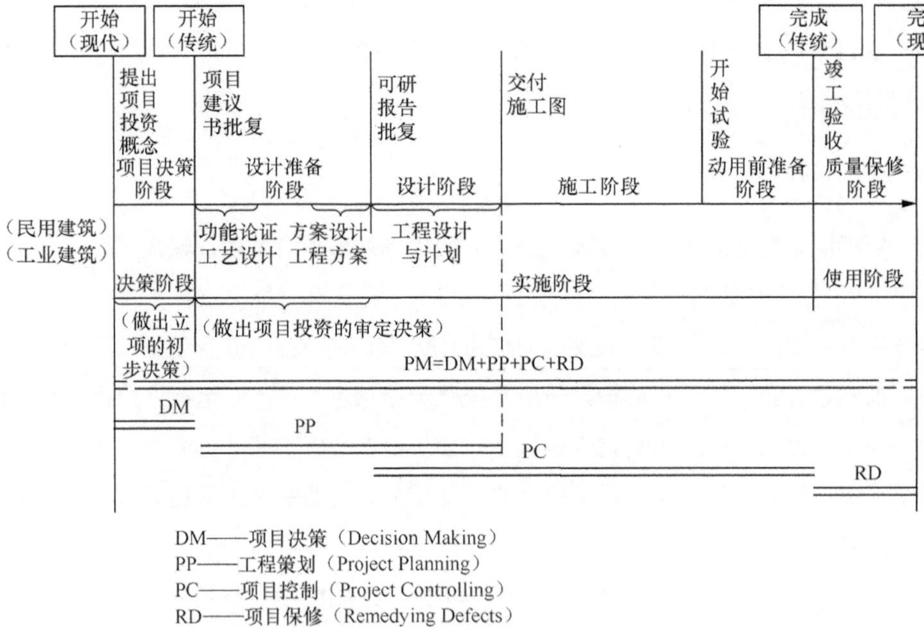

图3-1 信息化项目全生命周期各阶段划分及关系

3.2.1 项目决策阶段

立项决策是指投资人决策层提出信息化项目投资概念到项目建议书编审并获得批复的过程阶段。项目投资概念的建立可以是对单一项目进行初始探讨的成果、企业发展战略研究中涉及投资的确定内容或政府固定资产投资基金及其他类型工程投资基金下的投资决策结论。这一过程所要解决的问题是确定信息化项目立项，即决定项目“做不做”或“投不投”的问题（即进行项目需求与必要性的论证），所以这一决策只是项目初步的立项决策。从预备项目库管理的角度来讲，确定信息化项目的投资概念也就是办理了上述专项建设资金预备项目库中某一特定信息化项目的出库。鉴于项目立项决策的重要性，国际工程界也将此阶段称为“项目决策”阶段。

本阶段的主要输出成果是投资机会研究、项目建议书（预可行性研究报告）。

3.2.2 项目设计准备阶段

设计准备是指自信息化项目建议书获得批复到项目经方案设计直至项目可行性研究编制、批复完成的过程阶段。本阶段需要完成两项工作：一项是项目详尽功能需求的论证，形成方案设计（工程方案）任务书，最终获得多个可用的方案设计；另一项则是编制项目的可行性研究报告，最终经技术与经济的综合比较，在上述多个可用方案中确定最优，即最可行的方案设计，从而完成可行性研究报告的编制、独立专业机构进行的第三方评审与投资人决策层的审查批复，也就是决定了信息化项目“怎么做”的问题。可行性研究报告批复是在前述初步的立项决策的基础上做出的投资性决策，但因为这个决策也为信息化项目的工程设计奠定了基础，所以国际工程界，尤其是工程设计的行业组织也将此阶段称为“工程设计准备阶段”。

3.2.3 项目设计阶段

国际工程界习惯将项目设计阶段称为工程设计阶段。项目设计阶段的范围包括初步设计及施工图设计。按照国际工程界的习惯和定义，项目的方案设计是项目可行性研究报告的基础及一部分内容，不属于工程设计的范畴，而是为工程设计进行准备的工作。国际工程界也往往称本阶段为工程设计与计划阶段，这是因为在工程设计阶段，随着信息化项目的技术与经济条件越来越清楚，项目的施工阶段即将到来，亟须在此时完成项目各项预控计划的编制，以便在项目施工阶段确定项目的控制指标，为目标管理奠定较为牢固的基础，否则到了施工阶段，在没有建立预控计划管理体系的条件下，是无法进行正常的专业分包管理的。

3.2.4 项目施工阶段

项目施工阶段是指从施工单位完成施工图或自建设单位方获得其委托设计单位编制的施工设计，并通过对施工方的招标采购，建设单位下达项目“开工令”开始，直至项目竣工验收交付使用的过程阶段。狭义上讲，信息化项目施工主要是综合布线工程、终端布放和机房系统集成施工，即按照施工图设计的要求，在具体的位置安装相应的设备，并用相应的线缆进行连通。广义上讲，软件研发也是施工过程，区别在于软件研发对现场施工的条件要求不高，工作内容相对独立且可以远程实现，但是软件研发的质量直接关系到后期用户的使用体验，这也是此阶段质量管理的重点之一。

3.2.5 项目动用前准备阶段

对于工业生产及工艺处理设备的项目，项目动用前准备是指在其施工后期开始的工业生产及工艺处理设备最终调试与投产试运行的工作过程，而对非工业（即不含工业生产设备或工艺设备）项目而言，这个阶段被弱化了。实际上，在信息化项目中，基本上都会有一个试运行期间。在试运行期间，系统软硬件功能皆已具备，用户权限配置齐全，基础数据可能是测试数据，也可能是真实生产环境的副本数据，试运行阶段是系统集成调测的延伸，可以进一步挖掘问题、优化系统。经过试运行之后，系统的内部逻辑和数据流程更加清晰、稳定，可以为项目交付做准备。在正式移交之前，项目管理人员可以组织相关部门对系统的操作、使用和维护进行系统性培训。

3.2.6 项目交付阶段

信息化项目竣工后投入使用，已建成的工程实体进入"运行"管理的使用阶段，将脱离原工程建设的"项目管理"状态，但与此过程并行的质量保修 / 缺陷责任过程仍具有原"项目管理"的属性，是工程建设项目生命周期的一部分。在此阶段，建设单位和承包商一方面需要办理工程竣工验收移交手续，另一方面采取相关措施确保承包商在工程质量保修 / 缺陷责任期履行保修责任。在保修责任期结束后，工程实体将进入完全的运营状态，不再成为原工程建设项目的组成部分。此后即使发现新的质量缺陷需要修复，也将按另外一个新的项目进行。

在 EPC 总承包管理中，质量保修期与缺陷责任修复期有明显的区别。质量保修期是指项目承包人依据合同约定对产品因质量问题而出现的故障提供免费维修及保养的时间段。缺陷责任期是指从合同约定的交工日期算起，项目发包人有权通知项目承包人修复工程存在缺陷的期限。缺陷责任期一般应为 12 个月，最长不超过 24 个月，缺陷责任期满后项目发包人需要按合同约定向项目承包人返还质保金或保函等。

项目生命周期理论是进行全面项目管理的理论基础之一，也是划分工程项目阶段，明确各个阶段的主要任务、各方主要责任的重要方法。对于信息化工程总包项目而言，可以参照项目生命周期理论进行管理，但必须结合具体的信息化项目特征而有所侧重。如果运行维护阶段涉及软件运维，则需要考虑软件系统演进、需求新增等情况，一般会适当延长之前约定好的保修期限或者后续服务费率等。

3.3 选择信息化项目建设模式

当前，工程项目的主要运作模式包括以下7类：一是工程总承包模式；二是项目管理承包模式；三是设计—建造模式；四是平行发包模式；五是施工总承包管理模式；六是建造—运营—移交模式；七是公共部门与私人企业合作模式。

1. 工程总承包模式

工程总承包模式是指从事工程项目建设的单位受建设单位委托，按照合同约定对从决策、设计、采购、建设到试运行的建设项目发展周期实行全过程的承包。

（1）工程总承包模式的优点

建设单位把工程的设计、采购、施工和开工服务工作全部委托给工程总承包商负责组织实施，建设单位只负责整体的、原则的、目标的管理和控制，总承包商更能发挥主观能动性，运用其先进的管理经验为建设单位和承包商自身创造更多的效益。该模式提高了工作效率，减少了协调工作量；设计变更少，工期较短；由于采用的是总价合同，除了约定的可调价事由之外，基本上不用再支付其他费用；项目的最终价格和要求的工期具有更大的确定性。

（2）工程总承包模式的缺点

总承包商对整个项目的成本、工期和质量负责，加大了总承包商的风险，总承包商为了降低风险获得更多的利润，可能会通过调整设计方案来降低成本，这可能会影响长远意义上的质量；由于采用的是总价合同，承包商获得建设单位变更及追加费用的弹性很小。

2. 项目管理承包模式

项目管理承包模式是指建设单位通过招标的方式聘请一家有实力的项目管理承包商对项目的全过程进行集成化管理。

（1）项目管理承包模式的优点

可以充分发挥管理承包商在项目管理方面的专业技能，统一协调和管理项目的设计与施工，减少矛盾；有利于节省建设项目投资。该模式可以对项目的设计进行优化，可以实现项目生命周期内成本最低；在保证质量优良的同时，有利于管理承包商获得对项目未来的契约股权或收益分配权，可以缩短施工工期，在高风险领域，通常采用契约股权的方式来管理。

（2）项目管理承包模式的缺点

建设单位参与工程的程度低，变更权力有限，协调难度大；建设单位的风险在于能否选择一家高水平的项目管理公司。该模式通常适用于缺乏管理经验的国家和地区的项目，引入该模式可以确保项目成功建成。同时帮助这些国家和地区提升项目的管理水平。另外，针对利用银行或国外金融机构、财团贷款或出口信贷而建设，工艺装置多而复杂的庞大项目，建设单位宜采用该模式。

3. 设计—建造模式

设计—建造模式是指工程项目建设单位委托一家单位完成项目的设计、施工的建设模式。

（1）设计—建造模式的优点

建设单位和承包商密切合作，完成项目规划直至验收，减少了协调时间和费用；承包商可以在参与初期将其材料、施工方法、结构、价格、市场等知识和经验融入设计中；有利于控制成本，降低造价。国外经验证明实行设计—建造模式，平均可降低造价 10% 左右；有利于进度控制，缩短工期；风险责任单一。总体来说，建设项目的合同关系是建设单位和承包商之间的关系，建设单位的责任是按合同规定的方式付款，总承包商的责任是按时提供建设单位所需的产品，总承包商对于项目建设的全过程负有全部责任。

（2）设计—建造模式的缺点

建设单位对最终设计和细节的控制能力较低。承包商的设计对工程的经济性有很大影响，在设计—建造模式下承包商承担了更大的风险；建筑质量控制主要取决于建设单位招标时功能描述书的质量，而且总承包商的水平对设计质量有较大影响。

4. 平行发包模式

平行发包模式是指建设单位将建设工程的设计、施工以及材料设备采购的任务经过分解分别发包给若干个设计单位、施工单位和材料设备供应单位，并与各方签订合同的建设模式。

（1）平行发包模式优点

管理方法的较成熟，各方对有关程序都很熟悉，建设单位可以自由选择咨询设计人员，对设计要求可控制，可自由选择工程师，可采用各方均熟悉的标准合同文本，有利于合同管理、风险管理和减少投资。

（2）平行发包模式缺点

项目周期较长，建设单位与设计、施工方分别签约，自行管理项目，管理费用较高；设计的可施工性差，建设单位控制项目的目标能力不强；不利于工程事故的责任划分，因图纸问题产生的争端较多、索赔较多。

5. 施工总承包管理模式

施工总承包管理模式是指由建设单位委托一家工程管理咨询单位承担项目施工管理工作，以承包商的身份进行项目施工管理。

（1）施工总承包管理模式的优点

在项目进度控制方面，由于施工总承包管理模式采用分散发包、集中管理，使设计与施工充分搭接，有利于缩短建设周期；施工总承包管理单位加强与设计方的协调，可以减少因修改设计而造成的工期延误；在投资控制方面，通过协调设计，施工总承包管理单位还可以帮助建设单位采用价值工程等方法向设计提出合理化建议，以挖掘节约投资的潜力，还可以减少施工阶段的设计变更。合同还可以约定单位对工程费用的控制，承担直接的经济责任，因而可以降低建设单位在工程费用控制方面的风险；在质量控制方面，设计与施工相互协调，在项目上采用新工艺、新方法时，有利于提高工程施工质量；分包商的选择由建设单位和承包人共同决定，因而更为明智。

（2）施工总承包管理模式的缺点

对施工总承包项目经理以及其所在单位的资质和信誉的要求都比较高；分项招标可能会导致承包费较高；施工总承包管理模式一般采用“成本加酬金”合同，对合同范本的要求较高。

6. 建造—运营—移交模式

建造—运营—移交模式是指建设方与承建方达成协议，承建方获取建设、运营的特许权，被允许在特定的一段时间内筹资建设并运营建成产品和服务，特许期过后，承建方将建设成果移交建设单位，该模式一般用于政府投资的基础设施建设项目。

（1）建造—运营—移交模式的优点

可以减轻政府主权借债和还本付息的负担。可以将公营机构的风险转移到私营承包商，避免公营机构承担项目的全部风险。可以吸引国外投资，以支持国内基础设施的建设，从而解决发展中国家缺乏建设资金的问题。此类项目通常由国外的公司来承包，这会给项目所在国带来先进的技术和管理经验，既给项目所在国的承包商带来较多的发展机会，也促进了国际经济的融合。施工总承包管理模式的明显优点就是将基础设施（建设成果）的经营权有期限地进行抵押以获得项目融资。

（2）建造—运营—移交模式的缺点

在特许权期限内，政府将失去对项目所有权和经营权的控制；参与方较多，结构复杂，项目前期时间较长且融资成本高；可能导致大量的税收流失；可能造成设施的掠夺性经营；在项目完成后，会有大量的外汇流出；风险分摊不对称等。政府尽管转移了建设、融资等风险，却承担了更多其他的责任与风险，例如，利率、汇率风险等。

7. 公共部门与私人企业合作模式

公共部门与私人企业合作模式是指政府为建设或改善各类基础设施，引进私人组织共同建设的投资建设模式。在该模式下，政府与企业共同出资建设，共同承担项目风险并获取收益。

（1）公共部门与私人企业合作模式的优点

公共部门和私人企业在初始阶段就共同参与论证，有利于尽早确定项目融资的可行性，缩短前期工作周期，节省政府投资；可以在项目初期实现风险分配，同时由于政府分担一部分风险，使风险分配更合理，减少了承建方与投资方风险，从而降低了融资难度；参与项目融资的私人企业在项目前期就参与进来，有利于私人企业一开始就引入先进的技术和管理经验。公共部门和私人企业共同参与建设和运营，双方可以形成互利的长期目标，更好地为社会和公众提供服务，同时使项目参与各方整合组成战略联盟，对协调各方不同的利益目标起到关键作用。政府拥有一定的控制权。

（2）公共部门与私人企业合作模式的缺点

对于政府来说，如何确定合作公司给政府增加了一定的难度，而且在合作中要负有一定的责任，增加了政府承担的风险；组织形式比较复杂，增加了管理上协调的难度；如何设定项目的回报率可能成为一个颇有争议的问题。

在项目实践的过程中，建设单位应该根据项目的具体情况，科学论证、审慎选择建设模式，结合模式的自身缺点，制订有针对性的措施，确保项目顺利实施。

3.4 加强信息化项目合同管理

工程项目管理的内容涉及项目的方方面面，但绝大部分的合作与纠纷、债券与债务关系的确立，都是以合同为起点的。在我国工程建设领域纠纷的相关司法解释中，虽然有施工合同无效、工程质量验收合格时施工单位请求支付工程价款予以支持的情形，但是在工程实践中，绝大部分是通过书面合同来规范发包和承包双方行为的。因为有效的合同是受法律保护的，具体的要求则需要通过违约条款予以体现，所以合同管理是工程项目管理的重点，除此之外，项目造价、进度、质量、安全等也都是项目管理的重中之重。

3.4.1 信息化项目合同签署

工程项目实行合同管理是建立工程项目现代管理制度的重要举措。合同管理可以降低成本，减少费用支出，缩短工期，实现预期目标。

合同管理贯穿于信息化项目实施的全过程，在项目建设的各阶段都必须用合同的形式来约束各方的责任、权利和义务。经过多年的努力，我国的工程项目合同已经形成了一个完整的体系。按照建设程序中不同阶段的划分，信息化项目合同包括前期咨询合同、勘察设计合同、监理合同、招标代理合同、造价咨询合同、工程施工合同、材料设备采购、租赁合同、贷款合同等。仅工程施工合同按照承包序列划分，就包括施工总承包合同、专业分包合同以及劳务分包合同。为提示当事人在订立合同时更好地明确各自的权利和义务，防止合同纠纷，根据《中华人民共和国合同法》等有关法律法规，在国家发展和改革委员会等九部委联合出台的《中华人民共和国标准施工招标文件》（2007 年版）、《中华人民共和国简明标准施工招标文件》（2012 年版）、《中华人民共和国标准设计施工总承包招标文件》（2012 年版）、《中华人民共和国标准勘察招标文件》（2017 年版）、《中华人民共和国标准设计招标文件》（2017 年版）、《中华人民共和国标准监理招标文件》（2017 年版）、《中华人民共和国标准材料采购招标文件》（2017 年版）、《中华人民共和国标准设备采购招标文件》（2017 年版）中，均包括有合同文本，基本上覆盖了工程项目建设的全过程，信息化工程总包项目合同也可以参照使用。

1. 信息化项目施工合同签署

施工合同是信息化项目建设中最重要的合同之一，是工程质量控制、进度控制、投资控制的主要依据。由于施工合同具有涉及内容多、专业性强、履行周期长等特点，合同管理的难度也比较大，一般需要针对合同进行全生命周期管理，其中，合同在订立过程中需要对合同的组成、合同文件的解释顺序、合同涉及的当事人、合同中的约定（涉及工期、质量、价款的约定）、合同生效条件以及违约条款、争议的解决等内容进行研究。在签订信息化项目施工合同的过程中需要注意的关键环节和问题包括合同形式的选择、合同主体资格的审查、条款的谈判等，对合同后期履行的风险和管理的难度都有较大的影响。例如，合同有总价合同、单价合同、成本加酬金等模式，发承包双方承担的风险不同；再如，合同价款支付的要求，承包人应争取在尽早、尽可能多地支付工程款的同时关注关于变更和违约条款的描述，通过谈判争取有利于己方的方式。

此外，信息化项目施工合同履约管理属于施工过程中的管理，发承包双方应清楚地了解各自的权利和义务，结合《中华人民共和国标准施工招标文件》（2007 年版）和合同的具体约定执行，包括承包人现场勘察、履约担保、对工期计划和进度的管理、对施工过程中质量的管理、对安全文明施工与环境保护的管理、对工程价款支付的管理、对合同变更的管理、对索赔的管理、对竣工验收的管理、缺陷责任与保修管理等。对于特殊情况，例如，质量安全事故、合同争议等，也应有相应的管理机制予以应对。

2. 信息化项目货物采购合同签署

货物采购合同是信息化项目合同体系中的重要组成部分，与施工合同居于同等重要的地位。工程项目是一个特殊的产品，发包人购买的是一个过程，即工程实体的形成过程，而在构成工程实体的工作中，最为重要的就是施工和货物采购。货物采购合同应依据工程承包合同的相关内容订立，在实践中，有的货物可以由发包人负责提供，也可以由承包人负责采购，无论是发包人采购的货物，还是承包人采购的货物，都应当由双方当事人在施工合同中明确约定，并符合施工合同对货物的质量要求和工程进度的实际需要。

买卖双方可以参照国家和发展改革委员会等九部委联合制订的《中华人民共和国标准材料采购招标文件》（2017 年版）、《中华人民共和国标准设备采购招标文件》（2017 年版），结合项目在实践过程中约定合同的条款。设备采购合同的重点是合同范围，包括供货要求对设备技术性能指标的详细描述、技术服务和质量保修期服务计划等。除了交货时间、价款支付等管理要点之外，还需要重点关注的内容包括：设备建造与交货检验、包装、运输、装卸和标记要求、开箱安装预调试、质量保证期与质保期服务、违约责任及争议处理等。在工程货物采购实务中，设备供应商一般不愿意扣留质保金，而是以承诺质保期内免费维修的方式代替质保金，相对于质保金的方式，采购人承担的风险更大，一方面对设备质量问题的鉴定可能存在争议，另一方面保修免费的范围可能存在约定不清楚的情况。对于买卖双方难以协调以扣留合同价款作为质保金的情形，可以考虑采用卖方向买方提供质保金等额保函的方式。

信息化项目涉及的货物采购，主要有计算机、服务器、存储器、交换机、路由器、防火墙、数据机房用精密空调、不间断电源（Uninterruptible Power Supply，UPS）、各类监控设备、显示设备以及光纤光缆等材料。由于信息化项目在集成过程中还会涉及大量线缆的布放，还需要桥架、线槽、装修材料等。除了计算机、服务器、交换机、路由器、防火墙、空调电源等专用设备具有严格的参数要求和适用性选型需求之外，其他线缆、桥架等因标准化程度高或者需要现场定制的材料还可以考虑由施工单位负责供货。

国际上，工程项目常用的合同条款是国际咨询工程师联合会发布的FIDIC条款，每一种FIDIC合同条件文本主要包括两个部分，即通用条件和专用条件。在使用中，可利用专用条件对通用条件的内容进行修改和补充，以满足各类项目和不同需求。FIDIC合同条件的优点是具有国际性、通用性、公正性和严密性；合同各方职责分明，各方的合法权益可以得到保障；处理与解决问题程序严谨，易于操作。FIDIC合同条件把与工程管理相关的技术、经济、法律三者有机结合在一起，构成了一个较为完善的合同体系。其中，《设计采购施工（EPC）/交钥匙工程合同条件》（*Conditions of Contract for EPC/Turnkey Projects*），简称“银皮书”。该文件可以适用于以交钥匙方式提供工厂或类似设施的加工或动力设备、基础设施项目或其他类型的开发项目，采用总价合同。在这种合同条件下，项目的最终价格和要求的工期具有更大的确定性；由承包商承担项目实施的全部责任，雇主很少介入，即由承包商进行所有的设计、采购和施工，最后提供一个配备设施完整、可以投产运行的项目。作为通用条款，必然存在对特定领域针对性不足的问题，如果信息化项目采用该条款，则需要进行有针对性的修改和调整。

在工程实践中，合同签署往往在招投标阶段就约定了合同的范本，实际签署只是针对合同具体条款的细化讨论，不得背离招投标过程中的实质性响应情况。如果项目不是通过招投标形式获取的，那么合同签署就需要特别注意合同条款的谈判，尤其是合同工作内容的范围、合同价款的调整与支付、变更与签证的处理、违约条款及责任的约定、争议的解决、保修期的约定等一系列问题。合同签署完成后，根据要求到当地建设行政主管部门履行备案手续，这样可以避免在出现纠纷时缺少核算依据，因为中华人民共和国最高人民法院《关于审理建设工程施工合同纠纷案件适用法律问题的解释（一）》第二十一条明确规定：当事人约定，发包人收到竣工结算文件后，在约定期限内不予答复，视为认可竣工结算文件的，按照约定处理。承包人请求按照竣工结算文件结算工程价款的，人民法院应予支持。这实际上也就要求了发承包双方在合同履行的过程中应以备案的中标合同内容履行权利和义务。

对于信息化工程项目采用EPC总承包模式进行建设的，合同在签署过程中，需要注意的内容包括以下5个方面。

一是明确建设单位提供的资源条件，包括施工环境、设计图纸等内容。

二是明确软件部分的工作进度和工作量确认方式以及价款支付方式。

三是明确设备采购、设备到货检验验收方式及价款支付方式。

四是明确工程变更的量价确认程序以及价款支付的方式。

五是明确软件验收的程序、培训的要求和质量保修的工作要求等。

3.4.2 信息化项目合同履行

合同约定了签署双方的权利和义务，这种权利和义务是相对的。作为建设单位，合同赋予的权利是对合同过程的管理和对成果的检查、验收和确认，相应的义务则是相应款项的支付。作为承包单位，合同约定的义务是完成合同规定的工作内容，相应的权利是索取应得的报酬。建设单位的合同履行管理侧重于履行过程的监督，承包单位的合同履行管理侧重于施工的组织协调，相比之下，承包单位合同履行的管理难度更大。承包单位合同的履行就是按照信息化项目合同约定的时间、约定的质量标准将项目实施所需要的人力、材料等资源进行统筹，完成合同约定工作内容的过程。合同履行的第一步是将工作内容进行分解，然后分析不同工作内容所需要的人力、材料和其他资源需求，梳理不同工作内容之间的先后关系形成工作组织逻辑，实际上就是施工组织设计的过程。承包单位可以根据自身条件进行资源组织优化，并按照计划组织以达到项目实施目的。

1. 合同交底

在信息化项目合同签订后，承包商首先应该明确合同约定的工作范围和义务，项目的主要管理人员要向项目的具体执行者进行合同交底，确保涉及合同的主要人员要熟悉合同，并对潜在的风险向其做出解释和说明，并根据合同要求分解合同目标，实现目标管理。同时，使项目部所有人员熟悉合同中的主要内容、规定及要求，了解作为总承包商的合同责任、工程范围以及法律责任，并依据合同制订出工程进度节点计划。按照节点计划，项目各部门负责人随即对各有关部门人员进行较为详细的分工，到底建设哪些信息化子系统，每个建成什么样，需要协调哪些资源。将每个节点作为一个小目标来管理，当每个小目标都实现了，那么总目标也就实现了。合同交底的意义重大，只有明确了合同的范围和义务，才能在项目实施的过程中不出现或少出现偏差。

做好合同交底，总承包商应积极组织相关人员进行 EPC 工程总承包项目的现场管理培训，聘请专业人员对现场的工程人员进行系统培训，重点内容是在实施工程管理的过程中，将现场管理与合同联系起来，并用工程进度、工程质量、工程期限等作为评定现场管理的标准，同时与现场项目经理的绩效挂钩，这就使工程项目尽量处于受控状态，避免出现工程管理人员依靠经验管理项目的情况。

2. 合同控制

合同控制是指双方通过对整个合同实施过程的监督、检查、对比引导和纠正来实现合同管理目标的一系列管理活动。在合同的履行过程中，通过对合同的分析、对自身和对方的监督、事前控制、提前发现问题并及时解决等方法进行履约控制的做法符合合同双方的根本利益。采用控制论的方法，预先分析目标偏差的可能性，并采取各项预防性措施来保证合同履行，具体内容如下。

分析合同，找出漏洞。对合同条款的分析和研究不仅是签订合同之前的事，它应贯穿于整个合同履行的始终。不管合同签订得多么完善，都难免存在一些漏洞，而且在工程的实施过程中不可避免地会发生一些变更。在合同执行的不同阶段，分析合同中的某些条款可能会有不同的认识。这样可以预测发生争议的可能性，提前采取行动，通过双方协商、变更等方式弥补漏洞。

制订计划，随时跟踪。由于计划之间有一定的逻辑关系，例如，信息化项目建设中某项里程碑的完成必定要具备一些前提条件，把这些前提条件也做成合同计划，通过分析这些计划事件的准备情况和完成情况，可预测后续计划或里程碑完成的可能性和存在的潜在风险。

协调和合同约定的传递。合同的执行需要双方各个部门的组织协调和通力配合，虽然多个部门在执行合同的某一部分，但不可能都像主管合同部门的人员一样了解和掌握整个合同的内容和约定。因此，合同部门应该根据不同部门的工作特点，有针对性地进行合同内容的讲解，用简单易懂的语言和形式就合同中较为关键的内容进行辅导性讲解，例如，各部门的责任和权利、对承包商的监督内容、可能导致对自身不利的行为、哪些情况容易被对方索赔等，以提高全体人员履行合同的意识和能力。

广泛收集各种数据信息，并分析整理。例如，各种 IT 设备、管线材料的国内外市场价格、施工单位消耗的人员、机械、变更记录、支付记录、工程计量等相关的项目数据。准确的数据统计和数据分析，不仅对变更对方的信息，索赔的商务谈判大有裨益，也有利于积累工程管理经验，建立数据库，实现合同管理的信息化。

3.4.3 信息化项目合同变更

广义上说，信息化项目合同变更是指任何对原合同内容的修改和变化。但在信息化项目中，严格地讲，变更分为合同变更与工程变更。从一般定义上讲，合同变更是指任何对原合同的主体或内容的修改和变化。但从《中华人民共和国合同法》第五章的有关规定来看，合同变更仅指合同内容的变更，合同主体的变更称为合同的转让。因此，合同的变更不影响当事人要求赔偿的权利。原则上，提出变更的双方当事人对因合同变更所受损失应负赔偿责任。

工程变更则是指在工程项目实施过程中，按照合同约定的程序对部分或全部工程在材料、工艺、功能、构造、尺寸、技术指标、工程数量及施工方法等方面做出的改变。引起工程变更的原因有多种，例如，变更设计、更改设备或材料、新增建设内容、新增软件功能、更改技术标准、更改工程量、变更工期和进度计划、质量标准。频繁的工程变更是 EPC 工程总承包项目的工程合同的显著特点之一。由于大部分工程变更工作给承包商的计划安排、成本支出会带来一定的影响，重大变更可能会打乱整个工程部署，同时变更也是容易引起双方争议的主要原因之一，所以工程变更必须引起合同双方的高度重视，这是合同管理的重要内容。

EPC“银皮书”及 FIDIC 合同条件均规定，建设单位有权实施工程变更，同时对工程变更的提出与处理都有详细的规定，例如，工程变更发生的前提条件、工程变更处理的流程、工程变更的费用确定等。至于具体的操作，则需要双方在实际工作中做出具体的规定。一般情况下，只有变更导致工程量变化达到 15% 以上，承包商才可以停工协商，变更的实施必须由双方代表协商一致后才可以执行。

大多数情况下，国际工程合同尤其是采用 FIDIC 条款为蓝本的合同授予了建设单位直接签发工程变更令的权力，承包商必须无条件地先执行工程变更令，然后再与建设单位协商处理因执行该变更令而给承包商带来的费用或工期等问题。这主要是考虑到工程变更发生的频繁性以及避免双方因过久的争执而影响工程进度。工程变更并不会直接导致对原有合同文本的修改，而是以签证、会议纪要等形式，作为合同的补充材料。

在信息化总承包项目中，软件部分的变更是最让人头疼的，因为软件不是一个有形实体，软件功能的实现过程比较隐蔽且难以解释，所以前期针对软件的范围边界应尽可能细致地加以明确，同时建设单位和承包单位之间应加强沟通，把阶段成果、中间过程尽可能地显性化，避免开发工作的反复。

3.5 关注信息化项目各方诉求

信息化项目一般比较复杂、专业性强，通常由多个参与方共同完成，包括建设单位、监理单位、设计单位、施工单位、材料设备供应商、技术服务供应商以及外部监管单位等。不同单位之间依托合同建立彼此之间直接或间接的联系和责任，而不同单位作为独立运营的主体，往往有不同的侧重点和管理诉求。

1. 建设单位管理诉求

建设单位对信息化项目的管理是建设单位为实现投资目标，运用所有者的权力组织或委托有关单位，对建设项目进行筹划和实施的有关计划、组织、指挥、协调等过程活动。

建设单位对信息化项目进行管理的主要诉求包括以下内容。

实现投资主体的投资目标和期望。投资主体将资金投入信息化项目中，期望通过项目管理保证信息化项目能按预定计划建成和投入使用，最大化投资的经济效益与社会效益。

将信息化项目投资控制在预定或可接受的范围之内。信息化项目建设通常需要较长的时间和较大的投入，建设过程中不确定因素很多，如果控制不好，很容易超出投资的预算。为了保证投资者的预期收益，必须对信息化项目投资进行有效的控制。

保证信息化项目建成后达到项目功能和质量目标。不同的信息化项目都有其各自的功能和质量要求，这是保证项目在运营期内有效、安全和高质量运行，实现项目建设目标与建设单位投资目标的基本前提。

大部分信息化项目是围绕自用、服务于管理而开展的，对于这类项目而言，一般很难估计系统建设带来的直接经济效益，但是可以通过定性方法分析投资效益。对于对外提供服务的信息化项目，可以通过直接收入和盈利分析评估投资效益。

2. 监理单位管理诉求

《中华人民共和国建筑法》第三十条规定：国家推行建筑工程监理制度。《建设工程质量管理条例》和《建设工程监理范围和规模标准规定》对依法必须监理的项目范围和规模做出了相应规定。监理是一种特殊的中介服务，它是受建设单位委托，在施工过程中对施工单位的施工作业和管理进行监督、检验的一方，常代表建设单位在工程现场与建设单位和施工单位进行协调和沟通。

除了与建设单位有相同的项目投资目标和期望、项目功能和质量目标管理诉求之外，监理单位重点还关注施工过程中的技术规范、质量安全、合同履行等执行情况。

技术规范的执行。监理单位需要监督检查项目施工是否按照不低于国家强制性标准规范的要求执行；是否符合经评审的设计文件要求；相关特殊工种的工作人员是否具备相应的资质等。

质量安全的落实。监理单位需要监督检查施工企业是否采取了必要的安全文明施工措施；对于危险性较大的分项工程和超过一定规模的分项工程是否编制安全专项施工方案并进行评审或专家论证；项目材料进场是否有完整的质量检验资料和记录等。

合同条款的履行。监理单位需要监督施工单位对施工合同中关于进度、造价、质量、安全、结算、变更与索赔、竣工验收等相关条款的履行情况。

在信息化项目实践过程中，监理工作存在较大的技术难度。与土木工程项目相比，信息化项目没有完善的施工定额、预算定额、概算定额、概算指标、投资估算指标等量价标准体系。信息化项目设计的材料、设备的标准化程度也不高，不同设计方案对系统性能的影响也较大，监理在监督施工过程中需要较为专业的水平，对工艺、方法、用材、用量和价格等需要有理有据的审核，从而确保项目顺利推进。

3. 总承包单位管理诉求

总承包单位承担的是项目最终的完整交付责任，在整个项目实施的管理过程中，主要是针对设计、采购、施工三大环节进行成本、进度、质量、安全等全方位的管控。

其中，设计环节的管理主要服务于项目的整体利益和总承包方本身的利益。由于项目的投资目标的实现与设计工作密切相关，所以总承包单位的设计管理包括设计的成本、设计的进度、设计的质量、设计相关的安全、合同、信息管理及相关的组织和协调。设计管理工作主要在设计阶段进行，但也涉及设计前的准备阶段、施工阶段、动用前准备阶段和保修期。对于信息化工程项目设计而言，无论是材料设备选型、系统集成方案设计还是软件功能设计，都需要考虑多方面因素，一方面要满足建设单位的使用功能需求，另一方面要满足国家相关工程技术标准和规范要求，此外还要兼顾技术成熟度，确保项目进行过程中能够充分平衡各方的需求，尽量减少设计的变更次数。

采购环节通常强调的是货物的采购，这个环节的管控重点往往在于采购物资的质量、成本和交付。物资的质量控制一方面依赖于采购人员的专业水平，另一方面依赖于与设计相关的关键参数。采购成本的控制一方面与设备功能、参数等因素相关，另一方面与采购的竞争性是否充足相关。物资的交付有时候也会成为关键制约因素，因为采购、生产备货、物流运输都需要周期，从发起采购到物资运抵施工现场通常需要很长的时间。总承包单位在采购进度管控上，应与项目实施计划进行充分衔接，根据采购提前期、备货提前期以及运输周期的长短，倒排计划，安排相关人员参与组织和控制。

施工环节是总承包单位需要重点关注的环节，因为通常面临对分包单位的进度、质量、安全等内容的管理。作为分包单位，由于一般不能直接与监理单位或者发包人进行工作联系，总承包单位与分包单位就工程质量安全等方面向发包人承担连带责任，所以总承包单位需要从管理的角度，加强对分包单位的成本、进度、质量、安全、变更、结算、资料、合同等的管理。

4. 分包单位管理诉求

广义的分包是指与总承包单位合作的第三方单位，共同完成项目的交付，主要完成项目中的非主体工程部分；而狭义的分包是指施工内容的分包。一般来说，项目的分包需要经过建设单位的认可。非施工内容的分包的范围较广，主要以技术服务为主，例如，软件研发、工程咨询规划、工程造价等。无论是哪种分包，相应的分包单位都需要从成本、进度、质量、安全等角度对分包内容进行项目管理。针对施工分包的部分，由于涉及工程实体从无到有的过程，所以管理的内容相对复杂。

具体而言，施工分包单位对工程项目的管理是施工分包单位为完成建设单位对信息化项目建设的委托，以自己的施工能力来完成建设单位委托的任务，在建设阶段，对自己所承担的项目投入的各种资源进行计划、指挥、组织、协调和控制的过程。

施工分包单位是为项目提供工程劳务的组织者或设备采购者，其管理主要是为了在项目建设与设备采购过程中，从人力、物力资源的有效投入到产品的输出来实现其相应的收益，具体内容如下。

保证承包的工程项目或设备采购在进度与质量上达到委托合同规定的要求。施工分包单位按照委托合同在规定的时间内完成工程施工或设备采购工作，并符合各项质量指标的要求，这是合同中规定的施工单位的主要义务。

追求自身收益的最大化。在完成委托合同规定的工作，并达到合同规定的要求后，施工分包单位有权取得相应的报酬。建设单位支付费用的具体方式与合同的形式有很大的关系。不同的合同形式使施工单位的利益与项目成本的联系程度有所不同。对于总价合同、单价合同以及成本酬金合同，施工分包单位会采取完全不同的态度对待项目的成本费用，但其根本目的是保证其整体收益最大化。

对于信息化工程项目而言，施工主要包括缆线布放和硬件集成，一般不把软件的研发算作施工，但是软件的部署调测可以算作施工集成的内容，因为一般会认为施工是工程现场完成的工作。为了实现工程外观简洁大方、整齐美观的效果，几乎所有的布线工程采用了隐蔽方式，所以施工过程的随工验收较为重要，一定要按照设计方案的施工图纸进行施工，施工过程中如果发现方案存在缺陷，施工分包单位可以与总承包单位沟通，协助总承包单位发起设计变更等工作。

5. 其他单位管理诉求

信息化项目的参与单位除了建设单位、设计单位、监理单位、施工单位之外，还有监管单位、勘察单位、材料设备供应商、技术服务供应商等。其中，技术服务供应商包括第三方管理咨询、招标代理、软件开发、审计单位、检验检测、评估评审等机构。

需要注意的是，监管单位比较特殊，与建设单位之间是行政管辖的关系，主要包括国家发展和改革委员会、工程建设管理部门、城乡规划部门、质量安全监督部门、环境保护部门、公安消防等，它们对项目管理的侧重点与部门的行政职能息息相关，包括项目的审核或备案、项目的各类许可和证件、项目的质量安全监督及环境保护的相关措施是否有效落实等。

其他参与者对项目管理的侧重点主要围绕与建设单位或承包单位之间的合同关系及合同条款的约定，在满足合同双方要求的前提下，追求自身利益的最大化。例如，材料设备供应商的管理诉求侧重于材料设备的供货计划和质量控制，软件开发单位侧重于研发人员投入和研发进度的控制等，但检验检测和评估审计单位又有所不同，它们的侧重点是确保从公平公允的角度，以专业的技术和方法给出相应的判断。

所谓“知己知彼，百战不殆”，无论是作为哪种角色参与项目的建设和管理，了解项目中可能参与的各方诉求，对于加强项目沟通与协调，有效权衡利弊等都有重要意义。只有当项目参与各方的利益和诉求达到平衡，才能形成实质上的项目共同体，才能形成合力实现项目的目标。

3.6 智慧物流园区 EPC 项目前期统筹

3.6.1 智慧物流园区 EPC 项目前期统筹要点

相对于一般项目，智慧物流园区项目有一定自身的特殊性。近年来，智慧物流行业发展得如火如荼，市场上也涌现了一批积极探索的物流服务供应商，例如，京东、菜鸟、顺丰等，还有第三方快递企业也在布局智慧物流系统，例如，申通、圆通、中通、韵达等。物流园区通常是依托于仓储业务实现货物的汇聚与分拨的，而物流园区的主体通常是政府部门下的事业单位或派出机构，也可能是政府注资的企业，所以物流园区必然面对的一个问题是建设和招商。正是由于建设主体在物流行业、物流业务运营方面缺乏一定的资源积累，智慧物流园区的建设迫切需要通过咨询、规划、设计等工作，进行前期可行性、社会经济效益等方面的研究。

根据物流园区的不同定位，园区业务模式可能存在3种不同分类。第一种是物流地产类商业模式，即园区管理单位仅负责园区内道路、水电、通信、库房、场站、加油维修、生活配套等基础设施的建设，实际盈利凭借租金和地价来增值。第二种是自营物流类商业模式，即园区内所有设施都服务于自身物流业务需求。在这种模式下，智慧物流园区工程需要紧密与物流业务和数据打通，从前端订单，到后端分拣、配送、调度、结算等，实现全面的智慧管控和决策，这种模式常见于第三方物流企业的自有园区。第三种模式是前两种的混合，一般在土地资源充裕的物流园区，建设单位既参与物流业务的运作，针对大宗商品或高利润快周转的市场布局自营物流，同时对于闲置资源进行出租，或者承担无车承运人的角色，将闲散的社会物流供需双方汇聚到园区，以提高货物流量建立物流生态。在这种模式下，物流园区的建设单位可能还要承担信息服务提供商的角色，系统建设是3种模式中最为复杂的一种。

无论是物流园区建设单位自身，还是智慧物流园区建设方案供应商，在前期运作和统筹智慧物流园区建设项目时，均应尽可能地明确园区业务的定位和布局，在此基础上研究和探讨到底要建设哪些平台，实现哪些功能，到底先建设什么，后建设什么，到底采用总承包还是专业分包模式。例如，对于混合运营的物流园区，智慧园区建设需要区分自营物流和第三方物流的边界，物流的指挥调度中心需要综合不同的业务需求，信息系统在建设部署的时候可能也要考虑多租户、数据隔离等，这些都与园区建设密切相关。

3.6.2 智慧物流园区 EPC 项目前期出现的典型问题

某物流园区由当地交通集团投资建设，占地面积约为287000平方米（430亩），规划分两期建设。建筑工程施工以后才确定要提升信息化水平，打造区域现代物流基础服务平台中心和智慧物流标杆，成为当地物流业“十三五”时期“一核、五区、多节点”发展格局的重要组成部分。由于园区智能化、信息化规划建设起步滞后，加大了与园区功能规划、土建施工等方面的协调和施工管理的难度，建设单位最终确定采用总承包方式，选定一家供应商进行全面的系统设计、采购、施工和相应的项目管理协调工作。项目实施前期出现的典型问题如下所述。

1. 建设范围缺失和规模匹配问题

总承包单位通过调研分析，提供了智慧园区规划设计草案，除了园区常规应用的智能化方案之外，还包括物流相关的道闸、称重、停车、调度等系统，规划建设了综合指挥调度中心，而综合指挥调度中心最大的构件是 LED 小间距屏。为了保障视觉效果，LED 小间距屏需要较大的跨度和视距空间，对建筑空间的高度和跨度尺寸有一定的要求。但问题是，既有的建筑方案中并没有相关空间。考虑到综合指挥调度中心实现的是对整个园区物流资源、物流业务和绩效的集中反馈，是应急指挥、日常调度的重要场所，此外，综合指挥调度中心还具有综合展示、汇报、交流等延伸功能，对园区的意义重大，项目组建议综合指挥调度中心的规模应与园区业务相匹配。通过分析讨论发现，物流园区建筑方案规划了两栋办公写字楼，首层采用钢结构一体化门厅，屋顶和幕墙均采用点支撑全玻璃结构以增加采光，实现节能和外观美化功能。施工进度是主体结构已浇筑数层，首层钢结构门厅尚未施工。项目组建议建设单位联合土建施工单位和设计单位，对门厅结构设计进行调整，一方面保留原门厅的通行和贯通功能，另一方面要融入综合指挥调度中心的展示和调度功能，重点是钢结构柱跨距调整。

功能布局重新设计后，原设计院针对地面承重和跨度要求，修改了门厅结构设计，抽掉了部分承重柱，强化了相应横梁起拱和竖向加腋、悬吊等措施，并且符合相关的安全要求。同时，地面垫层和屋面也做了相应的调整，为后续综合指挥调度中心的施工建设创造了条件。

2. 进场前资源协调与配合问题

简单来讲，物流园区的智慧就是通过一系列的传感设备和终端设备，把园区内相关的物流、车流、信息流和状态数据进行采集、汇聚和分析，为物流业务运作的指挥、调度和决策提供依据。

由于建筑工程施工在前，信息化总包单位需要将建筑施工底图进行充分解读，明确功能分区、空间位置和尺寸，再进行综合布线、信息终端、通信设备等布放的设计。设计方案定稿后，完成相应的设备材料采购工作。但在进场施工时，建设单位提供的施工条件实际上是依赖于建筑工程的进度，智能化工程施工需要用水用电，还涉及部分登高作业、装修等，建设单位无法直接提供所有的条件，由智能化施工单位重新设置的成本较高。信息化总包单位与建筑施工单位之间没有直接的合同关系，难以有效协调，必须借助建设单位进行联系。通过沟通，建筑施工单位愿意提供施工电梯等设施供智能化施工单位使用，智能化施工单位支付合理的费用。类似的资源沟通与协调的问题还包括施工垃圾的清理、脚手架等安全防护设施的使用以及货物临时储存和保管等。

3. 合同条款未明确内容的隐患防范

在该项目推进过程中，合同范本采用的是《建设项目工程总承包合同（示范文本）（试行）》（GF—2011—0216），采用固定总价合同，约定预付款比例为10%，但是没有约定预付款扣回方式。进度款支付比例为确认工程量的60%，在实际支付过程中，建设单位一次性全额扣回第二笔进度款。实际上，此种扣回方式不仅没有发挥预付款本身的作用，而且相当于提前支付进度款，一次性扣回后反而给施工单位造成了资金压力。另外，项目变更内容工程款项的支付一般根据谈判结果可以采取多种方式，比较公平的方式是随进度款支付，比较强势的方式是审计后支付。这里需要明确审计是过程审计还是最终审计，如果是最终审计且项目周期较长，那么对施工单位是不利的。在项目实施之前，项目双方对诸如此类的问题需要统筹分析，进行风险点的识别和评估，避免后续在执行过程中产生争议。

3.6.3 智慧物流园区EPC总承包项目执行过程中的难点

1. 招标范围与资质

《中华人民共和国招标投标法》和《中华人民共和国招标投标法实施条例》是我国招投标领域重要的法律和条例，对于工程项目是否必须具备招标条件、是否必须公开招标等有明确的规定。此外，《中华人民共和国政府采购法》《必须招标的工程项目规定》等对不同类型项目、项目的范围和规模也有相关的要求，但工程实务中仍存在项目适用条款混乱，分解项目规避招标的情形。

根据2018年国家发展和改革委员会发布的《必须招标的工程项目规定》（以下简称“《规定》”）

第二条，全部或者部分使用国有资金投资或者国家融资的项目包括：（一）使用预算资金 200 万元人民币以上，并且该资金占投资额 10% 以上的项目；（二）使用国有企业事业单位资金，并且该资金占控股或者主导地位的项目。《规定》第五条说明，本规定第二条至第四条规定范围内的项目，其勘察、设计、施工、监理以及与工程建设有关的重要设备、材料等的采购达到下列标准之一的，必须招标：（一）施工单项合同估算价在 400 万元人民币以上；（二）重要设备、材料等货物的采购，单项合同估算价在 200 万元人民币以上；（三）勘察、设计、监理等服务的采购，单项合同估算价在 100 万元人民币以上。同一项目中可以合并进行的勘察、设计、施工、监理以及与工程建设有关的重要设备、材料等的采购，合同估算价合计达到规定标准的，必须招标。

根据《中华人民共和国建筑法》《中华人民共和国行政许可法》《建设工程质量管理条例》《建设工程安全生产管理条例》《建筑业企业资质管理规定》等，企业应当按照其拥有的资产、主要人员、已完成的工程业绩和技术装备等条件申请建筑业企业资质，经审查合格，取得建筑业企业资质证书后，方可在资质许可的范围内从事建筑施工活动。根据《建筑业企业资质管理规定》，建筑业企业资质分为施工总承包资质、专业承包资质、施工劳务资质 3 个序列。

除了总承包相关的资质之外，我国对工程造价、勘察、设计等方面也有相关的资质要求，是企业进行项目承揽的依据。随着简政放权、取消部分行政审批等系列措施的推进，部分资质也逐步取消认定，例如，原工程咨询资质分为甲级、乙级和丙级，但 2017 年国务院取消“工程咨询单位资格认定”行政审批，实行告知性备案管理制度。但是工程设计、工程监理资质依然存在，其中，工程设计资质分为工程设计综合资质、工程设计行业资质、工程设计专业资质、工程设计专项资质 4 个序列，每个序列有不同的等级划分，具体划分参见《工程设计资质标准》。

为了提高招投标效率，在保证充分竞争的前提下使投标单位的能力和招标项目的需求高度匹配，降低评标的工作量，缩短评标周期，招标文件的资格条件中会明确资质的最低标准，如果先进行资格预审，则资质的最低标准需要在资格预审条件中注明。由于项目建设内容的综合性较强，所以常常会出现适用专业不明确或者存在交叉的情况，如果资质条件设置得过高，那么可能导致竞争不充分；如果资质条件设置得过低，那么可能会出现大规模投标的现象。资质条件设置不合适，也可能招致潜在投标人的质疑，因此，编制招标文件应注意项目投资规模和资质条件允许承揽项目的匹配性。此外，工程造价的准确性对于适用公开招标也有一定的影响。建设单位在缺乏编制工程概（预）算能力的情况下，可以委托第三方造价咨询单位进行工程量清单的编制和工程造价的估算，在此基础上，进一步确定适用条款并履行相应的审批程序。

智慧物流园区作为一个新兴的行业应用领域，具有较强的专业复合性，目前，尚没有针对该类业务的资质准入管理，部分系统或设备所属政府监管部门不同，这可能会导致前期拟定招标资质条件存在一定的困难。以智慧园区常见的地磅为例，地磅可以对进出园区的车辆进行称重，一方面地磅可以防止车辆超载、虚假出入库，另一方面园区管理者也可以结合停车计费、车身平衡性测试等进行更为深入细致的管理。问题是地磅的建设涉及多个方面，一般物流园区的地磅轻则数十吨级，重则百吨级，需要进行专门的基础设计和施工。地磅建设属于建筑施工领域，包括基坑、地基和基础部分，建设单位需要从业资质许可。另外，地磅属于衡器的一种，生产和安装需要经营许可，安装后需要经过市场监督管理局进行标定合格后才可以投入使用。地磅的称台重且面积大，一般需要用到起重吊装机械，属于特种作业。综合以上几点，分包过程中总承包商应注意协调和监督各方分工界面，地磅可以由设备厂商进行安装，设备厂商提供基坑参数，由施工单位按照要求进行基坑开挖、模板支护、钢筋绑扎和混凝土浇筑及养护。如果选用具有总承包资质的承包商，那么可以考虑建筑工程或机电工程施工总承包商；如果选用具有专业承包资质的承包商，可以考虑地基基础工程专业承包商或电子与智能化工程专业承包商等。

2. 合同履行与索赔

合同管理贯穿项目执行始末，我国工程实务和工程纠纷相关司法解释基本上都是以直接合同关系来确立债权和债务责任的，对于非己方原因承担他人损失的，一般可以通过其他合同关系或者连带责任的方式进行责任追溯。如果设计方过错导致施工方向发包人索赔，那么发包人可以向设计方追偿；再如，总包单位因分包单位质量问题被发包人索赔，总包单位可以向分包单位追偿等，这是因为施工单位与设计单位、发包人与分包单位之间没有直接的合同关系。

有效的合同是受法律保护的，合同是保护工程项目参与各方权益最有力的武器，在工程实施的各个阶段都有着举足轻重的作用。在实际应用中，工程项目周期较长，作业环节和文档资料多，取证较为困难，并且通过诉讼的方式维护合法权益存在一定的维权成本和维权周期，因此通过合同走司法程序维权成为利益受损方最后的选择。激烈的市场竞争加剧了发包和承包双方的不平等地位，承包人常常处于相对弱势的地位，只有开出低价才能中标，为了盈利又采取了激进的成本控制手段，导致质量、安全、工期等出现不同程度的问题，造成违约和责任追溯等后续事件。因此，对于施工单位来说，评估投标文件中的合同条款是决定施工单位投标以及后续合同谈判、合同管理等的重要依据。合同签订后，施工单位在履行过程中，对合同的各项要求，包括质量、安全、工期、成本等方面，进行动态监控，同时对于发包人造成的各种过失，及时取证、存档，以便后续索赔或反索赔。就合同本身而言，施工单位需要注意合同中关于工程范围、文件顺序、合同价款、支付方式、各类保函、误期罚款、性能（质量）指标罚款、违约总计最高罚款和最高责任限额、建设单位责任条款、税收条款、保险条款、知识产权条款、法律适用条款和争议解决条款等，可以参照 FIDIC 国际咨询工程师联合会合同条件范本中关于责任的约定，也可以参照我国发布的《中华人民共和国标准施工招标文件》（2007 年版）。《中华人民共和国标准施工招标文件》（2007 年版）中权利、义务以及索赔规定（示例）总结见表 3-1。

表3–1　《中华人民共和国标准施工招标文件》（2007年版）中权利、义务以及索赔规定（示例）总结

序号	条款	索赔事件（示例）	可补偿内容		
			工期	费用	利润
1	1.6.1	延迟提供图纸	√	√	√
2	1.10.1	施工中发现文物、古迹	√	√	
3	2.3	延迟提供施工场地	√	√	√
4	4.11	施工中遇到不利的物质条件	√	√	
5	5.2.4	发包人要求提前向承包人提供材料、工程设备		√	
6	5.2.6	发包人提供材料、工程设备不合格或延迟提供或变更交货地点	√	√	√
7	8.3	承包人依据发包人提供的错误资料导致测量放线错误	√	√	√
8	9.2.6	发包人原因造成承包人人员工伤事故		√	
9	11.3	发包人原因造成工期延误	√	√	√
10	11.4	异常恶劣的气候条件导致工期延误	√		
11	11.6	承包人提前竣工		√	
12	12.2	发包人暂停施工造成工期延误	√	√	√
13	12.4.2	工程暂停后因发包人问题无法按时复工	√	√	√
14	13.1.3	发包人原因导致承包人工程返工	√	√	√
15	13.5.3	监理人要求对已经覆盖的隐蔽工程重新检查且检查结果合格	√	√	√
16	13.6.2	发包人提供的材料、工程设备造成工程不合格	√	√	√

（续表）

序号	条款	索赔事件（示例）	可补偿内容		
			工期	费用	利润
17	14.1.3	承包人应监理人要求对材料、工程设备和工程重新检验且检验结果合格	√	√	√
18	16.2	在基准日之后法律发生变化		√	
19	18.4.2	发包人在工程竣工前占用工程	√	√	√
20	18.6.2	发包人的原因导致工程试运行失败		√	√
21	19.2.3	工程移交后因发包人出现新的缺陷或损坏的修复		√	√
22	19.4	工程移交后因发包人出现的缺陷修复后的试验和运行		√	
23	21.3.1（4）	因不可抗力停工期间应监理人要求照管、清理、修复工程		√	
24	21.3.1（4）	因不可抗力造成工期延误	√		
25	22.2.2	发包人违约导致承包人暂停施工	√	√	√

智慧物流园区建设过程涉及较多的增项和变更。虽然建设单位方面的问题使智慧物流园区信息化相关工程与土建工程之间的施工工作面延迟交付，合同整体工期滞后，但是发包和承包双方索赔意识不强，在相互沟通的基础上，承包单位并未针对工期进行索赔，这对于承包单位实际上是有一定风险的。工程索赔有一定的周期和程序，一般要发出索赔意向通知书，28 天内提交正式索赔，监理人和业主需要对索赔内容进行审核和确认，超出一定时限不反馈则视为无异议。如果索赔事项发生后，超过 28 天承包单位没有提出索赔意向，就可以视为不索赔。在项目实践中，承包单位需要索赔的事项较多，需要特别注意。

3. 工程造价管理

工程造价通常是指工程项目在建设期（预计或实际）支出的建设费用。对于生产性建设项目，工程造价仅相当于固定的资产投资，从项目总投资的角度考虑，还应增加流动资产投资（一般以流动资金的形式体现）。根据《建设项目经济评价方法与参数（第三版）》，建设投资包括工程费用、工程建设其他费用和预备费 3 个部分，其中，工程费用包括设备及工器具购置费、建筑安装工程费；工程建设其他费用包括建设单位管理费、用地与工程准备费、市政公用配套设施费、技术服务费、建设期计列的生产经营费、工程保险费和税费；预备费包括基本预备费和价差预备费。我国现行建设项目总投资构成如图 3-2 所示。

- 建设项目总投资
  - 固定资产投资
    - 建设投资
      - 工程费用
        - 设备及工器具购置费
        - 建筑安装工程费
      - 工程建设其他费用
        - 建设单位管理费
        - 用地与工程准备费
        - 市政公用配套设施费
        - 技术服务费
        - 建设期计列的生产经营费
        - 工程保险费
        - 税费
      - 预备费
        - 基本预备费
        - 价差预备费
    - 建设期利息
  - 流动资产投资

图3-2　我国现行建设项目总投资构成

工程造价管理是指综合运用管理学、经济学和工程技术等方面的知识与技能，对工程造价进行预测、计划、控制、核算、分析和评价等的过程。工程造价管理既涵盖宏观层次的工程建设投资管理，又涵盖微观层次的工程项目费用管理。按照国际造价管理联合会（lnternational Cost Engineering Council，ICEC）给出的定义，全面造价管理（Total Cost Management，TCM）是指有效利用专业知识与技术，对资源、成本、盈利和风险进行筹划和控制。建设工程全面造价管理包括全寿命期造价管理、全过程造价管理、全要素造价管理和全方位造价管理。

（1）全寿命期造价管理

建设工程全寿命期造价是指建设工程初始的建造成本和建成后的日常使用成本之和，包括策划决策、建设实施、运行维护及拆除回收等各阶段费用。由于在建设工程全寿命期的不同阶段，工程造价存在诸多不确定性，所以全寿命期造价管理主要是作为实现建设工程全寿命期造价最小化的指导思想，可指导建设工程投资决策及实施方案的选择。

（2）全过程造价管理

全过程造价管理是指覆盖建设工程策划决策及建设实施各阶段的造价管理，包括策划决策阶段的项目策划、投资估算、项目经济评价、项目融资方案分析设计阶段的限额设计、方案比选、概（预）算编制；招投标阶段的标段划分、发承包模式及合同形式的选择、招标控制价或标底编制；施工阶段的工程计量与结算、工程变更控制、索赔管理；竣工验收阶段的结算等。

（3）全要素造价管理

影响建设工程造价的因素有很多，为此，控制建设工程造价不仅要控制建设工程本身的建造成本，还应同时考虑工期成本、质量成本、安全与环境成本的控制，从而实现工程成本、工期、质量、安全、环保的集成管理。全要素造价管理的核心是按照优先性原则，协调和平衡工期、质量、安全、环保与成本之间的对立统一关系。

（4）全方位造价管理

建设工程造价管理不仅是建设单位或承包单位的任务，还是政府建设主管部门、行业协会、建设单位、设计单位、施工单位以及有关咨询机构的共同任务。尽管各方的地位、利益、角度等有所不同，但必须建立完善的协同工作机制，才能实现对建设工程造价的有效控制。

在工程造价中，与施工单位相关的费用主要是建筑安装工程费，根据《建筑安装工程费用项目组成》（建标〔2013〕44 号文件），建筑安装工程费用按照费用构成要素组成可划分为人工费、材料费、施工机具使用费、企业管理费、利润、规费和税金；按照工程造价形成顺序可划分为分部分项工程费、措施项目费、其他项目费、规费和税金。根据《建设项目总投资费用项目组成（征求意见稿）》和《建设项目工程总承包费用项目组成（征求意见稿）》部分费用拟进行调整，例如，原税金因为营改增的改革现已调整为增值税（包括工程费、工程建设其他费和预备费的增值税）且可能不作为工程造价列支范围；原建设期利息拟调整为资金筹措费，除了建设期贷款之外，其他方式的资金筹措费用也可以按发生额度或相关规定计列，实际是否执行需要等相关主管部门正式发文。

智慧物流园区建设项目的造价管理存在一定的难度，除了前面提到的缺少定额体系之外，还有个原因就是非标件的大量使用，尤其是涉及软件研发的部分。对于普通的集成施工部分，其造价可以参照安装工程的相关造价构成进行计算；对于软件部分，其造价可以参照软件行业的相关软件造价评估的行业规范或其他方式进行测算。

4. 施工进度与控制

进度管理是指在项目实施过程中，承包单位对各阶段的进展程度和项目最终完成的期限进行的管理，目的是保证项目在满足时间约束的条件下实现总目标。加强进度管理，按期完成项目建设任务，是工程项目管理的一项重要任务。进度管理包括为确保项目按期完成所必要的所有过程，包括规划进度管理、工作定义、工作顺序安排、工作资源估算、工作时间估算、进度计划制订和进度控制等。其中最重要的是进度计划制订和控制。项目进度管理过程如图 3-3 所示。

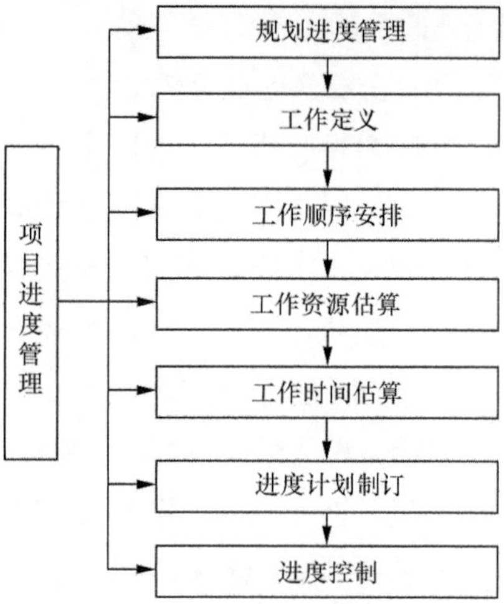

图3–3　项目进度管理过程

制订进度计划是根据项目的工作定义、工作顺序及工作持续时间估算的结果和所需要的资源，创建项目进度模型的过程。其主要任务是确定项目各项工作的起始和完成日期、具体的实施方案和措施，最常用的方法有关键线路法（Critical Path Method，CPM）、计划评审技术（Program Evaluation and Review Technique，PERT）和图示评审技术（Graphical Evaluation and Review Technique，GERT）等。项目建设各个部分进度计划汇总形成进度计划系统，该系统是项目进度计划控制的依据。建设工程项目进度计划系统示例如图 3-4 所示。

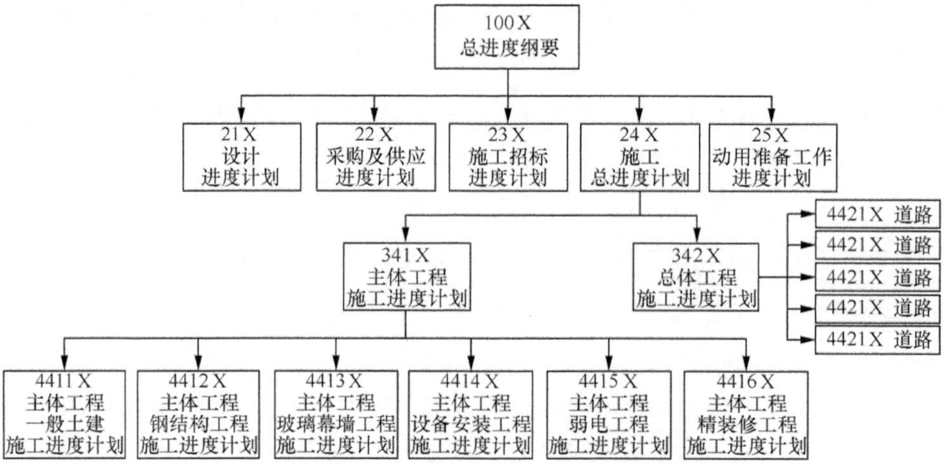

图3–4　建设工程项目进度计划系统示例

工程项目的实施过程由于受到各种因素的干扰，所以其实际进度与计划进度经常会产生偏差。这种偏差得不到及时纠正，必将影响进度目标的实现。为此，在项目进度计划的执行过程中，承包单位必须采取系统的控制措施，经常进行实际进度与计划进度的监测比较，发现偏差，及时采取相应的纠偏措施。常用的进度控制方法有趋势分析法、关键线路法和赢得值法，其中，趋势分析法包括横道图比较法、前锋线比较法、S 形曲线比较法、香蕉曲线比较法、列表比较法等。在项目进度监测的过程中，发现实际进度偏离计划进度，即出现进度偏差时，承包单位必须认真分析产生偏差的原因以及其对后续工作及总工期的影响，并采取合理且有效的进度计划调整措施，确保进度目标的实现。项目进度调整过程如图 3-5 所示。

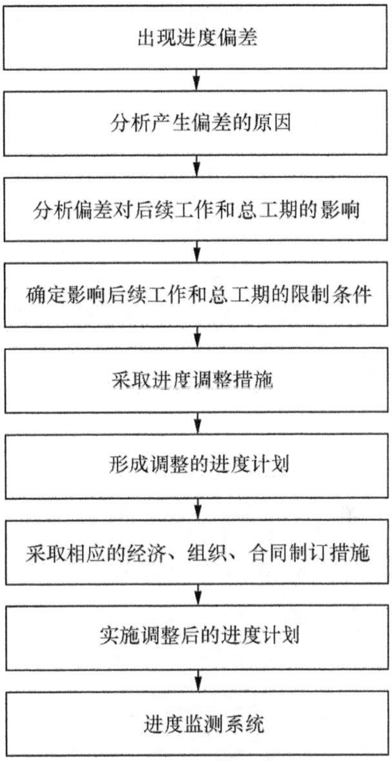

图3–5　项目进度调整过程

在建设智慧物流园区的过程中，施工进度受到很多方面的制约。其中，最主要的外部制约是建筑工程的施工进度，其次是物资采购到货计划。在制订项目总体进度计划时，承包单位应先根据建筑工程及装饰装修总计划，合理划分智慧物流园区工作分解结构（Work Breakdown Structure，WBS），详细梳理各子项工作内容和设备材料需求，考虑采购周期和到货周期，进行整体工作计划倒排，计划确定后，再根据计划内容进行进度监测和动态调整，避免因资源冲突导致系统性怠工。

5. 工程质量与监督

根据我国国家标准《质量管理体系　基础和术语》（GB/T 19000—2016）的定义，质量是指客体的一组固有特性满足要求的程度。建设工程项目质量是通过项目实施形成的工程实体的质量，是反映工程满足法律法规的强制性要求和合同约定的要求，包括在安全、使用功能以及在耐久性能、环境保护等方面满足要求的明显和隐含能力的特性总和。工程项目质量管理是指在工程项目实施的过程中，指挥和控制项目参与各方关于质量相互协调的活动，是围绕使工程项目满足质量要求而展开的策划、组织、计划、实施、检查、监督和审核等所有管理活动的总和，是工程项目建设、勘察、设计、施工、监理等单位的共同职责。工程项目质量的管理，归根结底是对项目参与各方质量行为的管理，包括涉及项目工程实体质量的设计质量、材料质量、设备质量、施工安装质量等，由于项目质量最终是通过工程实体质量体现的，所以施工过程是项目质量控制的重点。

建设工程项目质量管理的影响因素，主要包括在项目质量目标策划、决策和实现过程中影响质量形成的各种客观因素和主观因素，包括人的因素、机械因素、材料（含设备）因素、方法因素和环境因素，其中，人的因素起决定性作用。人的因素包括两个方面：一是直接履行项目职能的决策者、管理者和作业者个人的质量意识和质量活动能力；二是承担项目策划、决策或实施的建设单位、勘察设计单位、咨询服务机构、工程承包企业等实体组织的质量管理体系及其管理能力。在工程建设领域，我国已经形成了较为规范的制度体系来对各方质量进行保障，包括建筑业企业经营资质管理制度、市场准入制度、执业资格注册制度、作业及管理人员持证上岗制度等。从本质上讲，这些都是对从事工程活动的人的素质和能力的必要控制。机械、材料的选用，性能参数的确定，对工程质量有一定的影响，需要通过控制设计、检验试验和实物复验等多种手段进行综合控制。方法因素也称为技术因素，方法的选用与项目投资、施工进度和质量等有很重要的联系。在工程实施过程中，承包单位应根据工程条件和成本、质量等相关要求，依据科学理论，采用先进合理的技术方案和措施，实现不同目标之间的平衡。环境是一个复合因素，包括自然环境、社会环境、管理环境和作业环境，承包单位需要结合项目的具体情况，进行质量风险因素识别和分析，确定质量管理的大纲和计划，建立质量控制体系，在企业或项目总的质量方针的指引下，实行全面、全过程和全员参与的质量管理。

根据我国《建设工程质量管理条例》相关规定，国家实行建设工程质量监督管理制度，由政府行政主管部门设立专门的机构对建设工程质量行使监督职能。政府对工程项目质量监督的实施程序主要包括以下内容。

- 受理建设单位办理质量监督手续。
- 制订工作计划并组织实施。
- 对工程实体质量和工程质量行为进行抽查、检测。
- 监督工程竣工验收。
- 形成工程质量监督报告。
- 建立工程质量监督档案。

无论是建设单位、施工单位还是设计单位、监理单位，在工程建设过程中都应该熟悉政府质量监管的程序和内容，在工程实施环节中相互监督，对于出现质量缺陷、质量事故的情况，应积极主动上报相关部门，配合相关调查，同时做好相关的质量修复和后期预防工作。

智慧物流园区建设质量管理一般可以从技术层面着手。国家在工程建设领域有很多国家、行业标准和规范，涉及强制执行的部分，各单位必须不打折扣地执行。例如，对于混凝土的浇筑、养护，钢结构的焊接、吊装，在施工前，施工单位要进行材料进场复验，不仅要检查质量，还要进行技术交底；在施工过程中，施工单位要注意对影响工艺质量的施工条件的控制，例如，温度、湿度、风速等，对施工人员还要复核其持证上岗条件；在施工完成后，施工单位还要对试块、试件进行检验等。每一步的检查与检验、复核与确认，都是在规避人、物、技术带来的不确定性风险，同时也可以避免质量问题带来的安全事故，例如，脚手架搭设质量不合格导致坍塌事故等。在具体执行上，系统集成施工的部分往往是以建筑物或构筑物为载体，通过各种桥架、支架、机房等将线缆、设备进行集中布放，对各类终端进行网格布放。施工过程中施工单位需要结合已有的机电管线、消防等设置条件和要求，以确保安全和使用性能，例如，强电弱电的分离、水电气等的隔离要求等必须满足相关规范的要求。对于软件应用部分，施工单位一定要采取多方面测试，对系统功能、性能、稳定性、安全性等进行充分试验，必要时，在软件研发过程中增加代码审查，通过采用规范化注释、标准化引用等方式增加代码的可读性和易维护性。

6. 现场安全与环境

随着人类社会的进步与科技经济的发展，职业健康安全与环境问题越来越受到关注。为了保证工程项目生产人员在施工过程中的安全，同时，保护生态环境，防止和减少安全事故发生，促进能源节约和避免资源浪费，项目必须实行健康、安全、环保的全方位管理，从而把项目建设本身的危险、项目对社会的危害、对环境的破坏降到最低。

我国2004年施行的《建设工程安全生产管理条例》是工程安全生产监管领域的重要规章条例。该条例以建设单位、勘察单位、设计单位、施工单位、工程监理单位及其他与建设工程安全生产有关的单位为主体，规定了各主体在安全生产中的安全管理责任与义务，并对监督管理、生产安全事故的应急救援和调查处理、法律责任等做出了相应规定。例如，建设单位应向施工单位提供施工现场及毗邻区域内地下管线及其他有关的真实、准确、完整的资料，建设单位不得对勘察、设计、施工、工程监理等单位提出不符合工程项目安全生产法律、法规和强制性标准规定的要求，不得压缩合同约定的工期等；施工单位的安全责任包括具备相应的资质条件、建立有关安全的制度和规章、设置安全生产管理机构并配备专职的安全管理人员、编制安全技术措施和施工现场临时用电方案等，工程项目参建各方应严格遵照执行。

由于工程建设的项目规模大、周期长、参与人数多、环境复杂多变，所以项目安全生产难度很大。2017年颁布的《中共中央　国务院关于进一步加强城市规划建设管理工作的若干意见》和《国务院办公厅关于促进建筑业持续健康发展的意见》强调，建设工程应完善工程质量安全管理制度，落实工程质量安全主体责任，强化工程质量安全监管，提高工程项目质量安全管理水平。通过建立安全生产管理制度体系，规范建设工程参与各方的安全生产行为，对防止和避免安全生产事故有重要作用。目前，我国正在执行的主要安全生产管理制度包括安全生产责任制度、安全生产许可制度、政府安全生产监督检查制度、安全生产教育培训制度、安全措施计划制度、特种作业人员持证上岗制度、专项施工方案专家论证制度、危及施工安全工艺、设备、材料淘汰制度、施工起重机械使用登记制度、安全检查制度、生产安全事故报告和调查处理制度、“三同时”制度、安全预评价制度、意外伤害保险制度等。在实际的工程项目实施过程中，尤其需要注意施工组织设计、安全技术交底、专项施工方案评审或专家论证、安全隐患处置和安全文明施工措施的落地执行。

环境保护是文明施工的重要内容之一，近年来，施工现场环境治理越来越受到关注。施工现场环境保护是按照法律法规、各级主管部门和企业的要求，控制现场的各种粉尘、废水、废气、固体废弃物、噪声、振动、强光等对环境的污染和危害。根据《中华人民共和国环境保护法》和《中华人民共和国环境影响评价法》的相关要求，建设工程应当采用节能、节水、节地、节材和有利于环境保护的技术方案，建设工程采取的污染防治设施必须与主体工程同时设计、同时施工、同时投产使用。在具体工程的实施过程中，施工单位应该做好相应的环境监测工作，落实相应的防治措施。

智慧物流园区的安全管理主要从人的方面着手。智慧物流园区信息化 EPC 总承包项目施工的主要风险是登高作业、工具伤害和触电等，项目施工对环境的危害较小，一般不会出现扬尘、污水、废气等污染，可能会有噪声、电磁污染及部分固体废弃物，最主要的污染来源还是电能消耗，尤其是数据中心这类工程。通过提高从业人员的安全意识，避免违章指挥、违章作业、违反劳动纪律等，再辅以安全文明施工、劳动保护等手段，就可以避免很多安全事故发生。工程项目施工过程中常见的危险源包括有毒、有害、易燃、易爆或腐蚀性物品，高速、高温、高压、高空作业、雷击、火灾等，危险性较大的工程或超过一定规模的危险性较大的工程要履行安全施工专项方案的审批或专家评审制度，采取相应的安全防护措施和技术手段，尽可能地避免安全事故的发生。

施工质量和安全管理是工程项目管理永恒的话题。质量和安全问题无法根除，尤其是安全问题，可能有随机因素造成的安全事故，例如，非施工原因的意外事件导致现场施工人员伤亡，因此安全管理只能尽可能地识别工程实施过程中存在的相关风险点，采取一定的防范措施，从而降低人为因素、技术因素、客观条件等导致安全事故的概率，这也是施工安全管理的直接目标。由于质量和安全措施都需要一定的成本，所以在工程项目管理的过程中，施工单位还需要平衡质量和安全目标下相关资金投入的问题，寻找边际成本的拐点，并落实好质量和安全专项资金的使用和管控。此外，质量和安全管理要发动全员参与、全过程落实，要做到防微杜渐，施工单位对于质量和安全隐患要及时排查和处置，还要举一反三，查漏补缺，需要经常性地做好工作总结和相关人员的教育培训，把可控可防的因素防控彻底。

第 4 章

项目组织管理

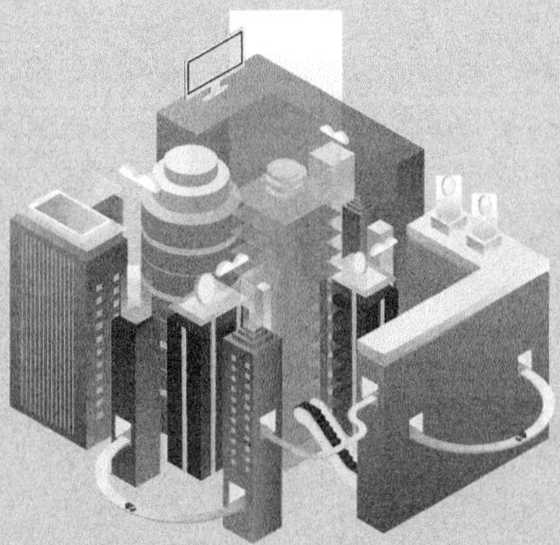

4.1 项目组织理论概述

4.1.1 组织的定义及形成过程

在一定的环境中，组织就是为了实现共同的目标，按照一定的结构形式、活动规律结合起来的，具有特定功能的开放系统。简单来说，组织是两个以上的人、目标和特定的人际关系构成的群体。

“组织”作为一个名词，是指有意形成的职务结构。“组织”作为一个动词，是指为成功完成组织目标，设计、建立并维护一种科学合理的组织机构的一个连续过程。组织形成的过程如图 4-1 所示。

图4–1 组织形成的过程

4.1.2 项目组织定义

项目组织是为了完成某个特定的项目任务而由不同部门、不同专业的人员组成的一个临时性工作组织，通过计划、组织、领导、控制等过程，对项目的各种资源进行合理协调和配置以保证项目目标的成功实现。

项目组织具有以下特征。

- 临时性。
- 因任务而设。
- 柔性和灵活性。
- 强调项目经理作用。
- 强调团队协作。
- 组织成员目标各异。

4.1.3 如何健全项目组织

以美国著名管理学家哈罗德·孔茨（Harold Koontz）为代表的管理过程学派提出了健全项目组织的 15 条原则。

1. 组织工作目的方面

- 目标一致原则。
- 效率原则。

2. 组织工作起因方面

- 管理幅度原则。

3. 组织结构职权方面

- 分级原则。
- 职权与职责对等原则。
- 授权原则。
- 统一指挥原则。
- 职责的绝对性原则。
- 职权等级原则。

4. 业务划分方面

- 分工原则。
- 职能明确性原则。
- 职务和业务部门分设原则。

5. 组织过程方面

- 平衡性原则。
- 灵活性原则。
- 便于领导原则。

4.1.4 项目组织管理

1. 项目组织管理的三维视角

根据组织管理理论，项目组织管理体现在项目视角、进度视角、组织视角的三维视角中。

项目管理的三维视角如图 4-2 所示。项目目标决定了项目组织，而项目组织是实现项目目标的决定性因素，项目组织管理可以通过主观努力进行优化。

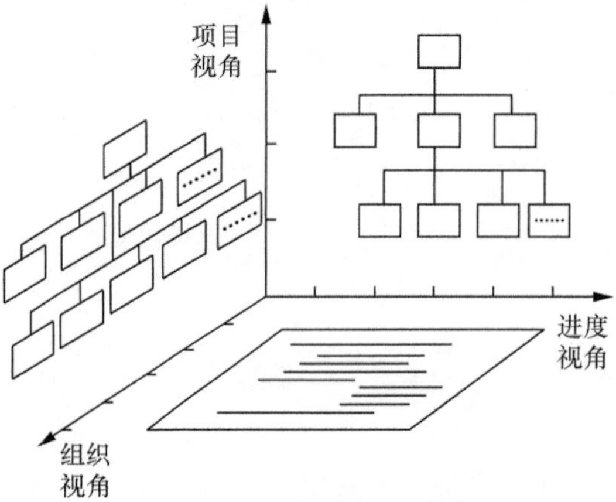

图4-2　项目管理的三维视角

2. 项目组织管理主要工具

项目组织管理的主要工具有项目结构图、组织结构图、任务分工表、管理职能分工表、工作流程图、合同结构图等。其中，项目结构图、组织结构图和合同结构图是 3 个重要的项目组织管理工具，三者既相互联系又相互区分，项目的结构决定了项目的组织结构及合同结构。3 个重要的项目组织管理工具分析见表 4-1。

表4-1　3个重要的项目组织管理工具分析

	表达的含义	图中矩形框的含义	矩形框连接的表达	示意图
项目结构图	对一个项目的结构进行逐层分解，以反映组成该项目的所有工作任务	一个项目的组成部分	直线	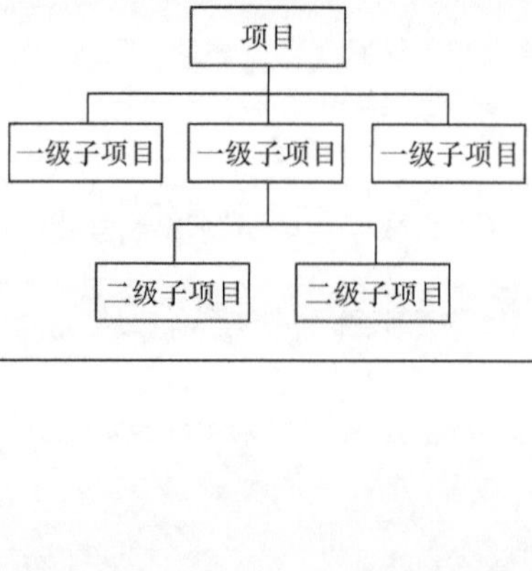

（续表）

	表达的含义	图中矩形框的含义	矩形框连接的表达	示意图
组织结构图	反映一个组织系统中各个组成部门（组成元素）之间的组织关系（指令关系）	一个组织系统中的组成部分（工作部门）	单向箭线	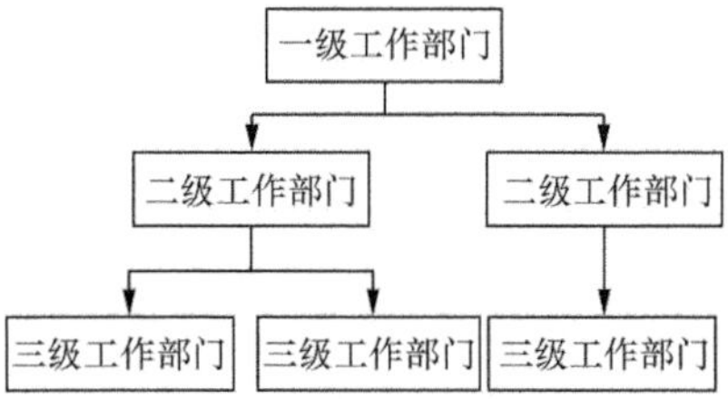
合同结构图	反映一个建设项目参与单位之间的合同关系	一个建设项目的参与单位	双向箭线	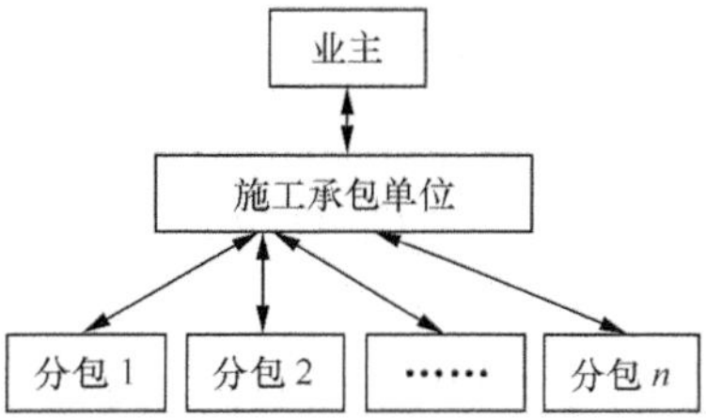

4.1.5　项目组织的 3 种基本结构形式

按照项目组织结构的基本原理和模式，项目的组织结构可以分为项目的职能组织结构、项目的线性组织结构和项目的矩阵组织结构等若干形式。项目的组织结构实质上决定了项目管理班子实施项目获取所需资源的可能方法与相应的权力，不同的项目组织结构对项目的实施会产生不同的影响。

1. 项目的职能组织结构

项目的职能组织结构是指一个系统的组织，按职能组织结构设立。当采用职能组织结构进行项目管理时，由于项目管理班子并不做明确的组织界定，所以有关项目的事务需要在职能部门负责人这一层次上进行协调。项目的职能组织结构如图 4-3 所示。

这种情况下，各个职能部门承担了项目的部分工作，而涉及职能部门之间的项目事务和问题由各个部门负责人处理和解决，在职能部门经理层进行协调。

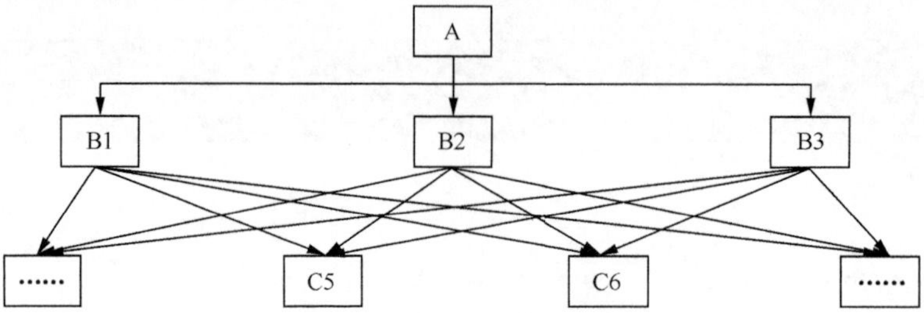

图4-3 项目的职能组织结构

2. 项目的线性组织结构

项目的线性组织结构又称为项目化组织结构。项目的线性组织结构如图 4-4 所示。

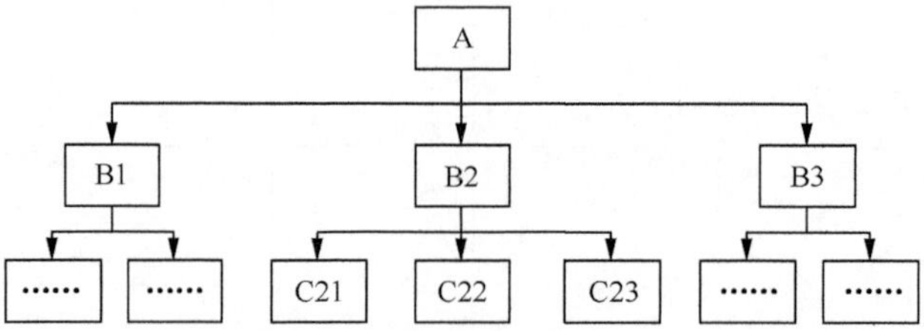

图4-4 项目的线性组织结构

项目的线性组织结构与项目的职能组织结构完全相反，其系统中的部门全部是按项目进行设置的，每一个项目部门均有项目经理负责整个项目的实施。系统中的成员也是以项目进行分配与组合的，接受项目经理的领导。

3. 项目的矩阵组织结构

项目的矩阵组织结构结合了项目的职能组织结构和线性组织结构的特征，按这两种组织结构特征所占比例的多少，项目的矩阵组织结构又可以分为项目的弱矩阵组织结构、项目的中矩阵组织结构和项目的强矩阵组织结构。

项目的弱矩阵组织结构如图 4-5 所示，保留了项目的职能组织结构的大部分主要特征，但在组织系统中为更好地实施项目，建立了相应明确的项目管理班子。项目管理班子由各个职能部门中的职能人员组成，这样项目就有了可以总体负责的项目管理班子。然而，在项目的弱矩阵组织结构中并未明确对项目目标负责的项目经理，即使有项目负责人，其角色也只不过是一个项目协调者或项目监督者，而不是一个管理者。

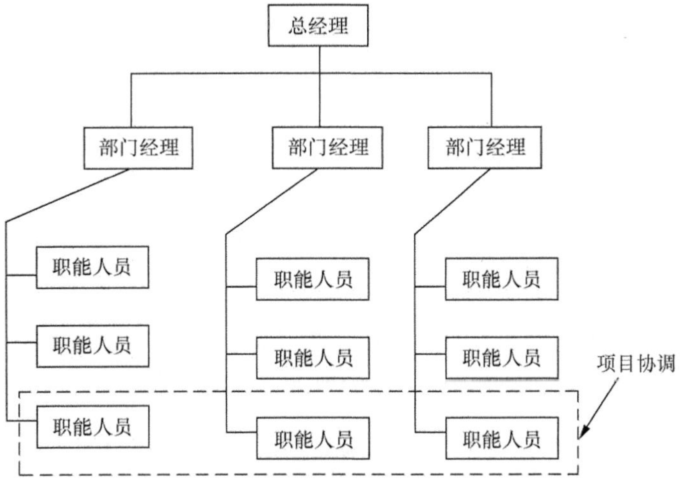

图4–5　项目的弱矩阵组织结构

项目的中矩阵组织结构如图 4-6 所示，这是对项目的弱矩阵组织结构的改进，为强化对项目的管理，在项目管理班子中，项目经理从职能部门参与本项目活动的成员中产生。项目经理被赋予一定的权力，对整体项目与项目目标负责。

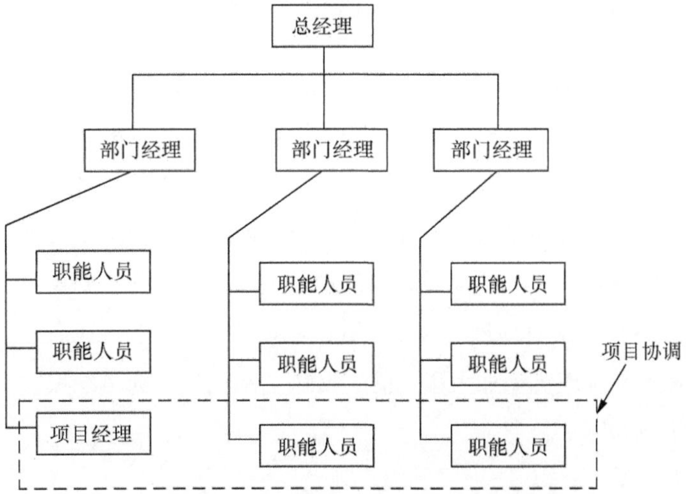

图4–6　项目的中矩阵组织结构

项目的强矩阵组织结构具有项目的线性组织结构的主要特征，项目的强矩阵组织结构如图 4-7 所示。它在系统原有的职能组织结构的基础上，由系统的最高管理者任命对项目全权负责的项目经理，项目经理直接向最高管理者汇报。

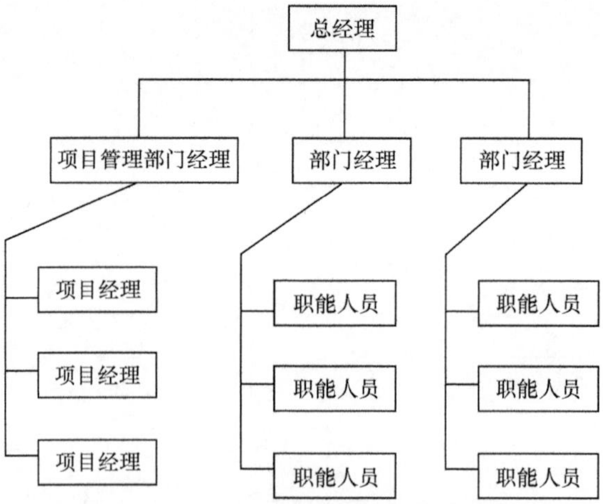

图4-7　项目的强矩阵组织结构

4.2　EPC 总承包项目组织管理模式探讨

4.2.1　EPC 总承包项目的组织管理特点

对于 EPC 总承包项目而言，项目组织是为了完成项目的任务而由不同部门、不同专业的人员组成的工作组织，它通过计划、组织、领导、控制等过程，对项目的各种资源进行合理协调和配置以保证 EPC 总承包项目目标的实现，而项目组织结构、各岗位的具体职责、人员配备等根据项目的技术要求、复杂程度、规模以及工期等会有所不同。在项目的实施过程中，项目参与者都有各自的利益出发点，如何协调各个参与者之间的利益关系，直接关系到项目目标的实现。与施工总承包项目相比，在 EPC 总承包项目的实施过程中，设计、采购和施工各个阶段之间的交叉协调为发挥总承包商的技术和管理优势加大了空间。EPC 总承包项目的组织模式和管理环境拥有很多新的特征，具体描述如下。

1. EPC 总承包项目组织组建时面临的挑战

在 EPC 总承包项目中，业主对承包商的组织管理能力提出了很高的要求。目前，大型施工企业在 EPC 总承包项目的组建过程中面临的主要挑战包括以下 3 个方面。

第一，企业现有的技术力量和各种资源有限，在承接和实施 EPC 总承包项目时需要和企业内部的其他部门和项目共享资源。

第二，EPC总承包项目组织的管理能力较弱，需要依靠职能部门（纵向结构）短期内提供优势资源并进行长期的知识和技术积累。

第三，EPC总承包项目的本质要求是实现集成化管理，企业无论在项目内部还是部门内部，都必须具有较强的协调能力和信息处理能力，以提升企业自身实力，增强竞争优势。

2.EPC总承包项目组织结构的多样化

组织结构反映了生产要素相互结合，即管理活动中各种职能的横向分工与层次划分。由于生产要素的相互结合是一种不断变化的活动，所以组织形成也是一个动态的管理过程。就项目（一次性任务的组织）而言，客观上同样存在组织设计、组织运行、组织更新和组织终结的寿命周期，要使组织活动有效进行，就需要建立合理的组织结构，因此项目组织结构形式对项目的成败有很大的影响。项目的组织结构通常受项目的目标、项目的任务、项目所能获得的资源、项目的各种制约条件、项目所处的环境等各种条件的影响和限制。

3. EPC总承包项目组织通用管理模式

根据国际通用工程项目管理模式，企业最终要建立“大总部、小项目”的事业部商务模式以实现项目实施和企业发展之间的良性互动。业内人员普遍认为，矩阵组织模式已经成为业主和EPC总承包企业普遍接受的管理模式。

（1）企业支持层、总承包管理层和施工作业层

企业总经理及总部职能部门构成企业支持层，向总承包管理层提供管理、技术资源以及行使指导监督职能。总承包管理层是指EPC总承包项目的实施主体——总承包项目部。总承包项目部的团队组建和资源配置由企业总部完成，总承包项目部团队代表企业根据总承包合同组织和协调项目范围内的所有资源，实现项目目标。施工作业层由各专业工程分包的项目部组成，根据分包合同完成各分包工程。

企业支持层和总承包管理层之间的主要组织问题是企业法人和总承包项目部之间的责任和权利的分配关系，企业组织是永久性组织，项目组织是临时性组织，企业为总承包项目部提供资源支持，项目部为企业创造利润，并且经过项目实施过程积累经验，为提升企业项目管理水平和专业技术优势做出贡献。

（2）资源配置矩阵和业务协同矩阵

企业支持层和总承包管理层之间除了业务上的指导和监督之外，还存在资源配置矩阵。具体

而言，项目的人力资源和物质资源都是企业配置的，总承包项目部只拥有使用权。管理视角的矩阵组织结构是指总承包项目部的管理人员和专业技术人员要接受职能部门经理和项目经理的双重领导。资源配置矩阵结构有效运行的目的就是满足项目实施的资源需求和为企业的发展积累人才资源、管理和专业技术经验。

总承包管理层和施工作业层之间存在业务协同矩阵，各专业工程分包商的施工作业在总承包项目部的管理下展开。理论上讲，业主方、总承包商和分包商的目标是一致的，都是为了完成项目目标，但是在工程实践中，由于各参与方来自不同的经济利益体，会因为各自的短期利益目标而产生矛盾和冲突，所以业务协调矩阵的有效运行取决于总承包商的协调管理能力。

4.2.2 传统 EPC 总承包项目常用组织架构

EPC 总承包项目组织架构示例一如图 4-8 所示。该架构侧重于职能部门的设计，各职能部门职责相对独立。其优点是职责明确，分工较细，对项目的把控程度较高，但现场管理人员较多，总承包项目部内部管理协调工作量大，适用于项目合同额较大、工程较复杂、专业较多的 EPC 总承包项目。

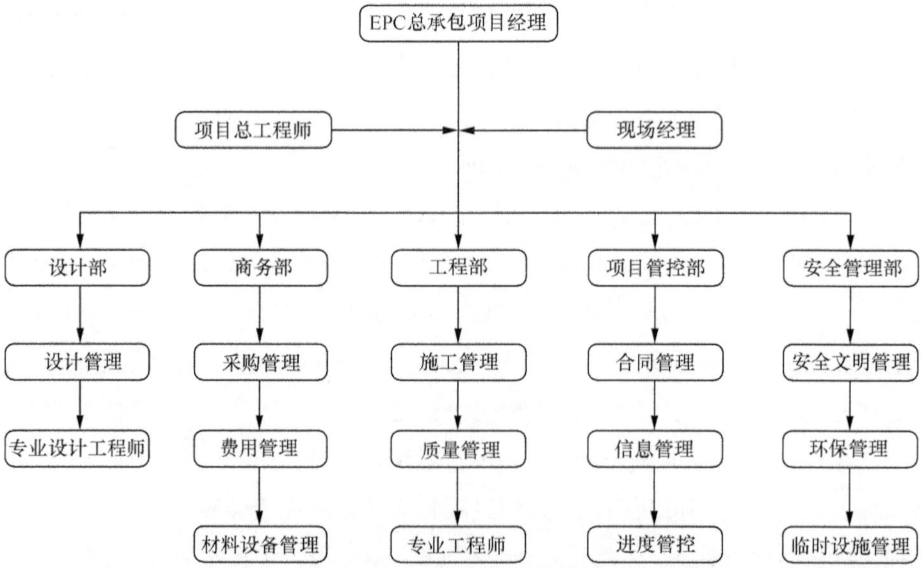

图4-8 EPC总承包项目组织架构示例一

EPC 总承包项目组织架构示例二如图 4-9 所示。该组织架构侧重于角色职能设计，项目的设计、采购、施工阶段分工明确，管理集中，横向环节较少，有利于过程协调管理，但对项目经理（施工项目经理）的管理能力和专业水平要求较高，适用于项目规模不大，涉及专业门类较少的项目。

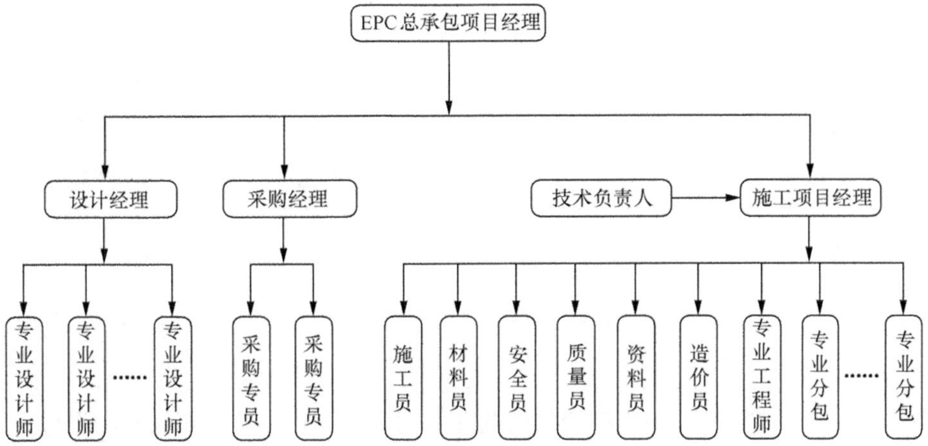

图4-9　EPC总承包项目组织架构示例二

4.2.3　信息化 EPC 总承包项目组织管理特点

信息化 EPC 总承包项目作为特殊的项目，通常分为信息产品（设备）制造项目、软件与系统集成项目、信息服务项目等。与传统 EPC 总承包项目相比，信息化 EPC 总承包项目贯穿了工程安装、硬件资源、网络环境、软件系统、应用集成、咨询服务等多个层次，涉及业务流程、多媒体展现、信息处理、运维支持等多个方面，因此对于项目组织管理在项目范围界定、成本控制、进度保障和风险规避等方面有着更高的要求。

信息化 EPC 总承包项目需要在需求、设计、采购、实施、运维等阶段衔接紧密，分工明确，实现在设计、采购、实施的统一策划、统一组织、统一指挥、统一协调的全过程控制。

4.3　信息化 EPC 总承包项目团队建设

4.3.1　项目经理选拔

由于信息化 EPC 总承包项目涉及工程安装、硬件系统、软件开发、应用集成、咨询服务等多个专业，项目的开展需要多个职能部门的协助并涉及多个专业复杂的技术问题，但又不要求技术专家全日制参与，所以矩阵组织是合适的选择，尤其是在若干个项目需要共享技术专家的情况下优势更加明显，不过它的复杂性对于项目经理的选拔是一个挑战。

项目经理在项目管理过程中起着非常重要的作用，他是一个项目实现全面管理的核心和焦点。全球性竞争日益激烈，客户发展战略性合作需求不断增长，信息化 EPC 总承包项目对项目经理的要求也越来越高。只有那些注重选拔、培养项目经理的企业才有可能在竞争中立于不败之地。项目经理的能力要求既包括个人素质方面的要求，也包括管理和技术方面的要求。

1. 个人素质

项目经理的个人素质通常体现在他与项目中其他人在交往过程中所表现出来的理解力和行为方式上。

优秀的项目经理能够有效地理解项目中其他人的需求和动机并具有良好的沟通能力。其应当具备的个人素质包括：调动下属工作积极性的号召力，有效倾听、劝告和理解他人行为的交流能力，表达灵活、耐心和积极的应变能力，对政策高度敏感，以及具有开朗的性格。

2. 技术和管理复合型的知识结构以及专业资质

信息化 EPC 总承包项目经理除了具备软硬件、系统集成等技术管理能力，还需要具备项目管理、商务、法律和资金运作能力。因此，项目经理需要具有工程实施、系统集成技术，经济管理、法律和投融资等方面的专业知识。

信息化 EPC 总承包项目大多为大型项目，项目经理还需要具有相应的工程类注册执业资质和专业技术职称，例如，注册建造师、项目管理专业人士资格认证（Project Management Professional，PMP）、中高级工程师、经济师等。

3. 把握宏观的战略管理能力

信息化 EPC 总承包项目经理应该具备整体观念和全局意识，能够从项目总目标出发配置项目资源和协调专业分包商之间的关系，满足业主要求。

4. 良好的职业精神和团队建设能力

信息化 EPC 总承包项目经理的职业精神是总承包商发挥技术和管理优势的必要条件，也是获得业主信任和满意的重要前提。信息化 EPC 总承包项目的顺利实施需要多学科、多专业技术人才的共同协作，因此，项目经理的团队建设能力对项目目标的实现具有重要意义。

5. 协调能力

信息化 EPC 总承包项目在实施过程中参与主体较多，组织关系复杂，项目经理需要协调总承包项目部与企业总部、业主、专业分包商、软硬件集成商以及设备材料供货商之间的互动，为项目顺利实施创造良好的组织环境。

6. 果断处理现场突发情况的应变能力

环境的复杂性和易变性是建设信息化 EPC 总承包项目的基本特征，突发事件的处理和应急方案决策能力也是项目经理必须具备的重要素质之一。

4.3.2 项目团队建设与激励

在 EPC 总承包项目的管理模式下，项目团队建设应该是一个体系，这是由于项目所处地区的内外部环境、当地民俗等不同而形成的侧重点不同。团队建设的工作至少应包括以下内容。

1. 坚持以人为本的管理理念

目前，以人为本的管理理念在全社会盛行，它也是团队建设必须遵守的原则。作为总承包商，应当坚持“一盘棋”，并在此框架下确保团队沟通渠道畅通，不把小问题或事件积累成事故，以促进项目处于良性运行的循环模式，力所能及地提供一个好的项目环境，关心整个项目团队的健康、安全、环境和利益，关注弱势群体，促进人与自然和谐相处，以维护企业的形象，获得整个项目团队的认同和支持。

2. 通用的人际关系技能做支撑

人际关系技能主要是指总承包商运用心理学、行为科学等理论（例如，马斯洛的需求层次理论、公平理论、X 理论和 Y 理论、双因素理论等），从项目团队成员的心理角度和行为角度来考虑问题，验证项目管理过程中存在的弊端或问题，及时予以处理，改善人际关系、工作环境或生活环境，消除团队成员心中的疑虑，照顾好团队成员情绪，使团队成员在充分保持个性、以自己偏好的方式与其他团队成员进行交流，同时尊重对方，彼此互相关心，互相帮助，共同维护好团队人际关系的“大厦”。

3. 培训“项目经理圈”

“项目经理圈”培训主要是项目团队成员入场教育培训和岗位培训，形式表现为开会、学习、岗上“练兵”等。该培训本身是一个学习的过程，能促进团队成员对项目需要完成的任务有更深入的认识。

入场教育培训的主要目的是让团队成员迅速了解项目环境、项目的管理理念、一般应该遵守的规章制度和劳动纪律，以及在当地活动的行为规范和准则。入场教育培训通常包括常规知识教育、质量管理理念和健康—安全—环境（Health Safety Environment，HSE）管理理念教育，是在团队成员上岗工作之前，统一进行的基础教育。

岗位培训主要是具备该岗位所需工作素质的团队成员，就项目自身临时性和独特性，着手进行判断、归纳、总结，完成与业主方、地方政府相关部门的业务规范与对接，从而使其能迅速承担相应的项目任务。

4. 改善人际关系的团队建设活动

该项内容主要包括举办聚会、举行酒会、组织集体出游或户外体验；修建必要的文体娱乐设施，给团队中各个成员提供沟通、整合的机会，通过非正式的方式，实现改善团队人际关系的目的，以促进项目顺利进行。

5. 集同工作

集同工作即集中团队的众多不同专业、不同合同层次的成员，在同一区域共同办公。使各个成员通过耳闻目睹，更深层次地理解工作、互相支持、快速沟通，融洽团队的工作关系，提高工作效率。

6. 加强沟通管理

促进项目团队成员之间的沟通十分重要。项目管理协会（Project Management Institute，PMI）把沟通管理作为项目管理九大知识领域之一。在项目实施过程中，沟通不畅是效率低下的原因之一，员工之间出现冲突通常也是因为沟通不畅。因而，在整个 EPC 总承包项目的管理过程中，加强沟通管理非常重要。

沟通管理既有与业主的沟通，又有与政府的沟通，还有与各承包商、分包商、供应商的沟通，还有与项目内部各部门、各成员的沟通。这一系列的沟通，都需要疏导、规范，确保项目运行中的高效率和管理有效，为项目取得成功保驾护航。

7. 考核和激励机制配套

考核和激励机制配套主要是对人力资源进行量化考核，并按量化考核的结果给予项目团队成员相应的薪酬，在确保高效、兼顾公平的基础上，相应地予以激励，按照适当的标准，实行内部差异化，从而激发项目团队成员的积极性、主动性和创造力，进而提升项目效率。

8. 构建和谐的项目管理氛围

构建和谐的项目管理氛围是项目管理除了确保项目成功之外追求的又一个目标。对于总承包项目部来说，既要明确自己的社会责任，又要在合理转移风险的过程中，与所属的承包商和分包商互利共赢、和谐共处；既要在 EPC 总承包项目的大环境中坚持和谐、维护公正、保护弱势群体，又要确保管理的有效性和项目运作的效率。

4.3.3 项目团队建设风险管理

在 EPC 总承包项目团队建设中，必然会遇到各种各样的风险。而对于总承包商来说，主要的风险来自于项目所依托的环境（包括社会环境、人文环境和自然环境），以及项目内部或其自身各个方面隐藏的不确定因素。

对信息化 EPC 总承包项目的总承包商来说，只要是影响项目团队建设的风险就不可小觑，因为它可能会对项目团队整体或团队成员个体造成消极影响，进而可能影响整个项目。项目团队必须要对各风险源加强监控，进行识别和审计，并通过状态审查进行预警，从而采取相应的应对措施，确保项目成功。

项目团队建设的风险及管理见下表 4-2。

表4-2　项目团队建设的风险与管理

识别主要风险	发生可能性	风险应对措施	风险应对方法
依托环境不利	较高	寻求改善，接受并积极应对（应急演练）	再识别，风险审计，状态审查
资源本身的缺陷	较低	加强培训，对不符合要求的进行资源替换，加强沟通和协调，组织社交活动	再识别，风险审计

（续表）

识别主要风险	发生可能性	风险应对措施	风险应对方法
管理及制度缺陷	高度	加强沟通和协调，专家审查，加强管理，补充或完善制度	再识别，风险审计，状态审查
团队建设的缺陷	较高	加强沟通和协调，专家审查，组织社交活动，进行辅导	再识别，风险审计，状态审查
激励措施不健全	高度	加强沟通和协调，专家审查，补充或完善制度	再识别，偏差和趋势分析，技术绩效衡量，状态审查
冲突管理不到位	较高	加强沟通和协调，组织社交活动	再识别，风险审计，状态审查
团队管理体制和方法的缺陷	较高	加强沟通和协调，多种工具综合运用，组织社交活动，进行辅导	再识别，风险审计，状态审查

4.4 信息化 EPC 总承包项目策划

4.4.1 信息化 EPC 总承包项目策划的特点及重要性

1. 信息化 EPC 总承包项目策划的特点

EPC 总承包模式的实质含义是指对整个项目的承包过程，包括设计、采购以及施工进行全程、全方位的监督和管理，而信息化 EPC 总承包项目前期阶段的项目策划则是对承包工程的工作内容进行策划的过程，它直接影响着整个项目的可行性，直接决定了此项目能否获得审批，在整个项目的运行过程中发挥着重要的作用。

2. 项目策划直接关系着项目的成败

一般而言，判断一个项目是否具有可行性，首先要看的就是该项目是否符合市场的需要，是否能够解决或缓解市场经济发展过程中存在的供求矛盾，前期阶段的项目策划直接关系着整个项目的成败，项目策划如果做得好，就能为企业带来巨大的经济效益和社会效益，促进企业发展。

3. 项目策划具有综合性

在运行过程中，项目所有的环节之间都具有紧密的联系，项目策划作为一项科学的、合理的、有效的管理活动，需要在工作过程中合理、灵活地运用专业知识，确保项目施工过程中的科学性和合理性，实现项目的高效运行，为企业获得理想的经济效益和社会效益，在项目策划工作的开展过程中需要对项目进行设计，对项目运行的进度、质量进行管理和控制。项目的策划管理工作是贯穿项目全过程的，为实现项目的最终目标，促进企业的经济发展提供了保障。

4.4.2 信息化 EPC 总承包项目策划过程

信息化 EPC 总承包项目的策划过程一般包括下列 21 个子过程。

- 项目范围策划——形成项目范围说明和项目范围管理计划。
- 项目范围定义——对项目范围进行分解，形成工作分解结构（Work Breakdown Structure，WBS）。
- 项目活动定义——列出项目活动一览表。
- 项目活动排序——确定项目活动之间的逻辑关系。
- 项目活动历时估算——估算每项活动的工作时间（周期）。
- 项目进度计划编制——根据上述（3）（4）（5）项编制项目进度计划。
- 项目风险管理计划编制——如何管理项目风险。
- 项目资源策划——确定项目活动所需人、设备和材料等。
- 项目成本估算——估算完成项目所需成本。
- 项目成本预算——把项目估算按 WBS 分解和按进度计划分配。
- 项目计划编制——汇总项目各个方面的计划，编制成连贯一致的计划。
- 项目质量计划编制——确定项目质量标准及达到标准的方法。
- 项目组织策划——确定项目组织、职责、报告关系。
- 项目人力资源策划——如何获得项目所需的人力资源。
- 项目信息沟通计划编制——确定项目关系人的信息和沟通需求。
- 项目风险识别——识别可能影响项目结果的各种风险。
- 项目风险定性分析——定性地排列风险对项目目标的影响程度。
- 项目风险定量分析——测量风险发生的概率和净值。
- 项目风险应对计划编制——制订风险发生的应对步骤和方法。
- 项目采购计划编制——确定采购品种、数量和时间。
- 项目询价计划编制——编制询价文件和确定询价厂商名单。

4.4.3 信息化 EPC 总承包项目管理策划方案

信息化 EPC 总承包项目作为特殊的项目，通常可以分为信息产品（设备）制造项目、软件与系统集成项目、信息服务项目，以应用信息技术为目标。对于信息化项目制订周密的项目管理策划方案主要是为业主提供各种管理计划和协调方案，尤其对信息化 EPC 总承包模式而言，优秀的设计和管理、采购与实施的紧密衔接是获取业主信任的重要筹码。

信息化 EPC 总承包项目管理策划方案的水平体现在总承包商制订的各种项目管理的计划、组织、协调和控制的程序与方法上，重点包括项目管理团队组成、整个工程的设计、采购、实施交付计划的周密性、质量管理体系与 HSE 体系的完善性（企业与项目两个级别）、分包计划和对分包的管理经验等。

信息化 EPC 总承包项目管理策划方案可以以设计、采购、施工为主体进行管理基本要素分析，也可以按照管理要素分类，通过统一权衡总承包项目的计划、组织、协调和控制来分析。这部分内容的重点包括总承包项目管理计划、总承包项目协调与控制方案、分包策略、采购策略、成本核算策略等。

4.4.4 信息化 EPC 总承包项目管理计划

信息化 EPC 总承包项目管理计划可以从设计管理计划、采购管理计划和实施管理计划 3 个方面来准备，由于各种管理计划是项目实施的基础，好的管理计划可以使项目的实施事半功倍，所以计划水平在很大程度上可以判断一个总承包商的实力。

项目管理计划第一步需要做的是项目总体计划表，该表包括进度计划、资源安排和管理程序等内容；第二步做分述设计、采购和实施计划。

1. 设计管理计划

设计管理计划的重点是制订设计进度计划和设计与采购、实施的“接口”计划。特别是设计决定造价的概念要贯穿整个设计工作过程。设计进度会直接影响信息化 EPC 总承包项目的采购和实施进度，此计划的合理性关系到业主的投资目标能否如期实现，是业主评标的重要因素之一。

设计进度与设计方案要紧密结合，并需重点关注工程设计的关键里程碑和下一级子任务的进度安排。

2. 实施管理计划

信息化 EPC 总承包项目的实施管理计划最主要的内容是提供实施组织计划、实施进度计划、分包计划和各项过程程序文件的概述，实施计划中要含有与采购工作“接口”的计划内容。组织计划中重点包含拟建的项目组织结构、关键人员（例如，项目经理、总工程师、采购经理、设计经理等）的情况、关键技术方案的实施要点、资源部署计划等内容。

实施进度计划是项目计划中施工计划的细化，同设计进度计划类似，实施进度计划要重点关注施工的关键里程碑和下一级子任务的进度安排。

分包计划关注的是业主指定分包商的分包内容，主要包括分包工程计划和拟用分包商名单。

涉及实施交付管理的各项过程程序文件的概述体现总承包商项目管理能力，其主要包含项目实施的协调机构和程序、分包管理办法、设备材料控制程序、质量保证体系、安全环境保证体系和交付试运行程序，以及特殊事件处理预案等。

3. 采购管理计划

含有大量采购任务的 EPC 总承包项目，特别是对于信息化 EPC 总承包项目而言，面对大量的设备、软件及服务的采购，采购管理的水平会直接影响工程的造价和进度，并可决定项目建成后能否连续、稳定和安全地运转。项目管理计划需要将采购管理计划与设计、实施管理计划结合，使二者同步进行。

采购管理计划的重点内容包括采购管理的组织机构、关键设备和大批量材料的进场计划、设备安装及软件调试接口计划、管理程序文件等。采购的“接口”计划是保证总承包项目设计、采购和实施交付顺利完成的重要文件。采购管理计划为业主提供采购部门与设计部门、施工部门的协同工作计划，以及各专业分包商之间的衔接、资源共享与配置计划，是采购“接口”计划的重要内容。

4.4.5 信息化 EPC 总承包项目协调与控制

信息化 EPC 总承包项目的协调与控制力求为业主展示出总承包商在内外部协调、过程控制以及纠偏措施上的能力和经验。因此，方案应尽量使用数据、程序或实例，以展现总承包商在未来项目实施中的协调控制上具有很强的执行力，尤其是在对项目的管理程序、协调反馈程序、专业综合图、施工位置详图等协调流程的表述上。

1. 设计、采购与施工的内部协调控制

设计内部的协调与控制措施以设计方案和设计管理计划为基础。具体的控制措施包括说明如何使既定设计方案构想在设计管理计划的引导下按时完成，重点放在制订怎样的控制程序保证设计人员的工作质量、设计投资控制和设计进度计划，如何标准化软硬件集成的接口，还有项目采用的质量保证体系以及如何响应业主的质量要求。

采购内部的协调控制措施重点是采买、催交、检验和运输过程中的材料、设备质量和供货进度，以及软件服务交付的保证措施，出现偏差后的调整方案，同时结合总承包商对供应链系统的应用情况，突出提高采购效率的措施。

施工内部的协调与控制机制和措施对总承包项目实现合同工期最为关键：一方面可借鉴传统模式下的施工经验，例如，采取进度、费用、质量、安全等控制措施；另一方面突出总承包模式的特征，例如，在设计、采购的协调问题上设立完善的协调机制等。

2. 设计、采购与施工的外部协调控制

对设计、采购与施工的外部协调控制是完成三者“接口”计划的过程控制措施。协调控制方案应重点包括设计与采购的协调控制大纲、设计与施工的协调控制大纲，以及采购与施工的协调控制大纲。

在设计与采购的协调控制大纲中应体现以下内容。

- 设计人员参与工程设备采购，编制设备采购技术文件。
- 设计人员参与设备采购的技术商务谈判。
- 委托分包商加工的设备由分包商分阶段返回设计文件和有关资料，由专业设计人员审核，并报经业主审批后及时返回给分包商作为正式施工图。

设计人员应及时参与设备到货验收和调试投产等工作。在设计与施工的协调控制大纲中需要包含以下各项内容。

- 设计交底程序。
- 设计人员现场服务内容。
- 设计人员参与的施工检查与质量事故处理事件，施工技术人员应协助的工作范围。

设计变更与索赔处理应在采购与施工的协调控制大纲中体现，此大纲需要包括以下内容。

- 采购与施工部门的供货交接程序。

- 现场库管人员的职责。
- 特殊材料设备的协调措施。
- 检验时异常情况处理措施。
- 系统试运行时设计与施工技术人员的检查情况。

3. 控制能力

进度和质量控制是 EPC 总承包项目中的核心问题之一。总承包商需要在进度控制和质量控制方面展示自己的能力和行动方案。

在进度控制方面，项目方案需要考虑 EPC 总承包项目的进度控制点、拟采用的进度控制系统和控制方法，以及对设计、采购和施工的进度控制方案分别进行描述，描述内容应包括设计进度中作业分解、控制周期、设计进度测量系统和人力分析方法、采购进度中设计—采购循环基准周期、采购单进度跟踪曲线、材料状态报告、施工进度中设计—采购—施工循环基准周期、施工人力分析、施工进度控制基准和测量等。

在质量控制方面，项目方案主要针对设计、采购与施工的质量循环控制措施进行策划，首先设立质量控制中心，对质量管理组织机构、质量保证文件体系等纲领性内容进行介绍，然后针对设计、采购与施工分别说明它们的质量控制程序。

4.4.6 项目管理策划常用工具

对于信息化 EPC 这类总承包项目的管理者来说，采用合适的项目管理策划工具，可以快速定位和解决组织管理中的问题，使管理和组织策划达到事半功倍的效果，实现高效的组织管理。以下列举几个常用的组织管理策划工具。

1. 甘特图

甘特图在现代项目管理中被广泛应用。目前，甘特图可能是最容易被理解并且应用最广泛的一种组织管理图。它可以帮助项目管理者预测时间、成本、数量及质量最终的发展趋势并且预测结果是可追溯的，它也可以帮助项目管理者考虑人力、资源、日期、项目中重复的要素和关键的部分，还可以把几张甘特图集成为一张总图。甘特图可以直观地看到任务的进展情况、资源的利用率等。甘特图示例如图 4-10 所示。

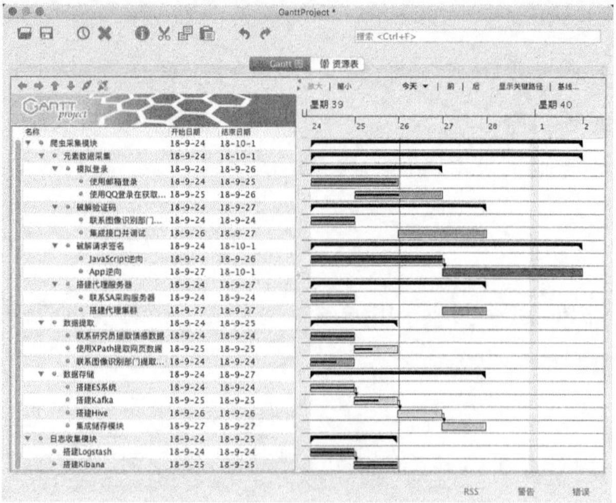

图4–10　甘特图示例

2. 燃尽图

燃尽图是在项目完成之前，对需要完成的工作的一种可视化表示。燃尽图有一个 y 轴（工作）和一个 x 轴（时间）。理想情况下，该图是一个向下的曲线，随着工作的完成，代表工作的 y 轴的数值“烧尽”至零。燃尽图是向项目组成员和业主展示工作进展的一个公共视图。它的曲线开始有一个顶峰，然后是平缓地衰退。项目团队要认识到早期探索的重要性，然后用高效工作来实现目标。燃尽图示例如图 4-11 所示。

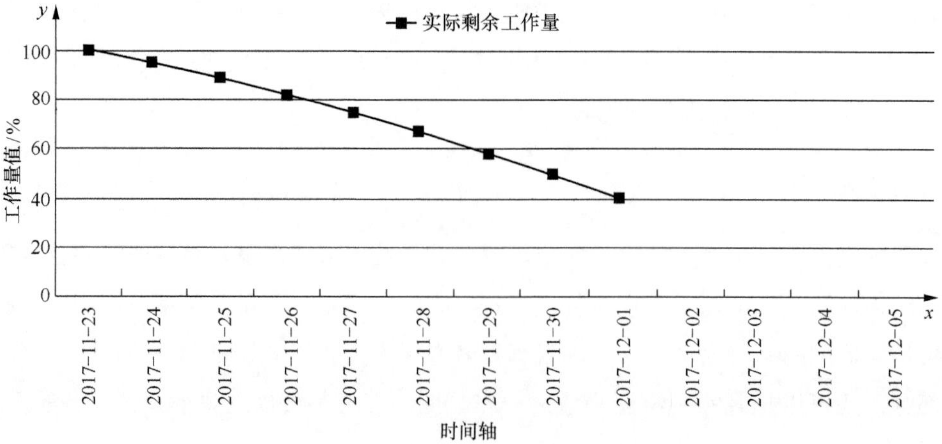

图4–11　燃尽图示例

3. 思维导图

在项目初期，用思维导图将项目全貌进行一个展示，不但方便调整修改，也能在后期快速生成对应的图表，思维导图在信息化项目中应用得比较多。思维导图示例如图 4-12 所示。

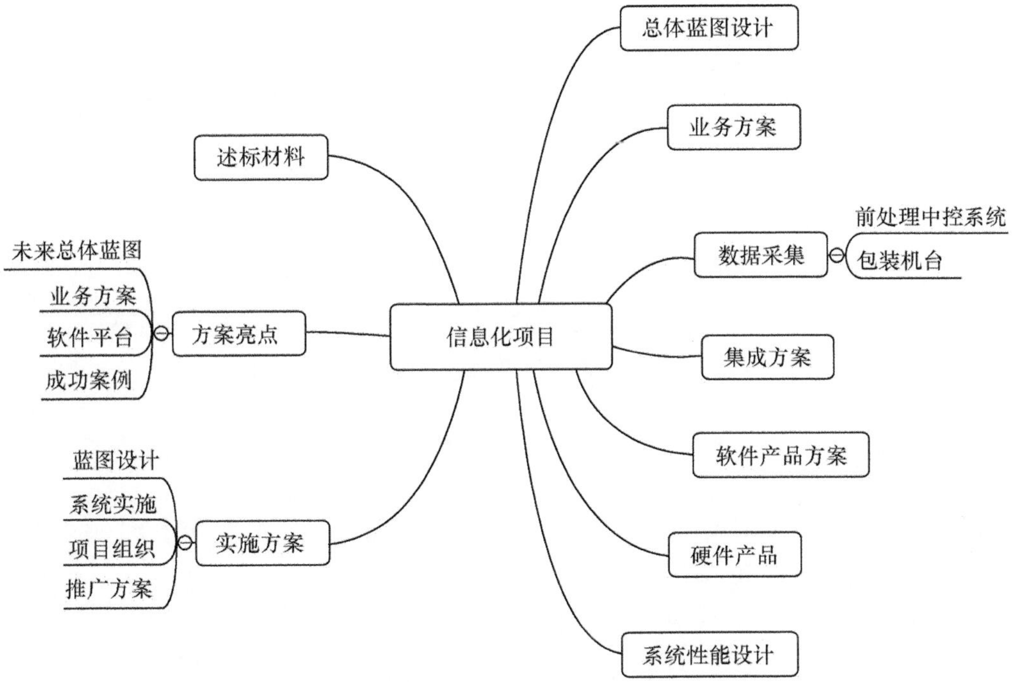

图4-12　思维导图示例

4. 决策树分析图

决策树分析图是指在分析每个决策或事件时，引出两个或多个事件和不同的结果，并把这种决策或事件的分支画成图形，这种图形很像一棵树的枝干，是在有多个解决方案又不知道该如何选出最优解时用的一种图表。其优点是生成可以理解的规则，计算量较小，可以清晰地显示重点。其缺点是对连续性的字段比较难预测；对有时间顺序的数据需要做很多预处理的工作；当分支类别较多时，预测容易失误；一般的算法只能根据一个字段来进行分类。决策树分析图示例如图 4-13 所示。

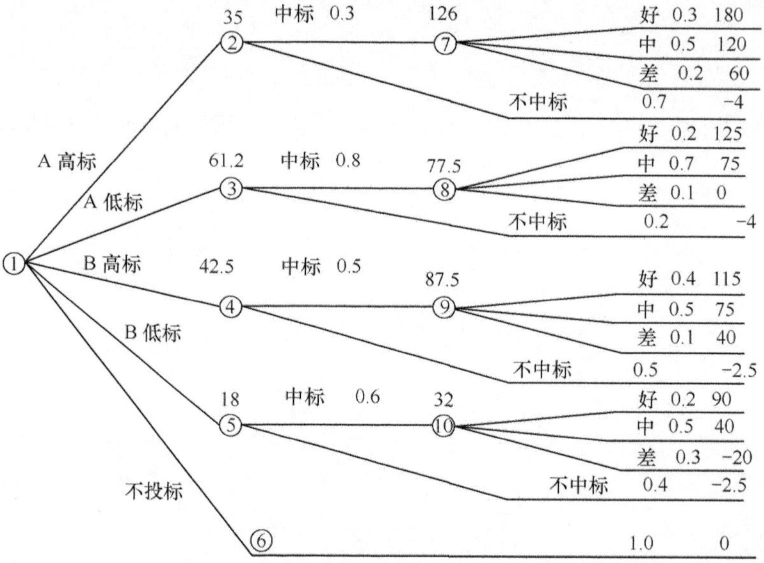

图4-13　决策树分析图示例

5. PERT 图

PERT 图利用网络分析制订计划以及对计划予以评价。它能协调整个计划的各道工序，合理安排人力、物力、时间、资金，加速完成计划。在大型信息化项目的计划编制和分析中，PERT 图表被广泛应用。PERT 图示例如图 4-14 所示。

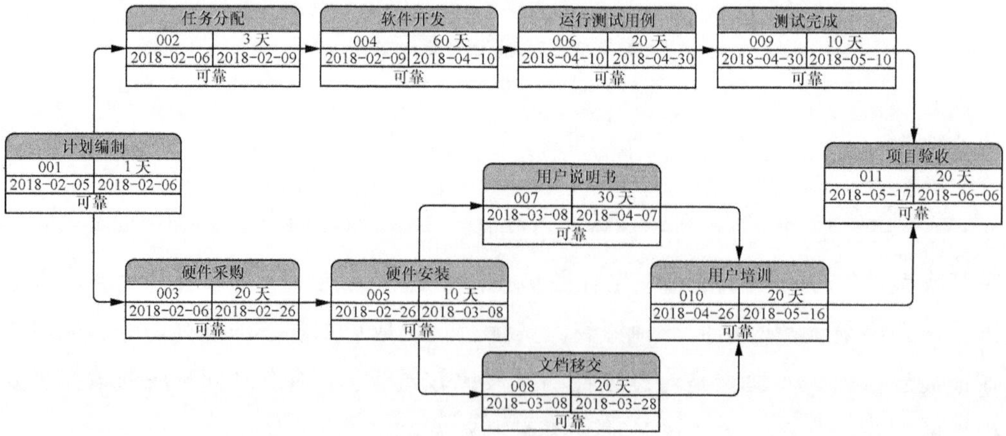

图4-14　PERT图示例

6. WBS 工作分解图

WBS 工作分解图是指把一个项目，按照一定的原则分解，项目被分解成任务，任务再被分解成一项项具体工作，工作最终被分配到每个人的日常活动中，直到分解不下去为止，即项目—任务—工作—日常活动。WBS 以交付的成果为导向，对项目要素进行分组，归纳定义了项目的整个工作范围，结构每下降一层代表对项目工作的定义更详细。WBS 总是处于计划过程的中心，也是制订进度计划、资源需求、风险管理和采购计划的重要基础。WBS 分解图也是信息化项目，特别是大型信息化 EPC 项目管理中常见的图表工具之一。WBS 工作分解图示例如图 4-15 所示。

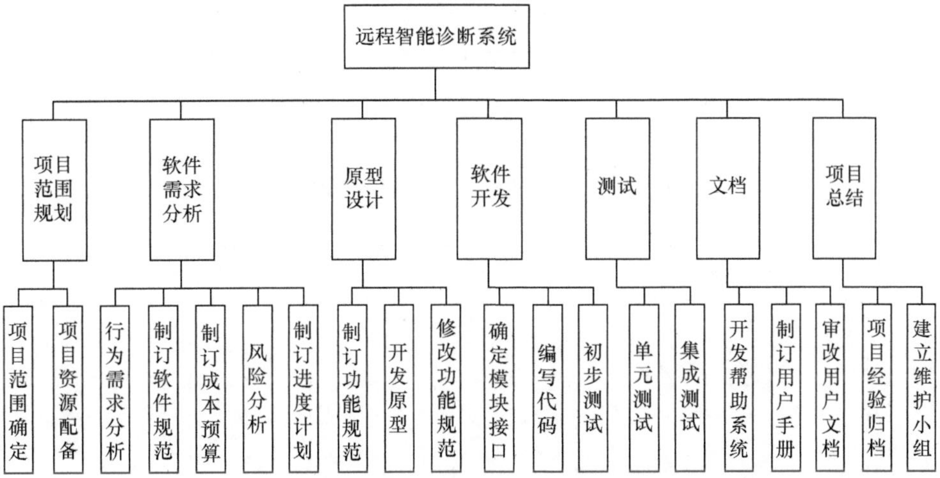

图4–15　WBS工作分解图示例

4.5　某智慧物流园区信息化 EPC 总承包项目组织管理实践

某智慧物流园区信息化 EPC 总承包项目，作为典型的大型信息化项目，主要是为物流园区提供从智能、互联到智慧的总体解决方案，利用互联网和物联网信息技术，以园区基础网络为支撑架构，搭建园区指挥调度中心、物流服务、园区管理系统和园区运营平台。接下来，本节以某物流园区信息化 EPC 总承包项目为例，阐述信息化 EPC 总承包项目组织管理的实践。

4.5.1 项目组织架构

由于该项目是园区综合性的信息化 EPC 总承包项目，包含了整体咨询规划设计，智能化工程安装调试、硬件基础网络，以及大数据软件系统、多媒体等多个应用集成，参与建设的团队众多，所以该项目的组织架构的设计具有很强的代表性。

某智慧物流园区信息化 EPC 总承包项目组织架构如图 4-16 所示，由项目经理、设计经理、商务经理、安全经理、管控经理、实施经理、技术经理组成项目管理部，对项目的各咨询服务厂商、专业系统厂商、软硬件供应商，以及设计组、采购组、工程管理组、技术支持组、实施班组和运维团队进行统一组织、统一指挥、深度交叉、统筹优化，最大限度地体现信息化 EPC 项目管理的建设需求。

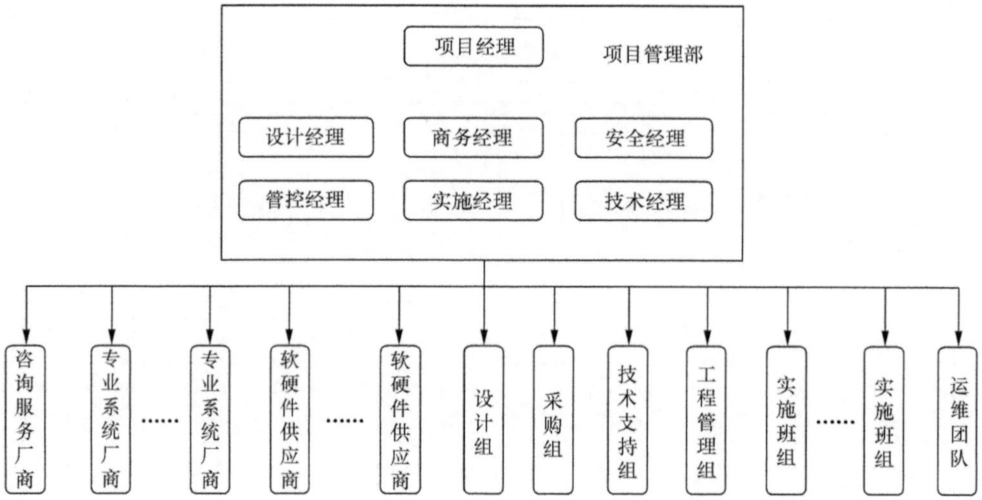

图4-16　某智慧物流园区信息化EPC总承包项目组织架构

4.5.2 项目主要管理人员岗位职能

1. 项目经理

（1）项目经理的职责

项目经理是信息化 EPC 总承包项目合同中的授权代表，代表总承包商在项目实施交付过程中承担合同中所规定的总承包商的权利和义务。

项目经理负责按照项目合同规定的范围、内容以及约定的项目工作周期、质量标准、投资限额等全面完成合同中的各个项目任务，为业主提供满意的信息化服务。

项目经理按照总承包商的有关规定和授权，全面组织、主持项目组的工作，根据总承包商法定代表人授权的范围、时间和内容，对项目自开工准备至竣工验收实施全面管理。

（2）项目经理的主要工作任务

第一，建立质量管理体系和安全管理体系并组织实施。

第二，在授权范围内负责与承包商各职能部门、各项目相关单位、业主和业主方工程师、软硬件分包商、集成商和供应商等进行协调，解决项目中出现的问题。

第三，建立项目组，并对项目组的管理人员进行考核、评估。

第四，负责项目的策划，确定项目实施的基本方法、程序，组织编制项目执行计划，明确项目的总目标和阶段目标，并将目标分解给各分包商和各管理部门，使项目按照总目标的要求协调进行。

第五，负责项目的决策工作，组织制订项目组各部门的工作目标，审批各部门的工作标准和工作程序，指导项目的设计、采购、施工、试运行以及项目的质量管理、财务管理、进度管理、投资管理、行政管理等各项工作，对项目合同规定的工作任务和工作质量负责，并及时采取措施处理项目中出现的问题。

第六，定期向公司的项目上级主管部门报告项目的进展情况及项目实施中的重大问题，并负责请公司主管和有关部门协调及解决项目实施中的重大问题。

第七，负责合同规定的工程交接、试运行、竣工验收、工程结算、财务结算，组织编制项目总结、整理归档文件资料和撰写项目的完工报告。

2. 技术经理

（1）技术经理的职责

技术经理应全程参与项目的信息化需求调研、预算、技术方案制订、评审、设备选型、安装调试、软件开发和测试工作、可行性验证、项目实施的过程、项目验收等工作。

（2）技术经理任务

一是主持本项目的技术、质量、开发、测试管理工作，对工程和软硬件集成技术、质量全面负责。

二是在施工中严格执行现行国家建筑施工相关的法律、法规、规范、强制规范和标准，严格按图施工。

三是编制施工组织设计文件，绘制总平面布置图，制订切实有效的质量、安全技术措施和专项方案。

四是组织对工程图纸的自审、会审，及时解决施工中出现的各种技术问题。

五是组织软件开发的需求评审，并对架构设计、开发及测试全过程进行管理。

六是负责各项技术交底工作，组织学习贯彻技术规程、规范、质量标准，并随时检查执行情况。

七是负责本项目的技术文件及技术资料签证。

八是检查各专业分包商的施工质量，确保项目按设计及规范标准实施交付，并负责组织质量检查评定工作。

九是主持本项目的质量会议，对质量问题提出整改措施并监督实施。

3. 设计经理

（1）设计经理的职责

在项目经理的领导下，设计经理负责项目的设计工作，全面保证项目的设计进度、质量和费用符合项目合同的要求。在设计中贯彻执行公司关于设计工作的质量管理体系。

（2）设计经理的主要工作任务

一是根据项目合同，与建设单位沟通，编制设计大纲，组织审查设计大纲。

二是在项目经理的领导下，组织设计团队，确定设计标准、规范，制订统一的设计原则并分解设计任务。

三是组织召开设计协调会议，负责与其他设计分包商的协调工作。

四是根据项目经理、现场经理的要求执行和审查设计修改。

五是根据项目实施进度计划向采购部门提交必要的技术文件，并要求采购部门及时返回以供应商的先期确认条件作为设计基础的文件。

六是组织专业技术人员对采购招标的技术标评审。

七是会同商务经理、控制经理就投资费用的控制、项目进度等召开协调会议，并将这些方面的问题及时报告给项目经理。

八是协同安全经理对设计文件中涉及安全、环保的问题进行审查。

九是组织处理项目在采购、实施交付、试运行和竣工保修阶段中出现的设计问题。

十是组织各设计专业人员编制设计文件，对需求文档、设计文件、设计资料等进行整理、归档，编写设计完工报告、总结报告。

4. 实施经理

（1）实施经理的职责

一是负责整个信息化 EPC 总承包项目的实施交付的组织工作，确保项目施工进度、质量和费用指标达标。

二是负责对各专业集成商、供应商、分包商的协调、监督和管理工作。

（2）实施经理的主要工作任务

一是在项目设计阶段，从项目的实施交付角度对项目设计提出意见和要求。

二是按照合同条款，核实并接受业主提供的施工条件及资料。

三是根据项目合同，编制项目实施计划，明确项目的范围、任务、组织方式、招标 / 投标管理、实施准备工作、实施交付的质量、进度、费用控制的原则和方法。

四是根据总进度计划，编制实施进度计划、设备进场计划、测试与试运行计划，费用使用计划，待计划经项目经理批准后，负责执行。

五是编制和确定实施组织计划、实施方案、安全文明管理规定等；制订工作程序，以及现场各专业和职能人员的职责，组建项目管理工作团队，报项目经理批准执行。

六是制订材料、设备的检查程序，建立物料管理制度。

七是协同安全经理对实施过程中的安全、环境卫生进行管理。

八是会同商务经理和采购经理进行设备进场、交接工作。

九是会同管控经理，执行费用控制计划、进度控制计划。

十是组织对分包投标的技术标评审工作。

十一是在项目经理的授权下签订小额分包合同。

十二是编制项目竣工资料，协助项目经理办理项目交接。

十三是编制项目完工报告，项目总结。

5. 商务经理

（1）商务经理的职责

一是负责项目的商务工作，主要包括 EPC 总承包合同的商务解释、合同商务条款修改的审核、投标文件商务条款的编制和审查、分包和采购合同的商务审查。

二是负责管理项目的分包计划、投资控制、采购的进度、质量和费用指标。

三是负责与供应商、分包商的工作联系和协调。

（2）商务经理的主要工作任务

一是在项目经理的领导下，编制费用控制大纲和项目资金使用计划书。

二是按照项目工作分解结构进行项目费用分解，将其报项目经理审核批准，据此做出分项工程预算，并下发给项目的设计经理、采购经理及实施经理，以此作为项目各阶段费用控制的依据。

三是在项目实施的过程中，定期监测和分析费用发展的趋势，并就费用使用状态、费用使用计划、资金风险及时报告项目经理。

四是当项目出现重大变更时，配合进行相应的费用估算和商务谈判。

五是根据总进度计划，编制采购计划书和详细进度计划，明确项目采购工作的范围、分工、采购原则、程序和方法。

六是选择合格的设备 / 材料供应商及专业的分包商和集成商，并报项目经理批准，如果合同有明确要求，还需要报业主批准。

七是编制和审查投标 / 招标文件的商务文件。

八是负责采购招标、合同签订。

九是组织设备 / 材料的催交、检验、监制、运输、验收、交接工作。

十是会同管控经理，制订项目总体控制目标并检查执行。

十一是编制采购完工报告。

6. 管控经理

（1）管控经理的职责

一是协助项目经理 / 现场经理做好现场各分包商和集成商的管理和协调工作。

二是协助项目经理负责项目的进度控制和管理。

三是负责现场项目组与公司其他部门的协调工作，包括人事考核、上级检查、文件审核等工作。

四是负责设备 / 材料的进场、退场，以及实施的协调和管理。

（2）管控经理的主要工作任务

一是在项目经理的领导下，汇总编制项目的进度计划，并形成总进度表、月进度计划表、周进度计划表，分发给各相关单位和部门经理。

二是监督上述进度计划的执行，并就进度计划进行调整协调。

三是对分包商文件、资料、批文进行管理，对分包商的现场行为、实施状态进行监督，并编制检查报告提交项目经理。

四是对监理方、业主和其他第三方往来文件进行管理，负责分发文件和监督相关部门做好回复工作。

五是确定设备 / 材料具体的进场时间和顺序，及时与商务经理协调，以配合现场施工进度。

六是负责现场的信息管理、文件资料管理，编制现场管理日志。

7. 安全经理

（1）安全经理的职责

一是负责组织项目的安全管理工作。

二是负责监督、检查项目设计、采购、实施、试运行中的安全。

（2）安全经理的主要工作任务

一是正确贯彻执行项目合同中的国家和地方劳动、安全、卫生、消防、环保等方面的安全方针、安全法规。

二是编制项目的安全、卫生、环保管理计划书，并监督、检查实施情况。

三是监督、检查各分包商专职安全工程师的工作，并编制安全检查日志和安全预警报告。

四是审查设计文件、施工文件内有关安全、卫生、消防、环保等方面的问题。

五是建立项目现场的安全、卫生、消防、环保管理体系和设施。

六是负责临时设施（例如，临时水、电、道路，临时建筑物）的建设和管理，负责门卫人员、环卫清洁人员、安全巡查人员的管理工作。

七是处理安全问题或事故。

八是负责与项目所在地的安全、卫生、消防、环保等部门的工作联系。

九是负责编写项目安全报告。

4.5.3 项目分包策略

为了满足业主不断升级的信息化要求，除了在项目的技术方案、管理架构流程以及寻价、组价方面上花费大量的精力之外，总承包商还应掌握“借力”的技巧，将分包的专业优势也纳入总承包的范围之中。因此，合适的分包策略也是本项目组织管理的重点。

智慧园区这样的信息化 EPC 总承包项目一般包括建立相应的初始系统、二次开发、管理咨询、系统实施以及软件、硬件的系统集成等工作。由于项目系统极其复杂以及涉及多领域、多专业，所以总承包商应采用合适的分包策略，充分利用投标的前期阶段与分包商和供应商取得联系，利用他们的专业技能和合作关系为投标准备补充有效的资源。分包策略在很大程度上降低了总承包商的风险，有利于项目在约定的工期内顺利完成。

总承包商采用分包策略时，应从长远角度出发，寻求与分包商建立持久的合作关系，把分包商看成合伙人，在规划、协调和管理工作上彼此完全平等。但在选择分包商时，总承包商也要注意选择原则，分包策略是一把“双刃剑”，总承包商如果失去原则，那么可能会为自己埋下各种风险隐患，例如，信用危机、服务质量缺陷等。正确地选择信息化 EPC 总承包项目的分包商需要考虑以下 5 个要素。

1. 合理分配分包商的选择权

信息化 EPC 总承包项目的分包商的选择权应在项目甲方企业与乙方总承包商之间合理分配。对于项目中独立于总承包商信息系统之外的信息系统，要由甲方企业根据自身来选择合适的承包方。一般而言，如果涉及项目监理，那么项目的监理方由甲方企业自己选择，项目的咨询方有可能是由甲方企业自己选择，乙方总承包商有建议权甚至选择权；至于在项目系统集成、二次开发等环节，监理方可以由乙方总承包商在参考甲方企业建议的情况下，自主择定。

2. 确定分包的项目内容

总承包商应该考虑将自身的优势资源在项目中保留下来，由自己去完成，而将自身不擅长的部分分包出去。例如，对于一家国外的系统厂商而言，如果不具有本土资源优势，该厂商就可以考虑在咨询顾问、二次开发、系统实施、系统集成等方面与甲方企业一起确定具有本土产品与服务优势的企业作为备选分包商。这一经验目前已在 IBM、HP、Oracle、SAP 等跨国厂商中得到成功应用。

3. 选择适当的评估方法

合格的分包商需要具备总承包商自身不具备的优势。例如，较强的产品与系统集成优势、较强的二次开发能力、成功的咨询项目案例、系统实施经验以及本土化资源成本优势等。根据需要，总承包商可以设定由多个指标构成的评估指标体系，对于符合初步条件的潜在分包商进行打分，圈定各个分包领域里的最佳分包商。

4. 分析合作经验

总承包商应尽量优先选择那些过去与自身有过良好合作的厂商。项目执行过程存在多种变化因素，如果分包商过去没有良好的合作经验，那么可能容易在项目执行过程中与总承包商产生分歧，从而打乱总承包商对信息化 EPC 总承包项目的整体部署，最终导致项目陷入僵局。

5. 分包商数量的控制

在能够保证很好地完成项目的前提下，分包商的数量要尽可能少一些。从风险的角度来看，过多的分包商有可能会增加项目失败的风险；分包商过多，项目管理难度会增加；不同的分包商采用的标准与规范不同，这会给未来项目的维护造成更多的麻烦；过多的分包商还会增加项目保密的难度。

第 5 章

项目设计管理

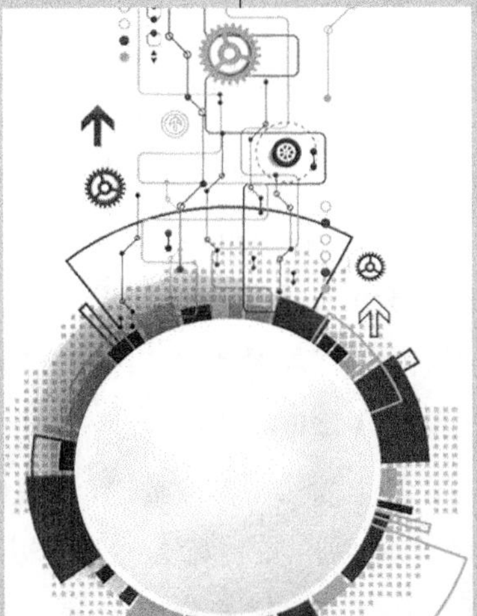

项目设计管理是信息化 EPC 项目管理的重要组成部分，贯穿项目的全过程，从项目的策划和可行性研究、项目设计、项目施工到项目竣工验收阶段，其工作应与各个环节紧密相连、环环相扣。项目的设计工作分为初步设计和施工图设计两个阶段。设计所产生的文件是项目管理中采购、施工各个阶段开展工作的主要依据，因此设计工作对项目的进度控制、费用控制和质量控制起着决定性作用。信息化 EPC 项目总承包商在设计中应满足业主方期望的信息化方面的要求；在设计进度方面应满足业主方的项目总体进度计划要求；在设计质量方面应达到业主方的最终要求；在现场服务中通过对设计与施工的组织集成，促进设计与施工的紧密结合，最终满足业主方的总体建设要求。

信息化 EPC 项目的设计管理分为设计策划、设计实施及设计质量、进度、成本管控几个部分。

5.1 设计管理概述

由于 EPC 模式仅通过单一承包方对整个工程项目实行策划、管理和具体实施，所以工程项目的各个阶段具有连贯性和可控性，进而可以防止出现设计与施工之间的责任推诿等各种问题，对提高工程质量、缩短建设周期、降低工程费用起到强有力的管控作用。此外，随着国家政策的大力支持，越来越多的设计企业开始转型，它们正积极开展 EPC 项目。

我国设计企业基本沿用了 20 世纪 50 年代形成的苏联模式，即设计企业作为独立的设计机构，与工程的其他要素没有直接的生产关系和联系。在此模式下，设计企业主要提供设计图和相关技术服务，但技术服务主要体现在设计图交底和设计变更上，并没有真正发挥设计对整个工程项目的技术支撑作用。而 EPC 项目中设计是龙头，对整个项目的效益有着直接的影响，设计工作既包括为整个项目提供设计图和技术文件等核心技术产品，为其他要素提供必须执行和依据的规范标准，同时也是唯一贯穿项目全过程的要素。EPC 项目的设计管理需要从设计阶段延伸到项目建设的全过程，更加关注设计与施工、采购的合理连接，强调项目的经济性，并通过设计优化管理达到节约成本的目的。总承包商设计管理的水平成为决定项目能否成功的关键因素，其目标是从设计方面入手，实现 EPC 项目设计、采购、施工的协同管理，加大对施工技术和设备制造领域的研究力度，进而满足 EPC 项目设计精简、整体工期加快的要求。可以说，设计管理能力是 EPC 项目成败的关键，直接影响整个项目的效益。

5.1.1 EPC 模式与传统模式在设计管理上的区别

1. 设计管理理念的转变

设计管理作为工程项目全生命周期管理的一个环节，在传统模式下与采购、施工环节是脱节的。设计人员只关注项目的设计，交付设计图被视作设计任务已经完成，在设计阶段鲜有机会与施工方对接，对工程后续在采购、施工、投产使用阶段可能出现的问题往往欠缺统筹考虑。而 EPC 模式则要求设计人员必须具备站在工程总承包方立场上去处理问题的能力，将设计理念延伸到项目建设的全过程，不仅需要为整个项目提供设计图和技术文件，还需要在项目的实施过程中为采购、施工和调试等环节提供强有力的技术支持和服务。

在传统模式下，设计图的审查工作包括设计人员的自查、设计负责人的审查、政府部门的行政审查，以及在工程开工前对设计图的施工图会审。多个层次全方位的审查可以避免设计因“错、漏、碰、缺”等失误而影响工程施工。在 EPC 模式下，承包商需要对项目全生命周期负责，从项目设计开始，直至项目结束，一旦设计资料审查出现失误，给承包商自身带来的经济效益影响将更为直接。因此 EPC 模式要求总承包商在设计资料审查过程中更加谨慎。审查内容不仅包括设计技术的可行性，而且对项目选用材料是否经济、施工手段是否合理等方面进行分析。前期充分详细的设计图审查能够缩减返工数量，进而减少工程延期的风险，避免出现材料过度浪费的现象，对节约工程成本有很大的帮助。

除了对设计成果进行审查之外，EPC 项目中的设计审查还需要重点关注设计过程的质量控制，包括前期设计人员的资格是否符合要求、设计标准的选取是否统一、设计开工报告是否通过、设计过程的中间评审、分级评审、文件校审会签以及设计更改和输入输出的控制。规范的设计管理流程和制度可以提高设计成果的一次性出图质量，以便尽早发现并解决问题，避免后期产生大量的设计修改工作。

2. 设计管理流程的变化

EPC 模式与传统模式的设计工作流程不同，不再采用原本“先设计后施工”的工序，而采用设计、采购、施工三位一体，相互交叉的方式，因此 EPC 项目需要多专业协同才能完成。设计工作贯穿于项目的整个过程，而不是传统意义上的三段式，即方案设计、初步设计、施工图设计管理。EPC 项目的设计管理是一个循环的过程：“设计（计划）—实施—修正—再设计（计划）……”。EPC 模式下设计管理工作流程如图 5-1 所示。

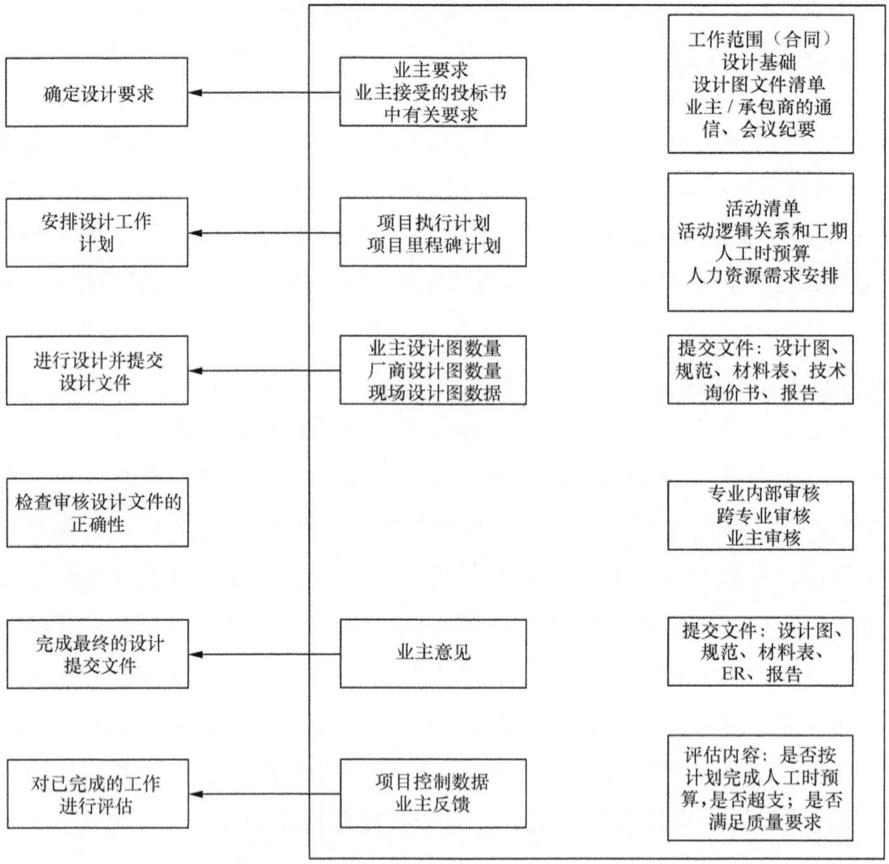

图5–1　EPC模式下设计管理工作流程

EPC 模式下设计管理的工作流程分为 6 步。一是确定设计要求，即设计手册中需要确定各个专业的设计参数、设计程序等要求，并经业主批准后发布实施。二是安排设计工作计划，主要包括里程碑计划、设计图目录清单计划等，由设计人员负责确认计划之间的逻辑关系和时间安排。三是进行设计并提交设计文件，按照业主批准的版次划分编制设计图。四是检查审核设计文件的正确性，首先，承包商内部审核，主要包括专业内部三级审核和跨专业间设计审核；其次，还要由业主进行审核。五是完成最终的设计提交文件，即业主批准的设计图文件，但需要注意的是，业主的审核批准并不意味着承包商对设计工作的正确性和完整性不再承担责任。六是对已完成的工作进行评估。

以建筑信息模型（Building Information Modeling，BIM）为主的各类模拟仿真技术的广泛使用，使工程的设计重心逐渐前移，特别是 BIM 技术实现了多专业协同审查，取代了传统的设、校、审过程。基于 BIM 技术等，设计人员可以高效地对比分析施工工序的合理性，实现施工进度的模拟和控制，检验进度计划的可操作性，还可以对施工空间规划、机械配置、材料供应等进行优化分析，提高 EPC 模式的设计管理水平，真正实现设计管理对整个施工过程的控制作用。

3. 设计管理组织的不同

组织架构是为了明确各部门、各分包商的权责关系而形成的组织管理形式，分工明确、职责清晰的组织架构是保障项目顺利运行的前提条件。为了实现工程“交钥匙”的目标，EPC 项目设计工作更多地需要与项目管理结合，加强对项目的质量、进度、成本和安全等方面的管控，要求设计尽可能地精细化、定量化。此时，传统模式中相对清晰的设计与管理的界面变得模糊。传统模式下各专业的组织已不再适用于 EPC 项目。对于 EPC 模式下的设计管理组织模型的设计，以英国国家标准（British Standards Institution，BSI）为例，BSI 提出了 EPC 模式下设计管理的层次模型，主要分为以下几步：设计标准的制订；设计预算和成本控制；设计质量监督与控制；设计项目及项目管理的组织评估等内容。在深化设计管理组织的过程中，也可以参照项目管理体系，保障其控制目标的实现。传统模式和 EPC 模式下设计管理的优劣势对比和风险分析见表 5-1。

表5-1　传统模式和EPC模式下设计管理的优劣势对比和风险分析

	优势			劣势			风险分析
	理念	流程	组织	理念	流程	组织	
传统模式	先设计、后施工，设计图交付，则设计工作结束	方案设计、初步设计和施工图设计，各阶段循序渐进	分工明确，各专业独立性较大	与后续采购、施工环节不衔接，易发生变更	难以实现多专业协同管理	组织单一	后期采购、施工阶段与设计冲突，发生设计变更等
EPC 模式	统筹考虑项目建设的全过程	实现多专业协同管理	全面囊括，设计与项目管理相结合	设计考虑因素更多，花费时间更长	设计管理迭代往复	组织相互交叉，界面模糊	前期介入工作多，为业主提供的数据等有风险

为保证对设计管理工作的组织架构起到良好的协调作用，实现顺畅沟通，常用的组织模式有矩阵型职能部门式和任务队形两种。其中，任务队形设计组织结构是目前国际工程项目中普遍接受的一种形式，这种组织形式将项目设计涉及的全部专业人员集中在一个专门的设计团队中，从项目设

计到竣工验收阶段都由这些核心人员负责，从而实现高效、直接的沟通协调职能。任务队形设计组织结构示意如图 5-2 所示。

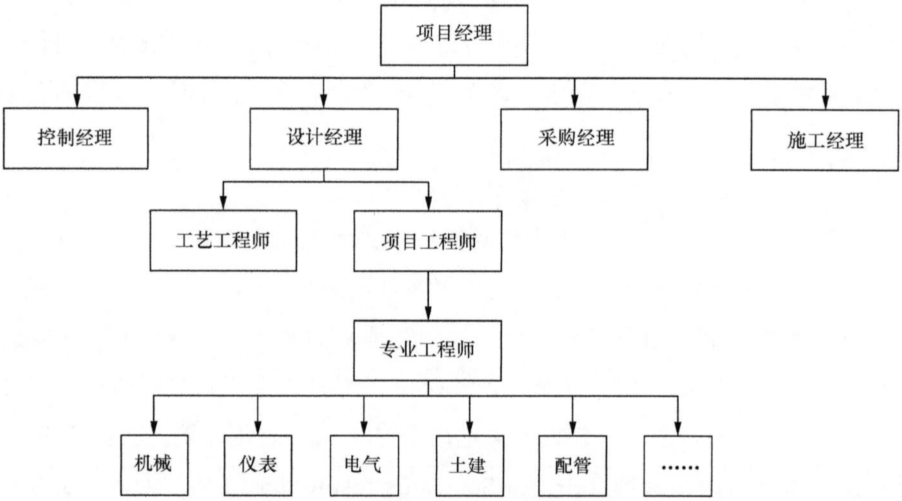

图5-2　任务队形设计组织结构示意

5.1.2　EPC 项目中设计管理的工作要点

1. 制订规范可行的设计管理流程

EPC 项目的设计工作一般是在业主提出的建设规模、建设标准、投资限额和功能需求等基础上完成的。为最大限度地满足业主要求，设计工作应在方案、材料、设备等方面尽量与施工实际相结合。现有的工程项目中各专业设计图的“碰撞”“打架”现象比较常见，例如，在布置工程管网时需要综合考虑室内消防给水、雨水排水、强弱电桥架、照明及应急灯具、通风管道等一系列管网，如果各专业设计过程没有遵循一个统一的流程，则后期容易出现交错、引起设计变更，直接对项目造价产生不利影响。

规范可行的设计流程是推动 EPC 项目设计工作顺利进行的制度保证。按照流程运行可以保证设计过程中设计信息和后续采购、施工信息的传递顺畅，有效避免项目机电洞口留错、管线之间碰撞、设计装饰与采购设备发生冲突等，将可能存在的变更风险在设计阶段予以预防。因此，良好的设计管理流程可以减少项目设计变更，加快设计速度，继而提高整体工期的效率。

特别是对于某些特大型的EPC项目，其设计种类多样、任务繁重，总承包商难以在规定时间内完成全部的工作。因此，部分专业可能会交由具备采购和专业施工能力的分包商负责，此时分包商也将参与项目设计。其中，错综复杂的利益关系为总承包商项目设计工作的组织管理带来了很多不确定性和干扰因素，因此需要根据项目的具体特点和分包商的实际情况制订设计管理流程。

当前，多数设计人员为减少工作量，习惯选用标准图集，但图集过期导致与施工要求不符的现象屡见不鲜。因此建议在设计时用文字及节点明确的做法，尽量少引用图集，具体的工程做法需要根据工程的实际情况充分考虑施工的便利性和经济性，在确实需要引用图集时，须将图集中的工程做法直接用文字表述在设计图上，便于清单编制与现场按图施工，减少由总承包商内部引起的设计变更。设计企业应在综合多个项目设计成果的基础上，提炼出各专业的统一技术标准和技术措施，对于各专业的做法和节点形成企业标准和图库。一方面，这样做可以提高施工图设计的质量；另一方面，可以提高设计的工作效率，减少重复劳动。

2. 做好设计与采购的衔接

采购工作是工程施工的物质基础，是项目管理的要点之一，其对设备和材料的要求会因项目不同而出现较大的差异，因此，采购工作存在较强的差异性。设计将会对材料和设备采购起指导作用，设备材料选型不当将直接影响项目的实施进度和效益。在EPC项目的执行过程中，必须对项目所采用的全部材料设备编制详细的规范数据表，并交由业主审核，只有审核通过，方可进行采购。承包商面临的较大的挑战和风险在于设计和采购之间的衔接失误将给工程的施工进度和项目的整体质量带来不利影响。在一个实际的案例中，某EPC项目就出现过因设计选择的砌体材料在工程所在地无法采购且不能满足当地政府的节能规定，而进行设计变更，最终使项目工期延误的情况。因此在设计过程中，总承包商需要充分了解相关设备和材料的技术标准、市场供应、政府规定等信息，做好设计与采购工作的对接。

采购管理中容易出现的另一个问题是，采购文件在设计和供货商之间的传递周期长，反复次数多。对于需要采购大型设备的项目来说，其设计工作可能要等设备确定之后才能开展。为掌握和推进采购进度，必须推行以采购工作为中心，设计与采购有机结合的标准化管理。为保障项目按时完工，首先，应在安排工程进度计划时就让设计和采购同时开展，统一安排；其次，提前获取工程项目所需的关键材料设备的购买信息，特别是对项目本身起到关键性作用的长周期设备，提前确定购买，在设备确定的情况下有针对性地进行项目的设计工作；最后，形成内部采购管理体系，包括对供应商调研、采购计划、物资采购、运输、检验和保管等环节进行控制，实现高效的采购管理工作。

在 EPC 项目的实施过程中，通常由设计人员提交工程所需的材料设备清单，采购人员审核后转给项目供货商，供货商据此提交投标文件，设计人员对此进行技术评价，即技术澄清。完成技术澄清之后，由负责设计的分包商向总承包商汇报供货商投标文件是否可以接受。为有效监控所有材料的技术评价状态，加快采购进度，总承包商应该要求负责设计的分包商定期详细汇报技术评价状态，做到尽早发现问题并及时解决。例如，某 EPC 项目就曾出现过因设计人员对设备参数不了解导致设计的电梯井道尺寸不足，以及电梯机房无人上楼梯等问题，从而产生设计变更及返工，这一问题应引起设计人员的高度重视。EPC 项目的特点决定了总承包商应该充分发挥其在项目整体协调方面的优势，打破常规“先设计后采购”的建设模式，将设计与采购融合，保证整体工程的建设进度。

3. 从全生命周期角度考虑设计工作

EPC 项目通常为大型项目，具备工期长、工序复杂、施工时间短、成本控制严格等特征，设计管理在项目全生命周期内往往起到主导作用，设计管理工作与采购、施工的协同是 EPC 项目能否顺利实施的关键因素。它要求设计人员从项目的全生命周期出发，从设计源头控制投资费用，加强设计阶段对项目投资的控制。EPC 项目中标后，设计人员需要认真学习掌握招投标过程相关文件中的各类技术澄清和承诺，同时将投标报价的工作量详细分解到各专业，使限额设计贯穿于整个施工图设计中。

在项目实施过程中，承包商虽然有权根据自身工作经验进行设计、采购和施工管理工作，但是无论如何工程项目本身不能脱离合同中业主要求达到的标准。在 EPC 模式下，项目的工期和投资要求较传统模式更为严格，设计团队不仅要关注项目的设计阶段，而且要引申关注项目的施工、试运营和运营阶段，例如，某 EPC 项目为保证投资控制，设计团队曾对房屋主体做了钢和钢筋混凝土两种结构设计及造价的对比分析；针对现场地质情况，共设计了 4 种桩基形式，对它们的造价和结构性能进行对比，对屋面保温、防水、地面、门窗等建筑做法也进行多种方案比较，最终选出能够较好保证项目质量且经济最优的方案。

实现工程项目质量与成本的最优平衡，离不开设计与施工的深度交叉。目前，工程造价主要在设计阶段便可确定，一般来看，设计工作已经确定了工程造价的 90% 以上，比较而言，施工对项目投资的影响最终只在 5% 左右。EPC 模式下“边设计、边施工”要求施工单位不能再仅仅“按图施工”，因为在大量国际工程项目中，设计师仅仅提供工程的总体设计要求，需要承包商自行完成施工样图设计。因此在设计的过程中，一定要对负责施工的分包商进行设计交底，以减少返工，缩短工期，节约成本。同时设计对施工过程中分包商反馈的合理问题，应及时予以调整修改，要求各相关专业坚决执行，发挥设计施工总承包协调统一的优势。

5.2 设计策划

设计策划在信息化 EPC 项目中标后就开始进行，所有设计工作都是在项目经理的指导下由设计经理负责组织完成的，设计策划包括研究投标文件及合同文件、建立项目设计协调程序、编制项目设计计划、召开项目设计启动会及保障设计的质量等。

5.2.1 研究投标文件及合同文件

设计经理组织对投标文件及合同文件进行解读，要求各设计专业人员研究、消化投标文件及合同文件，熟悉文件的内容、要求，对存在异议的部分进行进一步的澄清和确认，明确项目设计范围、阶段及进度、质量、费用等相关要求。

同时，设计经理从设计角度向项目经理提出执行合同的有效建议及措施，推荐公司供应商库（如果有的话）中合格的设计分包商目录。设计经理应具有经项目经理批准的设计授权委托书。设计授权委托书模板如图 5-3 所示。

兹授权 ×××同志为我公司承建的 ×××××× 项目设计经理，其在项目经理授权范围内履行下列职责、行使下列权限。

1. 作为项目组委派项目设计负责人，代表项目组实施工程项目设计管理，对实现合同约定的项目设计目标负责。
2. 对项目设计全过程进行策划、组织、协调和管控，是工程设计的进度、质量、费用等管理的第一责任人。
3. 负责组建设计部，提出设计部的组织机构，选用设计部成员，确定设计岗位人员职责，主持设计部的管理工作。
4. 负责组织进行方案效果图设计、工程施工图设计、工程设计交底、施工现场设计配合、变更洽商设计调整、绘制竣工图工作的全面管理，从而保证项目总目标的实现。
5. 负责在授权范围内与公司内部相关部门、外部相关协作单位、发包人和监理工程师等进行协调，解决项目设计中出现的问题。
6. 负责深入施工现场检查修正施工图纸中存在的设计问题及工程施工中出现的有关设计问题，组织处理施工中有关设计方面的问题，协助办理相关的设计变更洽商手续。
7. 负责组织项目完工后的现场实际工程量测绘，参加工程竣工验收，组织绘制工程竣工图，办理竣工图纸签认手续，监督做好图纸归档保密工作。

本委托书一式 3 份，项目经理和设计经理各持一份，提交公司一份。

项目经理：	设计经理：
项目章（盖章）	执业资格证号：
日期：	日期：

图5–3 设计授权委托书模板

5.2.2 建立项目设计协调程序

项目设计协调程序要明确信息化 EPC项目总承包商与业主方、分包商之间在设计工作方面的关系、联络方式和报告制度，以及设计部与项目组其他部门的协调。

设计协调是完成工程设计的重要保障，是对建设工程项目在工程设计条件、设计进度、设计质量等方面开展的协调和联络工作。

总承包商建立项目设计协调程序，协调落实设计界面、设计条件，在保证设计质量的前提下，按进度要求完成设计任务；明确归口的沟通联系渠道和联络方式，确保各界面之间往来信息的及时、准确和唯一，避免“令出多门”，进行联络文件归档；定期召开设计协调会，做到多方协调，归口管理。设计协调管理程序如图 5-4 所示。

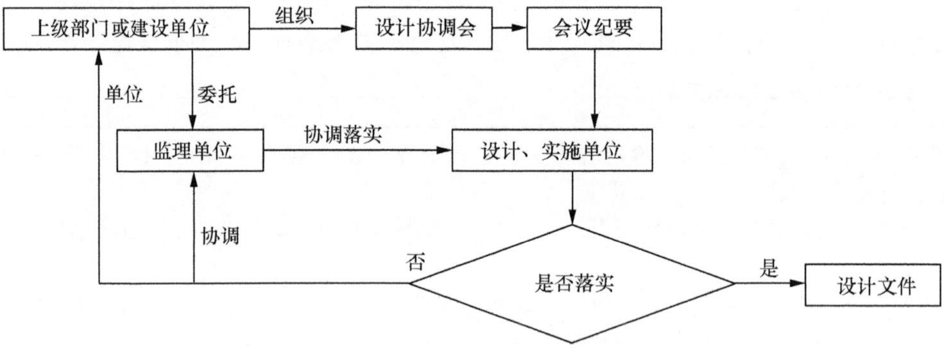

图5–4　设计协调管理程序

5.2.3 设计工作准备

1. 编制项目设计计划

对设计工作进行结构分解是编制项目设计计划、了解人力资源使用情况的重要依据。

设计经理负责编制项目设计计划。以合同文件为依据，该计划主要包括项目概况，项目的质量目标和要求，已经明确的工作内容、设计进度、责任单位和人员，节点要求（设计评审、验证、确认活动的时机和方式），对资源的特殊要求（例如，软件要求、环境要求），对设计交付和交付后提供现场服务的要求等，并且项目设计计划中应强化相关前提条件的跟踪和落实。

项目设计计划编制完成，经项目经理批准，监理审查后，提交业主方审批和确认。

2. 编制设计事先指导书

基于项目设计计划，设计经理负责编制设计事先指导书，在项目设计过程中，指导设计团队在审核、审定、设计深度、概（预）算、格式等方面认真贯彻执行。设计事先指导书目录模板如图 5-5 所示。

目　录

图5-5　设计事先指导书目录模板

3. 召开项目设计启动会

项目设计计划编制完成后，设计经理组织设计团队召开项目设计启动会，对合同文件的核心内容和关键条款、设计事先指导书进行宣贯，设计经理发布设计工作计划和项目设计统一技术管理规定等要求，明确项目设计组织结构及职责分工，确定项目设计工作汇报及协调程序，并编制会议纪要。

5.2.4 设计的主要控制点

项目设计的主要控制点分为设计输入控制点、设计进度控制点及设计质量控制点，为了保障项目设计顺利完成，设计团队需要对控制点进行管控。

1. 设计输入控制点

设计团队应确定设计输入的要求，对不完整的、含糊的或矛盾的要求，应会同项目经理、业主方沟通确认。所有的设计输入均应由设计经理组织评审，以确保设计输入的有效性、完整性及准确性。

（1）设计输入内容控制

设计输入内容文件只能包括以下内容。

① 设计依据包括合同 / 委托书、设计基础资料、项目批准文件、强制性标准、国家行业规定的设计深度要求等。

② 由业主方明示的、通常隐含的和法律法规、标准规范要求转化的质量特性要求，包括功能性、可信性、安全性、可实施性、适应性、经济性、时间性等要求。

③ 上一阶段设计输出、设计确认结果。

④ 以前类似设计提供的经验教训。

⑤ 设计所必需的其他要求（例如，特殊的专业技术要求）。

（2）输入程序

为了使设计达到最佳效果，设计团队有权建议对原有的设计输入进行修改或补充。修改和补充必须由专业负责人书面提出并经项目经理、设计经理批准后，立即通知业主方，设计团队应提出相应的技术和经济方面的评价。当接到业主方发出的承认有效的书面通知后，这些修改和补充才能成为设计输入的条件。

对于在业主方提供的资料中没有包括的某些特殊方面，设计团队应根据项目需要，列出项目使用的标准、规范，经项目经理批准后，报业主方审批，经业主方同意后才能编入设计文件内。

如果业主方提供的信息存在不完善、含糊不清或有争议的地方，则项目经理应请业主方做出解释和澄清，用澄清确认的资料作为输入条件。如果用不完善、含糊不清或有争议的资料作为输入条件，必须经双方共同书面确认。

在文件编制的过程中，如果要对合同进行修订，或业主方的要求发生变化，设计团队必须将变化内容及时转化为新的设计输入文件。

2. 设计进度控制点

设置专门负责设计进度控制的人员，按合同及项目总体要求对设计工作进度进行严格的监控。

对于设计进度的监控应实施动态控制。在设计工作开始之前，应先由项目建设管理人员审查设计团队编制的进度计划的合理性和可行性。在实施进度计划的过程中，项目建设管理人员应定期检查设计工作的实际完成情况，并与计划进度进行比较分析。一旦发现偏差，项目建设管理人员应在分析原因的基础上提出改善措施，以加快设计工作进度。必要时，项目建设管理人员应对原进度计划进行调整或修订。

在设计进度控制中，项目建设管理人员要对设计图纸进度表进行核查分析，将各设计阶段的进度都纳入监控之中。

3. 设计质量控制点

（1）设计规范性控制

① 设计人员应严格按照各项标准进行设计工作，通过多个审核环节确保技术质量及设计规范，最终提交的设计文件应当保持格式一致和名称统一，不同设计人员的设计风格与规范也应保持一致。

② 提交的设计文件应充分考虑可能发生的变化，对可能影响工程进展的相关因素进行估计、分析，提出多种工程实施方案或分阶段实施方案。

设计文件概（预）算表要能够完整、清晰地反映项目投资，如果因特殊原因产生设计变更，那么内部应要求进行严格的设计变更流程，它包含设计变更申请单、详细的设计变更对照表、变更后文件等多个过程文件，在流程的履行上通过设计人员、审核人员、项目负责人的多重控制，确保变更设计的正确性和可靠性。修正后的设计文件将详细列明修正的项目和内容，对于图表的修正内容将做出显著标记；如果需要修正的内容或项目较多，则按建设单位要求重新出具设计文件。

③ 多专业整体设计要满足各专业协同设计这一工作要求。除了在勘察设计阶段，各专业要沟通协调、同步工作之外，在设计文件审核出版阶段，也相应地增加了多专业会审的环节，确保各专业设计保持协调一致。

（2）设计深度控制

依据国家、行业及招标方内部的有关技术规范、标准、规定、合同等编制设计文件，设计团队需要对设计深度进行控制。

设计内容、要点与深度见表 5-2。表 5-2 中的设计内容与设计深度仅为摘录，实际设计的内容及深度将根据项目的具体要求进行扩大及深入。

表5-2　设计内容、要点与深度

设计内容	设计要点	设计深度
一、设计说明	1. 概述	简要介绍工程项目名称、本设计的设计阶段、分册、工程总概算等
	2. 系统现状	包括网络现状、业务现状、系统存在问题分析等内容
	3. 业务需求分析	分析业务种类和业务需求，并结合可行性研究报告（如果有的话）中的业务预测结果，分析各业务对网络的承载要求，这也是项目产生的直接驱动因素
	4. 总体建设方案	包括项目建设总体目标、建设原则和总体思路、网络建设总体方案等，总体方案应描述系统的体系结构、目标架构等
	5. 本期工程建设方案	包括功能及业务实现、工程建设目标、工程建设方案、工程各层面建设方案详述、工程相关策略部署、工程安全方案、对外接口，以及对其他系统 / 资源的需求和满足情况等内容。其中，建设方案部分先整体再分层次、分节点详细描述建设方案
	6. 设备配置	包括设备选型原则、设备配置需求及分层面设备配置说明、设备配置汇总等内容，在该部分的最后，以表格和文字的形式分节点详细列出工程设备配置情况
	7. 设备安装场地环境要求	说明对设备安装的土建、环境要求，电磁干扰的要求，抗震加固等内容
	8. 维护管理人员编制及人员培训	包括劳动人员、人员培训等
	9. 施工及其他需要说明的问题	施工要求说明、施工原则
	10. 工程安全及强制性标准要求	考虑施工安全操作和防护需要，对涉及施工安全的重点部分和环节在设计文件中注明，并对如何防范生产安全事故提出指导意见

（续表）

设计内容	设计要点	设计深度
二、预算部分	1. 预算概述	对工程的各项费用进行说明
	2. 工程投资分析	根据各项费用所占比例，对本工程的技术经济性进行分析
	3. 编制依据	详细列出所依据的国家、行业颁布的标准和规范、相关设计概（预）算定额取费标准的文件、相关费率的函等名称，所有的文件都需注明发文单位、发文日期、文号和编号
	4. 相关费率取定	先确定工程的类别，再依照编制依据里的相关标准、规范、文件对概（预）算表二至表五的各条目给出详细取费标准
三、设计附表部分	设计附表	对于较大的表格，例如，配套设备表、材料统计表、设备清单附表等可作为附表
四、施工图纸部分	1. 公共图纸	包括网络结构图、通路组织图、网管系统图、系统互联图、分工界面图等
	2. 设备布置平面图及走线路由图等	相关平面和走线等图纸应能如实反映机房层高及净高、机房位于的楼层数、走线方式、机房地面情况；隔断、孔洞以及地面荷载、墙面、地面、门、窗、照明等情况；如实反映新增或扩容设备的安装位置以及相关的走线路由图等
	3. 通信系统图、电源系统图、集装架面板布置示意图、设备端口分配图等	通信系统图与通信电缆计划表等图纸应如实反映本期工程实施所必需的所有相关的通信链接，包括系统内部及本系统与外系统之间的能反映相关链接设备的位置、端口类型及数量，以及相应的通信线缆的类型、接头、数量以及长度等。系统内部与本系统有连接的网络设备（包括路由器、交换机、SAN 交换机、防火墙等）均绘制面板布置与端口分配情况图，图上指定本期使用的具体端口号。 光纤配线架（Optical Distribution Frame，ODF）和数字配线架（Digital Distribution Frame，DDF）等图纸能反映各个端子的具体使用情况和传输局向，对于本期所用端子的分配和相应传输路径进行重点描述，对于需要保证出局双路由的情况，在图纸中予以说明

（3）设计条理性控制

为确保设计合理、条理清楚，设计团队需要进行设计条理性控制，主要包括以下内容。

① 设计组织方面

在项目现状的调研、建设方案的形成、勘察、初步方案设计、施工图设计、会审、设计变更、施工指导等工程各个阶段都需要有严格的工作流程，该流程规定了各阶段的先后顺序及各阶段间输入输出文件，确保每位设计人员都能够科学、有条理地完成设计工作，最大限度地避免因设计人员的素质差异导致可行性研究、设计不合理现象出现。

② 文件成册划分方面

根据建设单位项目管理及工程进度的需要，工程被分为多个分册，使设计逻辑清楚，便于理解，每个分册设计均有独立的分册号及与分册号对应的设计编号，便于工程立项、施工、结算，促使工程实施更具条理性。

③ 设计文件组织方面

设计文件内容章节需要组织合理，层次清晰，重点突出，整套设计由设计说明、附表、概（预）算和图纸 4 个部分组成。

设计说明：建设需求、建设思路、建设方案、施工要点等内容均有独立章节单独描述，不同章节间界限清晰，便于工程参与各方阅读理解。

附表：在概（预）算表格之后，附表是对工程量、各种信息的集中设置的体现，便于查询。

概（预）算：包括概（预）算编制说明及概（预）算表格两个部分，概（预）算编制说明是对工程规模、概（预）算各表中取费依据的论述，包括取费依据条款、各类费用计算公式等；概（预）算表格附在概（预）算编制说明之后，便于与概（预）算编制说明部分对比阅读。初步设计概算偏重于对工程各单项总体投资的测算和把控，详细、科学、有条理地计列了工程实施所涉及的各类费用，为确定合理的工程投资方案提供依据；施工图预算在初步设计概算的基础上，根据现场勘察的详细资料及设计方案进行详细的测算，是确保工程质量、合理控制单项工程投资、准确进行工程决算的基础。

图纸：初步方案设计的图纸反映了建设方案、工程实施的总体要求等内容，便于工程实施各参与方有条理地进行准备工作，而施工图图纸则是经过详细的现场勘察后，以指导施工为目的，对工程整个的实施过程，大到设备位置，小到线缆、螺丝的安装方式都进行了详细的设计和说明，可以详细地指导施工。

5.3 设计实施

5.3.1 设计计划管理

设计计划是确保 EPC 项目顺利推进的基础和保证，因此，设计计划管理是保证 EPC 项目进度的关键环节。

EPC 模式的优势之一就是可以利用设计、采购、施工一体化下不同阶段之间的交叉协同开展工作，进而加快项目的建设进度。

在设计计划阶段，项目设计部需协同各阶段的进度计划实现各环节计划的顺利衔接及相互协调。例如，设计进度计划与询价采购、现场施工及试运行等进度相互协调、相互融合，确保设计进度能满足设备材料采购、专业工程施工招标进度计划要求，能满足现场施工进度计划要求，从而满足工程建设总工期目标要求。

项目实施初期，总承包商负责编制工程总进度计划要求，在总进度计划框架下，合理地按顺序安排设计进度计划、采购进度计划及施工进度计划。

在编制设计进度计划时，项目设计部要充分考虑设计工作的内部协同和外部约束两个方面的因素。在内部协同方面，项目设计部要注重设计工作的内部逻辑关系，各专业间的协调配合及交叉衔接，要在制订设计进度计划时留有一定的余量，避免因设计周期太短造成设计错误多、影响工程造价、影响采购进度、制约施工进度等；在外部约束方面，项目设计部要充分考虑工程项目外部约束条件等相关因素，例如，消防报批、人防报批、规划报批、施工图审查等专项报批；同时项目设计部还要充分考虑在采购过程或预算编制过程中，由于超限额而需要调整设计的时间，要高度重视设计与采购、设计与施工的协调配合，要重视设计与业主方之间的密切沟通协调，确保设计成果能够满足业主方的时间要求、使用功能，保证设计质量。

5.3.2　设计的协调及过程管理

一般EPC项目合同会约定，因总承包商错误的设计造成的有关损失由总承包商自行负责，这就要求EPC项目总承包商必须加强对设计人员的管理，提高设计质量。各专业设计文件必须严格执行校核、审定流程，以保证各专业设计成果质量。

项目设计部作为EPC项目设计工作的管理机构和实施机构，主要负责编制项目设计协调程序，经项目经理批准，上报业主。项目设计部要按照项目设计协调程序要求，对内与项目经理部的其他部门协调，对外代表总承包商项目经理部与业主、监理协调。如果有负责设计的分包商，项目设计部还要对它的设计工作进行管理。项目设计经理代表项目经理部负责与业主、监理的全部技术和组织方面的对接，包括合同规定的由业主提供的设计基础资料、技术说明资料和整个设计期间的其他相关资料。

在实施设计之前，项目设计部需要与多个部门形成良好的协同配合机制，以便设计工作能够更加高效、高质量地开展。设计工作的主要协同关系体现在采购和施工两个方面。

1. 设计与项目总体管控关系

在EPC项目中，质量管控、进度管控和成本管控是项目过程控制的三大核心环节，同时工程设计工作作为项目实施的指导依据将对工程质量、进度和成本产生很大影响。因此设计是

EPC 项目成败的关键因素。

在 EPC 项目工程建设过程中，设计团队首先就项目的需求对项目的重要组成部分进行初步设计和深化设计（或扩大初步设计），在施工前，设计团队要结合前期的设计形成施工图设计并指导工程施工。因此，工程设计对项目实施具有指导意义，而项目实施对工程设计具有现实意义，二者存在相互影响、相互依存的紧密联系。

（1）工程设计指导项目实施

设计团队通过编制工程设计指导书、绘制工程设计图纸，形成一个全局性的工程设计方案，主要包括以下内容。

① 方案设计：应满足编制初步设计文件的需要，应满足方案审批或报批的需要。

② 初步设计：应满足编制施工图设计文件的需要，应满足初步设计审批的需要。

③ 施工图设计：施工图设计是根据已经批准的初步设计文件，对建设项目各单项工程及建筑群体组成进行详细的设计，绘制施工图、编制工程预算书，并将这些作为工程施工的依据。

对于信息化 EPC 项目而言，方案设计需要勾画总承包工程的功能框架、技术框架、网络框架、安全框架等总体层面的初步思路。

在完成方案设计之后，设计团队根据项目的实际需要和审批需要对方案设计进行深化，例如，对系统实现的功能模块、功能点进行逐一设计，形成深化的设计文件，就系统功能、技术路线、功能预期效果展示等核心问题进行详细设计。

在项目实施之前，设计团队要完成施工图设计（或称详细设计）。本部分的侧重点在于指导项目能够按照设计的功能、技术实施路径、集成方案、代码规范等一一落地实现。

（2）工程设计可以预见项目实施中的问题

在项目设计过程中，设计人员通过不断地与审批部门、项目委托方、施工人员进行交流，了解 EPC 项目的内外部环境及项目实施过程中技术演进路径，初步把握在预期的实施过程中可能存在的问题，针对这些问题，在设计层面进行技术研讨，并提出有针对性的解决方案，在设计过程中规避已知风险，将项目实施的风险损失降至最低，以保证施工顺利进行。

对于 EPC 项目，工程设计对于可行性研究、初步设计、详细设计等阶段存在的潜在问题进行甄别，提出解决方案。

（3）EPC 项目施工可以检验设计阶段的合理性

在传统工程建设的过程中，设计人员或建设单位在设计过程中往往有一些在施工过程中难以实现甚至无法实现的构思和提案，很多时候无法全面考虑实际情况，造成设计与施工脱节。

但在EPC项目中，能够有效规避以上问题。由于EPC项目要求设计、采购、施工一体化，在工程设计阶段，采购人员和实施人员可以提前参与设计，对于形成的设计方案进行经济可行性和技术可行性论证，相应地在施工过程中，能够不断验证设计方案中存在的一些疑点，循序渐进地在实践检验过程中提升设计的合理性和经济性，为建设单位和总承包商提供相对最优的设计方案和施工方案。

2. 设计与采购工作协调关系

在设计工作开展前期，采购团队需要提供设备、材料的大致价格区间以支持造价中心进行报价；在设计工作开展过程中，设计团队提供设备清单，采购团队进行市场调查，将选定的设备资料反馈给设计团队以完成相关设计；设计团队进行综合计算，结合造价中心意见，适度调整设计参数。如果需要设备变更，那么需要设计团队通知采购团队及时与供货商沟通，并再次确认供货商反馈的相关设备参数。

同时，在EPC项目中，设备材料的采购是以设计为前提的，设计团队不仅需要向采购团队提供设备材料采购清单及询价的技术文件，还要承担对供应商提供的技术文件及图纸进行审查和确认的工作。在设备的制造过程中，设计团队需要协助设备供应商解决相关的技术问题，参与关键设备、材料的检验工作。因此，做好设计和采购二者协同的管理工作也是EPC项目顺利且高效运行的重点。

3. 设计与施工工作协调关系

设计文件是指导项目施工的主要依据，高质量、切合实际、经济的设计成果对EPC项目的顺利交付和经济效益保障起到至关重要的作用。在设计工作开展的过程中必须紧密结合施工的实际情况。

在项目设计阶段，设计管理工作应重视设计的可施工性研究，在设计阶段采用的规范、标准、施工方法等是与施工组沟通后确定的，项目设计团队各专业负责人向施工项目部提供设计工作程序和需求的各种资源；施工项目部按照合同要求及设计部提供的文件，编制总承包项目进度计划，并与设计团队一起确定设计进度关键控制点。在设计完成之后，设计团队应向施工项目部及相关方进行设计交底与图纸会审工作，说明设计意图，解释设计文件，确保施工项目部有能力按要求完成。在施工阶段，设计团队要做好设计现场服务工作，解决图纸中出现的问题；如果现场情况出现偏差，经项目经理确认后，采取设计调整或者施工调整以满足工程需要；在施工过程中，根据实际需要对关键工序进行现场指导，针对有关方提出的设计变更要求及时与施工组沟通。

在项目实施阶段，施工项目部建立项目测量程序，编制设计进度 / 费用执行情况报告，根据项目实际运行情况，更新和调整设计进度计划和设计费用计划。设计团队应配合施工项目部对项目的设计进度、资源的实际消耗进行统计和计算。当发生与设计工作有关的变更时，施工项目部应确定设计变更对施工进度的影响，以及所需的费用预算，设计团队根据设计变更的范围和影响，提出变更的实施进程，并按时向总承包管理项目部汇报实施结果。

4. 设计与其他工作的协调关系

项目质量部是统筹 EPC 项目的总体设计质量、采购质量以及工程施工质量的管理机构。在设计阶段，项目质量部有权力，也有责任监督、检查各设计专业贯彻执行质量管理文件、项目质量计划，项目质量部有责任及时发现设计中的质量问题，并参与研究解决。项目质量部在对设计工作进行过程检查监督和结果质量管理过程中，如果发现存在问题及隐患，须及时告知设计团队进行整改和优化，设计团队须对存在的问题有针对性地进行分析和质量总结，同时反馈整改方案和修改文件。设计质量管控须贯穿 EPC 项目的全过程。

5.3.3 设计内容管理

1. 设计文件结构

设计文件的结构一般分为总册、册、分册、部分等。当分册较多时，可编制总册。总册由分册的汇总及总体方案设计组合而成。在总册前要加定语，例如，×× 地区总册，×× 省总册等。

说明文件的结构一般分为章、节、条、分条等，一般最多分到第 4 级，例如，2.1.2.3。

（1）册的划分

设计文件册的划分应由项目总负责人在设计事先指导书中明确说明。设计文件册的划分应充分考虑建设单位的要求，各册涉及的内容应为项目的一个特定方面（例如，专业、地区、单项工程等），且能够单独使用。

册（分册）应使用汉字从“一”开始编号，例如，“第一册”“第六分册”等。设计文件的分册情况应在设计文件内予以说明。

册（分册）内可根据需要划分“部分”，使用汉字从“一”开始对“部分”进行编号。例如，一般设计文件的第一部分是说明；第二部分是概（预）算；第三部分是附表；第四部分是图纸。设计文件分册示意如图 5-6 所示。

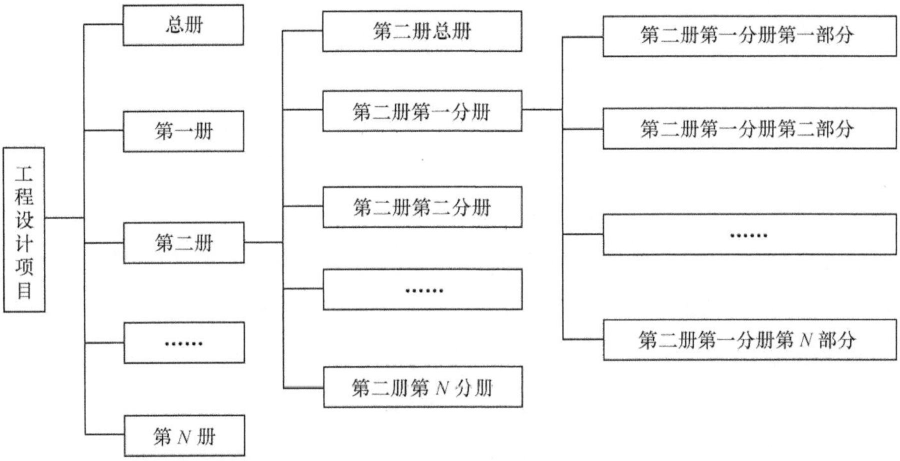

图5-6　设计文件分册示意

（2）具体册的结构

设计文件的正文层次需要编号，设计文件的目录需用分级标题方式来说明设计文件的组织架构。目录第一级编号用中文数字表示“部分”，例如，一、说明，其他各级编号用阿拉伯数字表示，最多分到第4级。

常用用法格式规定中的一级目录即为“部分”，初步设计和施工图设计由典型的3个部分组成，一般用“一、说明；二、概（预）算；三、图纸”标识。附表或附图增加在概（预）算部分后，当需要增加其他部分时，通常放在第3部分后面顺延。

（3）说明文件的结构

设计文件的结构一般分为部分、章、节、条、分条等。设计文件结构图示例如图5-7所示。

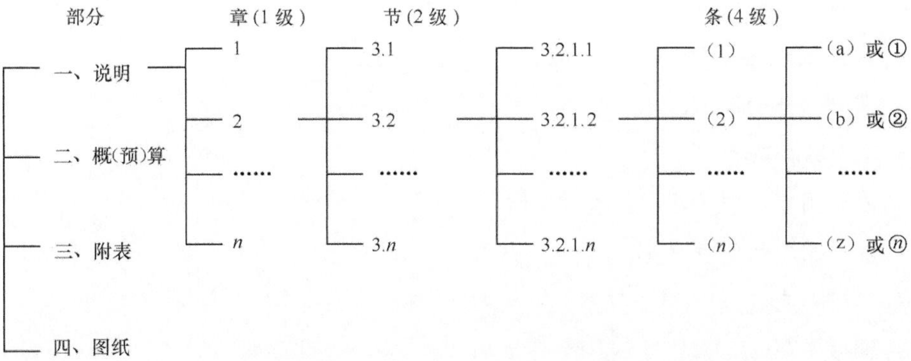

图5-7　设计文件结构图示例

① 部分

“部分”表示完整设计的大类组成部分，例如，说明、概（预）算、附表、图纸等，“部分”编号用中文数字表示，例如，“一、”“二、”。

② 章

“章”是设计文件说明内容划分的基本单元，在每个设计文件册中，应使用阿拉伯数字，从“1”开始连续对章进行编号，放在章节编号的第一位。每章均应有标题，标题置于编号之后，并与其后的条文分行，例如，1.2.3.3 中的“1”。

③ 节

“节”是章的细分，应使用阿拉伯数字连续对节进行编号。第一层次节的编号，例如，5.2.3.1 中的“2”，第二层次节的编号，例如，4.2.3.1 中的“3”，需要时，最多分到第三层次，例如，4.2.3.1 中的“1”。

④ 条

“条”是对章或节的细分，列举性的内容都应该采用此方式。“条”往后的编号不宜超过两个层次。第一层采用带全括号的阿拉伯数字，从“(1)”起连续对条进行编号。第二层采用带全括号的小写英文字母或者带圈的阿拉伯数字，从“(a)”或“①”起连续对段进行编号。

⑤ 分项列举

如果在一句话后有要进行多项列举的，则在列举的每一项前加破折号，每一列举项后加分号，最后一个列举项的结尾采用句号，具体示例如下，可以参照应用。

a. 线路测试的主要功能

—— 用户线路和电路的测试。

—— 中继线路的测试。

—— 租用线路和备用线路的测试。

—— 用户话机的测试。

b. 同步监测功能显示

—— 在使用中的同步基准。

—— 在使用中的同步单元。

—— 工作状态。

—— 同步类型。

—— 最适宜倒换的时间基准。

2. 设计文件编制要求

（1）概述

① **工程概况：**说明工程名称、建设背景、建设目的、建设内容、设计阶段划分、工程概算等情况。

② **设计依据：**主要包括可行性研究报告、可行性研究报告的批复、建设单位设计任务委托书、国家标准、国家相关技术体制、设计规范和行业标准、工程勘察和收集的资料等。作为设计依据的相关文件应列出发文单位、文号及文件名称。

③ **设计范围及分工：**说明设计内容和设计范围，根据实际情况明确各专业间的分工界面及与建设单位和设备 / 器材供应商之间的分工界面。如果设计由多家设计单位共同承担，则应说明各设计单位之间的分工。

④ **设计文件组成：**说明全套设计文件编册组成情况，并说明本册设计的编册及名称。

⑤ **建设规模及主要工程量：**简述工程总体方案结论、建设规模和主要工程量。可按工程专业类别进行描述：通信设备安装工程按照专业、设备类型等分类说明；通信线路工程按照敷设方式、光缆芯数 / 电缆对数等分类说明；通信管道工程按照建设方式、管材类型及管孔数量等分类说明。

⑥ **初步设计与可行性研究报告的变化：**说明初步设计与经批准的可行性研究报告规模、投资的变化情况，并着重说明发生变化的内容及原因。

（2）业务需求

说明业务预测方法及预测结果、工程满足期限。

（3）建设方案

① **现状分析：**分析项目相关资源现状、资源利用情况、存在的问题，并简述相关网络以及所需配套系统的情况。

② **工程建设方案：**说明工程建设原则、建设目标和建设思路；详细说明为满足业务需求和建设目标而制订的建设方案、技术指标及参数、形成的生产能力，以及其他相关建设需求。建设方案在可行性研究报告的基础上应进一步深化，充分利用现有资源，并进行方案比较与选择。

a. 核心网工程建设方案应包括话务网结构、信令网结构、中继及信令链路的配置，分组域网络组织方案、带宽需求及接口配置，特服网络组织、网间互联互通、编号计划、同步方式、网管、计费方式等内容。

b. 数据网络工程建设方案应包括数据网络结构、路由组织、链路设置方案，网间互联互通方案、IP 地址分配、服务质量解决方案、网管方案、同步方案、路由保护方案等。

c. 传输设备工程建设方案应包括传输网络组织方案、光中继段核算、安全保护方案、网管方案、同步方案、通路组织等。波分工程还应增加波道组织方案。

d. 移动无线网络工程建设方案应包括覆盖区划分、基站覆盖及容量设置方案、站型选择、链路预算与覆盖分析、容量分析、基站设置原则、基站信道配置、天馈设置方案、基站控制器设置方案、无线操作维护中心设置方案、接口与信令、频率计划与干扰协调等。

e. 微波工程建设方案应包括全线路由方案，站址路由技术情况要求、微波空中保护通道方案、站址设置和选定、系统组织方案、波道和频率极化配置、通信系统及各站接收方式、电路通路组织、公务系统的制式选择与电路分配、监控系统设计制式选择及系统组成、天线、馈线系统设计、电路质量指标估算。

f. 卫星地球站微波工程建设方案应包括通信系统的组成和设备配置、协调区计算、微波辐射影响计算、上行传输质量预测等，以及对天线直径、品质因素的要求。地球站数字复用终端设备工程建设方案还应包括本站对各站电路数及上下行频谱安排、中继方式、业务系统设计。

g. 一点多址无线通信工程设计方案应包括中心站及外围站设置的地点选择、站址路由技术情况、通路组织方案、中继电路、工作频率及多址方案选择、天线、杆塔设计要求等。

h. 无线接入网工程建设方案应包括接入方式选择、网络部署方案、系统设计、接入控制设置要求、接入点设置要求、上联通路组织、网管要求等。

i. 有线宽带接入网设备工程建设方案应包括接入方式的确定、局点设置、接入点设置、传输与数据上联要求、网管要求等。

j. 业务平台工程建设方案应包括系统总体架构、业务流程、需求分析、服务器配置方案、存储配置方案、网络配置方案、系统软件配置方案、系统集成方案、容灾备份系统方案、安全策略、IP 地址规划等。

k. 信息系统工程建设方案应包括系统总体体系架构、软件功能需求、处理能力需求分析、服务器配置方案、存储配置方案、网络配置方案、系统软件配置方案、系统集成方案、容灾备份系统方案、安全策略、IP 地址规划等。

l. 通信线路工程建设方案应包括光（电）缆方案路由的选定、确定光（电）缆容量、条数、特殊地段的设计方案，确定割接方案、光（电）缆线路的防护方案、传输衰耗的说明、光缆色度色散和偏振膜色散指标的说明等。干线工程还应包括中继站的设置和中继段长度的计算。接入网线路工程还应有交接点的设置、交接区和配线区的划分、光分路器的设置与配置及信息点的设置方案。

m. 通信管道工程建设方案应包括路由方案选择、管孔容量确定、管材选用、人（手）孔型式选用、技术要求等。

n. 通信电源工程建设方案应包括交流设备配置原则、交流设备选型、直流设备配置原则、直流设备选型（含开关电源、蓄电池、配电设备等）、接地系统设计、通信电源集中监控系统设计原则等。

（4）设备、器材配置及选型

说明工程拟购置的主要通信设备、器材的技术要求（含抗震要求）、配置要求及选型原则，其具体内容如下所述。

① 通信设备安装工程应包括设备功能、性能、接口种类及数量等。

② 通信光缆工程应包括光缆类型、芯数、规格、技术参数、光纤类型、配套材料等。

③ 通信管道工程应包括管孔数量、规格及材料等。

④ 信息化工程类项目应包括设备型号、性能参数、数量等。

⑤ 必要时对所选的设备、材料的节能、环保、电磁辐射、劳动保护等方面提出要求，并与国家标准做比较。

（5）建设条件及工艺要求

① 通信局站建设的选址要求。

② 机房的工艺要求，包括室内净空高度、地面等效均布活荷载、机房环境要求及消防等要求。

③ 对直流或交流供电系统的技术要求和负荷需求。

④ 防雷与接地系统要求，包括接地方式、接地电阻等。

⑤ 对铁塔的工艺要求，包括平台、高度、负载等要求。

⑥ 对楼顶天线增高架的工艺要求，包括高度、负载等要求。

⑦ 对进线室的工艺要求，包括净高、净宽等。

⑧ 对其他配套系统建设的要求。

（6）信息化工程安装基本要求

① 通信设备工程对机房平面布置、安装方式、抗震加固的要求。

② 线路工程对架空、直埋及管道光电缆的敷设要求。

③ 信息化设计需要提出线槽或孔位要求。

（7）维护管理、劳动定员、人员培训及仪表配置

说明维护管理要求、维护仪表配备、生产管理人员定额及工程人员技术培训要求等。

（8）共建共享、节能、环保、消防安全

① 对于需要共建共享的建设项目，总承包商应根据国家、行业相关规定及技术标准提出建设方案，并遵守国家及行业的相关现行的规范和标准。

② 对工程所采用的设备、材料的节能、环保、消防安全提出要求。

（9）安全生产与劳动保护

其具体内容可参考《通信建设工程安全生产操作规范》（YD 5201—2014）。

（10）工程进度安排

简述设计批复、工程采购、设备到货、施工图设计、设备安装、设备调测、初验、试运行、竣工验收等阶段安排。

（11）概（预）算

工程概（预）算由概（预）算编制说明和概（预）算表组成，概（预）算编制说明应包含以下内容。

① 概（预）算编制依据：列出依据的相关文件，包括国家相关规范、概（预）算编制和费用定额的相关文件、建设单位的相关规定等。作为编制依据的相关文件应列出发文单位、文号及文件名称。

② 概（预）算取费说明：对有关费用项目、定额、费率及价格的取定和计算方法进行说明。对概（预）算编制中的估列定额或使用参照定额也应做说明。

③ 概（预）算投资及技术经济指标分析：对工程概（预）算总额进行说明，分析各项费用的比例和费用构成，分析概（预）算与可行性研究报告批复投资估算对比情况。如果概（预）算总投资突破可行性研究报告批复投资或差异较大，应申述理由。共建共享工程还应说明投资分摊等情况。

（12）图纸

① 通信设备及信息化工程应包括网络组织图、各系统构成图、各系统原理图、通路组织图和各局站设备平面布置图、各系统连接图等。

② 通信线路应包括相关路由图及敷设方式图。

③ 通信管道工程应包括相关路由图及路由横断图。

④ 建筑工程类项目建筑专业初步设计包括区域位置图（根据需要绘制）、总平面图、竖向布置图、建筑单体平面图、立面图、剖面图等。

⑤ 建筑结构初步设计包括基础平面图、各层（标准层、特殊楼层及结构转换层）的平面结

构布置图、结构主要或关键性节点、支座示意图，特殊结构部位的构造简图、设计计算书等。

3. 施工图设计内容要求

（1）概述

① 工程概况：说明工程名称、建设内容、设计阶段划分、预算投资等情况。

② 设计依据：主要包括初步设计、初步设计批复、设计任务委托、国家标准、国家相关技术体制、设计规范和行业标准、工程勘察和收集的资料、设备供货合同等。作为设计依据的相关文件应列出发文单位、文号、文件名称。

③ 设计范围及分工：说明工程设计内容和设计范围，根据实际情况明确各专业间的分工界面及与建设单位和设备供应商之间的分工界面，如果设计由多家设计单位共同承担，应说明各设计单位之间的分工。

④ 设计文件组成：说明全套设计文件编册的组成情况，并说明本册设计的编册及名称。

⑤ 建设规模及主要工程量：工程建设规模、主要安装工程量，其中包括设备及材料。

（2）网络（系统）现状及分析

简述现有网络（系统）现状，根据施工图设计勘察情况，对相对初设现状变化情况做进一步分析。

（3）建设方案

简述初步设计批复的最终方案，对初步设计修改内容做进一步说明。

（4）设备、器材配置

说明工程主要通信设备、器材配置情况，应列出工程采用设备、器材的型号、数量、功能及其性能指标，并描述各类设备的使用范畴。

（5）工程实施要求

① 通信设备工程实施要求

a. 机房布局及设备排列、各种缆线走线方式和路由，以及设备安装、缆线布放的工艺要求。

b. 说明走线架的工艺要求，包括室内外走线架。

c. 电源引接的要求和具体措施。

d. 抗震加固要求及具体措施。

e. 防雷接地要求及具体实施措施。

② 通信线路工程实施要求

a. 线路敷设定位方案的说明，标明施工要求，例如，埋深、保护段落及措施。

b. 线路穿越各种障碍的施工要求及具体措施。

c. 对特殊地段复杂地质情况的施工方法说明。

d. 光（电）缆线路的防护措施说明，包括防雷、防强电等。

③ 通信管道工程实施要求

a. 管道、人孔、手孔、缆线引上管等的具体定位位置、建筑材料及建筑程式。

b. 管道施工实施要求以及人孔、手孔结构及内孔的要求。

c. 对有其他地下管线或障碍物的地段，提出物探等处理要求。

（6）工程验收指标要求

根据工程建设需要，列出工程验收指标或要求。

（7）非标准设备的制作（可选）

说明工程中采用的非标准设备的原理、技术性能、功能及制作方法。

（8）工程割接方案

如果工程涉及割接，应制订工程割接方案，应急处理预案，并对工程实施提出要求。

（9）施工注意事项

说明施工中的注意事项，应提出对人身安全、设备安全、通信安全、环境保护、防火等的要求。

（10）共建共享、节能、环保、消防安全

① 说明工程建设方案与其他运营商资源共建共享所采取的措施。

② 说明节能、环保、消防安全的具体措施。

（11）安全生产与劳动保护

其具体内容参考《通信建设工程安全生产操作规范》（YD 5201—2014）。

（12）维护管理、劳动定员、人员培训及仪表配置

① 维护管理：说明工程在维护管理方面的要求。

② 劳动定员：说明工程的生产管理人员配置。

③ 人员培训：说明工程的技术培训要求。

④ 维护仪表配备（可选）：说明工程的维护仪表配备要求。

（13）概（预）算

设计概（预）算由概（预）算编制说明和概（预）算表组成，概（预）算编制说明应包含以下内容。

① 作为概（预）算编制依据的文件应列出发文单位、文号、文件名称等，其中，应着重列

出立项批复的文件全名、批复文号及项目编号。

② 概（预）算取费说明应对有关费用项目、定额、费率、设备及材料价格的取定和计算方法进行说明。

③ 工程概（预）算及技术经济指标分析应说明工程预算总投资，分析工程单位造价，与初步设计概（预）算投资进行对比分析，共建共享工程还应说明投资分摊等情况。

（14）图纸

设计图纸是按照批复的工程建设方案编制的可指导实施的图纸，具体包括的内容如下所述。

① 通信设备安装工程图纸应包括网络组织图、系统图、通路组织图、各局站平面布置图、设备安装图、缆线布放图、设备抗震加固图、防雷与接地图等。

② 通信线路工程图纸应包括相关路由及敷设方式图、配线架排列图、配线图、成端图、设备机框安装位置图等。对直埋工程障碍物的地段，应绘制剖面设计图。

③ 通信管道工程图纸应包括相关路由图、纵断图、横断图、特殊人手孔图。管道、人孔、手孔结构及建筑施工应采用的定型图纸。非定型设计应附结构及建筑施工图。对地下管线或障碍物的地段，应绘制剖面设计图，标明交接位置、埋深及管线外径等。

④ 信息化工程需要有点位图、原理图、系统图、走线图、系统连接图、平面布置图、特殊设备安装示意图等。

⑤ 建筑工程类项目建筑专业施工图设计包括总平面图、竖向布置图、土石方图、管道综合图、绿化及建筑小品布置图、详图、建筑单体平面图、立面图、剖面图、节能计算书。

⑥ 结构专业施工图设计包括基础平面图、基础详图、各层结构平面图及屋面结构平面图，对于单层空旷房屋，应绘制构件布置图及屋面结构布置图、钢筋混凝土构件详图，另外还有混凝土结构节点构造详图、特殊结构部位的构造简图、设计计算书等。

5.4 设计对项目实施的影响及管控

5.4.1 设计对质量的影响及管控

1. 设计对质量的影响

设计的质量对 EPC 项目成本以及项目日后的运营成本起到至关重要的影响。由于 EPC 项目实施的环节众多，任何质量问题都会对项目的实施或项目投产后的日常运行造成重大影响。设计文件是采购、施工、验收工作的支撑性的技术文件，其质量是 EPC 项目满足合同质量要求、满足日后生产运行的关键因素。如果设计质量不能满足采购或施工技术的要求，那么会导致重新订货或返工，这将给项目造成非常不利的影响，甚至造成不可挽回的局面。例如，某 EPC 项目的装置总承包商发现主风机布置位置不符合规范最小的要求，认为该设计欠妥，但设计单位已经不可能进行调整（周围已实施），虽然装置顺利投产，但投产后主风机及出口管线振动幅度一直较大，经过多次修改仍然收效甚微，如果在整体规划时注意到此问题并将其解决，就可以有效地避免损失。

初步设计文件是根据批准的可行性研究报告或设计范围而编制的，初步设计是开展施工图设计的依据，也是方案设计的进一步深化。在编制初步设计时，其内容和深度要满足 EPC 项目的要求，要对 EPC 项目合同中的所有设计内容均有所描述，确保初步设计文件内容的全面性、完整性、准确性，避免出现缺项和漏项。详细设计则是对初步设计的进一步深化。

信息化 EPC 项目的初步设计是在可行性研究报告已经确定的需求基础上进行较为具体的功能设计，并明确实现效果。在此阶段，主要关键功能设计应到达询价文件要求的深度。可以说，初步设计是整个设计过程中的关键阶段，初步设计在可行性研究阶段与详细设计阶段之间起着承上启下的作用。获得批准的初步设计文件为长周期设备（软件开发）采购提供了技术询价文件，是详细设计的基础。良好的初步设计为 EPC 项目的成功打下了牢固的基础。如果初步设计存在较大的缺陷，那么在以后的详细设计中是很难弥补不足的，因此加强初步设计的管理是项目设计管理中最重要的工作。

信息化 EPC 项目详细设计阶段的质量控制的重点已经从功能设计转化为代码实现、部署以及集成详细方案设计，该阶段主要需要完成从软件开发代码设计、信息化部署详图以及详细集成方案。该阶段的设计质量直接影响到现场施工的质量，在该阶段重视设计质量管理，不但能节约项目实施成本，还能保证项目的顺利推进。

在具体设计时，对设计文件还有以下几点值得关注。

一是设计点表。点表是结合图纸数量统计而成的，往往和图纸有着密切联系，如果图纸有问题，则点表也会出问题，在绘图及统计时务必仔细核实。

二是工程量清单。由于信息化工程子系统很多，每个系统涵盖的工程内容又不尽相同。在完善工程量清单时，首先要按照系统做清单，确保每个系统不漏项，做完后，其他设计人员还需要核对非本人做的清单，互相检查以避免漏项带来的成本失算。

三是软件功能点表。除招标文件规定之外，很多结合工程实施的软件项目功能点都是总承包商现场和业主进行深化设计时确认的，在反复讨论的过程中，会发现功能点冲突或者遗漏，最终需要和业主一起确认功能点表，以免后期出现实施遗漏和争议。

四是图纸。信息化EPC项目是多个系统交织繁杂的工程，对于很多工程施工的内容，图纸的绘制是很重要的。图纸要按照国家和行业标准进行绘制，还要和点表、清单对应，一些系统图更是需要在正确的前提下，展现设计的逻辑性。公司内部建立合理的设计图纸绘制审批制度是确保图纸质量的关键。

2. 设计管控措施

根据设计对质量产生的影响，在设计阶段需注重以下内容。

- 牢牢抓住质量管理的两条主线：一条是坚持以专业部门为主的纵向技术管理，认真执行专业三级审核制度；另一条是坚持以项目经理为主的横向技术管理，认真执行设计评审、会审、会签和设计复查制度。
- 紧紧守住设计输入和输出两道“门”：输入“门”是针对业主设计基础资料提交、设备资料反馈和确认、外部接口资料收集等加强管理，保证原始设计资料提交的及时性、准确性和有效性；输出“门”是对技术方案的专业评审、重大技术方案的公司评审等严格把关，保证方案可靠、技术先进、经济合理。
- 将可施工性、调试及操作需求融入设计过程，必要时，邀请施工、调试及操作专业人员参与设计策划和设计评审。
- 加强设计接口管理，按工程整体列出各系统、各专业的设计接口表，全面梳理项目总体与子系统、子系统与子模块之间的网络部署、数据交互等方面的设计界面和接口，并实施接口确认。
- 加强设计复查工作，制订复查计划，明确复查重点，即查合同、标准、规范等的执行情况；查设计条件、接口关系；查错、漏、碰、缺；查“开天窗”设计闭环等。设计复查工作力求主动、及时、细致，尽量减少小问题，坚决杜绝大事故，尽力将隐患消除在实施前。
- 坚持设计变更“四项基本原则”：一是凡是不改不能顺利投产或不能确保产品质量、要出重大事故的，必须改；二是属于锦上添花或从局部看合理但从整体看欠妥的，不修改；三是对于的确有必要修改的，应尽量早改少改；四是所有修改必须履行变更程序。
- 组织进行现场设计质量巡查和专项检查，召开设计质量例会，宣贯设计质量管控措施和具体要求，剖析设计质量案例，举一反三。
- 把设计质量纳入绩效考核评价，实施重大设计质量事故一票否决制。

5.4.2 设计对进度的影响及管控

1. 设计对项目进度的影响

采用 EPC 模式的项目基本上都有工艺复杂、专业技术高、项目投资大的特点，这就决定了设计工作工程量大、设计周期长的必然性。从部分项目的统计来看，从项目的初步设计（基础设计）到详细设计（施工图设计）的设计周期约占项目总工期的 2/5 ～ 3/5，如果考虑配合的采购、施工工作，设计工作基本覆盖了项目整个过程。同时设计可以对项目进度产生重大影响，尤其是新技术、新工艺的应用可能大幅缩短项目周期。另外，合理的施工组织设计对项目实施的衔接会产生积极效果。

2. 设计管控措施

针对设计工作对项目总体进度的影响，具体采取以下措施进行管控。

一是 EPC 项目的设计、采购、施工、试运行是相互深度交叉的，设计进度计划的编制、执行和控制需充分考虑其相互间的工作衔接。

二是将采购纳入设计程序，尤其是对引进采购周期长的关键设备和配套件等，要尽早提前订货，并积极催交设备的款项等事宜。

三是将施工需求纳入设计管理，在保证质量、安全的前提下，适当进行“开天窗”设计，考虑材料清单先行、分批发图、阶段设计交底等措施，加强设计与施工的沟通协调，避免“窝工”。

四是根据设计、采购、施工协同原则编制进度计划，明确设备采购方式、采购清单提交节点、设备签约节点、设备返资节点、设计出图节点、设备到货节点和施工安装节点，在保证各自周期合理的前提下，局部服从整体，阶段服从全过程。

五是设计进度在计划发布之后应予以严格执行，并加强过程跟踪检查，实时进行实绩回填、偏差分析和趋势预测，必要时提出调整意见和纠偏措施，并督促实施。

六是将设计进度纳入绩效考核评价。

5.4.3 设计对成本的影响及管控

设计阶段的成本管理任务是根据信息化 EPC 项目内容，在满足进度和质量要求的前提下，完成成本预测、编写成本计划和成本管理建议。设计成本管理流程如图 5-8 所示。

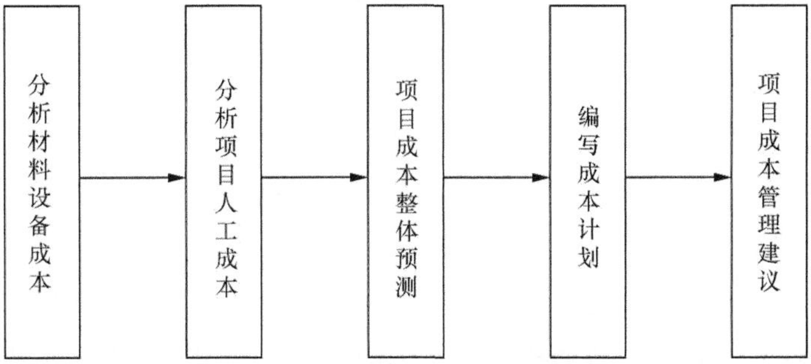

图5–8　设计成本管理流程

成本预测就是在信息化 EPC 项目中，根据与成本有关的信息和施工、研发具体情况，运用一定的成本预算方法，对未来的成本水平及其可能的发展趋势做出科学估算。

该估算建立在项目图纸、技术协议、软件功能需求整体消化的基础上，充分体现业主对该项目整体要求，是成本决策和成本计划的依据。考虑到信息化 EPC 项目涉及的智能化子系统较多，软件功能点多，在参照类似完工或在建项目进行估算时，还需要考虑项目种类和设备数量，注意不同品牌设备间的差异。

1. 设计对项目成本的影响

EPC 项目成本控制的基础是严格准确的费用估算。在执行项目的不同阶段，编制不同深度和准确度的项目费用估算（概算）是费用控制成功的主要保证条件。项目的费用控制与费用估算是相互结合的动态管理过程。在项目的管理和控制中，常常会因为设计质量和进度安排等因素使最终费用与计划发生偏差，只有严格地进行费用控制才能在保证合同规定的工程质量与不拖延工期的前提下获得最佳的经济效益。

对成本控制管理措施的设计是决定项目投资的关键。据统计，方案设计影响项目投资的可能性为 75% ～ 95%；初步设计影响项目投资的可能性为 35% ～ 75%；施工图设计影响项目投资的可能性为 5% ～ 35%。由此可见，设计阶段的造价管控尤为重要。

在 EPC 项目进行的不同阶段都需要体现成本的管控理念，例如，投标前，总承包商应仔细审查招标文件中的发包人要求，认真确认设计标准和计算的准确性；中标后，对各专项分包商采取限额设计的方式布置任务，做好投资预控；设计时，对建设单位提出的设计增项、变更意向要及时测算出对应的投资额，及时汇报、固化决策。综上所述，EPC 项目获得最佳经济效益的最佳控制阶段是在项目的设计阶段。加强设计阶段的管理工作是整个项目费用控制工作的重中之重。

初步设计概算要全面准确，涉及的有关新材料、新设备价格必须符合市场行情，不能简单地按照概算指标执行，特别是对于设计方案新颖、造型独特的项目，避免后续施工图预算超初步设计概算的情况出现。施工图设计与初步设计在一些材料设备的选用上可能还有些出入，造价工程师应该及早发现并予以解决。

在各个设计阶段，要按照“投资总量控制、专业限额设计”的总体原则，EPC 项目总承包商应安排有经验的造价工程师进行费用控制，根据初步设计概算对各专业进行分解，制订各专业的控制目标，设计人员要按照限额设计指标，对各专业工程进行限额设计，如果出现限额不足的情况，则要尽快分析具体原因，采取相应措施。

同时，设计人员要增强质量意识，杜绝出现低级设计错误，减少一般错误，从而减少设计变更，有效控制投资。

2. 设计成本管理

对于信息化 EPC 项目，按专业一般会分为建筑智能化工程及软件工程两类，按费用组成则可分成直接费用和间接费用。

直接费用指实施过程中耗费的构成项目实体或有助于工程形成的各项费用支出，是可以直接计入工程对象的费用，包括材料设备费、人工费、施工器具使用费和措施费等。间接费用是在项目实施准备、组织和管理施工及研发生产上的全部费用支出，属于非直接使用也无法直接计入工程对象，但为实施信息化项目必须产生的费用，包含企业管理费和规费。

（1）按专业成本预算

因信息化 EPC 项目涉及智能化工程的实施和软件工程的研发等工作，项目部技术人员也分为智能化施工组和软件开发组两类，由项目经理统一管理；同理，合同和清单内容也会分为智能化工程和软件施工两类。之所以要按专业开展成本预算工作，是因为在项目实施前了解清楚不同专业的成本金额，对比合同内专业金额，能够让项目决策者明白不同专业在项目实施中的赢利空间，以便决定是否建设该项目；也能让项目部分析用户的投入比例，清楚后面实施时的成本控制点和应当重点关注的内容。

（2）按费用组成预算

在项目具体的实施阶段，需要按费用组成具体测算成本，按此分类能够了解清楚项目中设备材料的成本、研发人员成本、施工人员成本、项目部及公司管理费用、规费、措施费等一系列费用。

此分类对比专业分类更细化，能够指导的后续工作也更多。清楚地知道各项成本可以为后续采购招标做支撑，为项目部支出提供出处，为变更决策寻找理由，为验收决算提供依据。

由于直接费用中的材料设备费用及人员费用占了总成本的 80% 以上，所以项目组对这两个部分要格外注意。标前成本测算示例见表 5-3，标前总成本系统测算示例见表 5-4，软件功能点记录示例见表 5-5，软件功能规模测算示例见表 5-6，软件开发总费用示例见表 5-7。

表5–3　标前成本测算示例

序号	类别	成本价格	备注
1	设备费用		清单见附件
2	施工费用		
3	中标服务费		按招标文件估算
4	税金		【投标价格–（1）–（2）–（7）】×9%（预估） 或定额套取增值税金额
5	垫资成本		按年利率 8%
6	总包服务费		招标文件规定
7	暂列金额		招标文件规定
8	其他		
	成本合计		（1）+（2）+⋯+（3）+（8）

表5–4　标前总成本系统测算示例

序号	系统设备	类别	系统价格	品牌	报价单位	备注
1	集团资产管理系统	自研				
2	办公 OA 系统	自研				
3	App 开发及系统对接	自研				
4	数据交换中心管理系统	自研				
5	综合布线系统	采购				
6	计算机网络设备系统	采购				
7	安防监控系统	采购				
8	巡更、报警系统	采购				
9	信息发布系统	采购				
10	多媒体会议系统	采购				
11	无线对讲系统	采购				

（续表）

序号	系统设备	类别	系统价格	品牌	报价单位	备注
12	户外娱乐辅助设施设备	采购				
13	机房不间断电源（UPS）系统	采购				
14	综合管路系统	采购				
15	能源管理系统	采购				
16	音视频及相关配套设施	采购				
17	运营指挥软件开发	采购				
18	劳务施工费	采购				
	合计					

表5-5　软件功能点记录示例

序号	分类	功能大类	功能细类	相关逻辑及接口文件	内部逻辑文件			外部逻辑文件		
					低	中	高	低	中	高
1	功能开发	系统管理	组织机构管理	组织信息			1			
2	功能开发			部门信息			1			
3	功能开发		角色管理	角色信息			1			
4	功能开发		权限管理	权限信息			1			
5	功能开发		用户管理	用户信息			1			
6	功能开发	基础数据管理	商品管理	商品族信息			1			
7	功能开发			商品信息			1			
8	功能开发		仓库管理	仓库信息			1			
9	功能开发		承运商管理	承运商信息			1			
10	功能开发		车辆管理	运输方式信息			1			
11	功能开发			车辆类型信息			1			
12	功能开发			车辆信息			1			
13	功能开发		GPS 管理	GPS 信息				1		
14	功能开发			地址信息			1			
15	功能开发		司机管理	司机信息			1			

（续表）

序号	分类	功能大类	功能细类	相关逻辑及接口文件	内部逻辑文件			外部逻辑文件		
					低	中	高	低	中	高
16	功能开发			司机验证信息				1		
17	功能开发		预警管理	预警规则信息	1					
18	功能开发			预警信息		1				
19	功能开发		合同管理	合同模板			1			
20	功能开发			合同信息		1				
	合计				1	2	11	2	0	0

表5-6　软件功能规模测算示例

功能类型	复用度	不同复用度文件数	权重	系数	功能点数	功能点数合计
内部逻辑文件（Internal Logical File，ILF）	低	51	1	35	1785	
	中	23	0.67	35	536.67	
	高	49	0.33	35	571.67	
	合计	123	ILF 计数合计			2893.33
外部接口文件（External Interface File，EIF）	低	9	1	15	135	
	中	1	0.67	15	10	
	高	3	0.33	15	15	
	合计	13	EIF 计数合计			160
			US（合计）			3053.33
			规模变更因子			1.2
			S（合计）			3664
说明：在预算阶段，复用度调整系数取值为 1（假设复用度低）						
规模变更因子预算时取值为 1.5，估算时取值为 1.2，详细功能点计算时取值为 1；由于需求比较明确，所以规模变更因子参照招投标场景取值为 1.2						
功能规模 $S=US\times$ 规模变更因子						

表5-7　软件开发总费用示例

根据功能记录表和功能规模测算表，带入软件开发费用总表后得出软件开发的总费用

功能点测算规模、工作量、工期、费用表				备注
1. 未调整功能点数 *UFP*（功能点）			/	
经复用调整后的功能点数 *US*（功能点）			526.67	
设定规模变更因子 *CF*			1.2	*CF* 的取值：根据实际经验，在预算招标阶段，功能需要往往不是很明确，常出现需求变更超过一半的现象，故此阶段 *CF* 的取值为 1.5；在投标阶段，功能需要比较明确，需求变更常超过 20% 的量，故此阶段 *CF* 的取值为 1.2；在需求规划阶段，功能需要明确，需求变更的量较少，在可理解的范围内，故此阶段 *CF* 的取值为 1.0。由此可知，$1.0 \leqslant CF \leqslant 1.5$
2. 调整后功能点数 *S*（功能点）	$S=UFP\times CF$（无复用度）		/	
	$S=US\times CF$（调整复用度）		632	
功能点耗时率（*PDR*）（人时 / 功能点） 中间值（P50） 上限值（P75）		下限值（P25）	4.5	不调整
		9.38	不调整	
		15.5	不调整	
3. 未调整的工作量 *UE*（人时） 计算公式：$UE=PDR\times S$		下限值（P25）	2844	
		中间值（P50）	5928.16	
		上限值（P75）	9796	

（续表）

功能点测算规模、工作量、工期、费用表			备注
设定调整因子 应用类型调整因子 AT 质量特性调整因子 QR 开发语言调整因子 SL 开发团队背景调整因子 DT	规模调整因子 SF	0.93	$SF=0.108 \times \ln(S)+0.23$
	1	OA、公文、人事、会计、工资、销售等经营管理及业务处理用软件	
	1	经评估本软件分布式处理因子、性能因子、可靠性因子、多重站点因子取值均为 0。质量及特性调整因子 =（分布式处理因子 + 性能因子 + 可靠性因子 + 多重站点因子）× 0.025 + 1	
	1	JAVA，C++，C# 及其他同级别语言或平台	
	1	为其他行业开发过类似的项目，或为本行业开发过不同但相关的项目	
4. 调整后的工作量 AE（人时） 计算公式：$AE=UE \times SWF \times RDF$ 其中，$SWF=SF \times AT \times QR$，$RDF=SL \times DT$	下限值（P25）	2632.07	
	中间值（P50）	5486.39	
	上限值（P75）	9066.00	

（续表）

功能点测算规模、工作量、工期、费用表			备注
人月折算系数每月 HM（时 / 人）		176	
平均人力成本费率每月 F（元 / 人）		39824.25	
5. 工期 D（月） 计算公式：$D=1.277\times(AE/176)\times0.404$	下限值（P25）	3.81	
	中间值（P50）	5.12	
	上限值（P75）	6.28	
6. 软件开发费用（元） 计算公式：$P=AE/HM\times F$	下限值（P25）	595568.33	
	中间值（P50）	1241429.09	
	上限值（P75）	2051402.02	
	最终费用 / 价格（元）	1241429.09	
	功能点单价（元 / 功能点）	1964.29	

3. 设计成本计划

设计阶段的成本计划不同于施工阶段的成本管理，设计阶段更多地侧重于统计分析，在信息化 EPC 项目计划期内的生产费用、目标成本以及为降低目标成本采取的成本措施和方案的规划建议。设计阶段的成本计划工作是建立在项目部成本管理责任制、进行成本控制和核算基础上的，是降低信息化工程目标成本的依据，是项目实施过程中控制成本的指导性文件。

（1）设计成本计划编写要求

遵守国家及信息化行业规范、满足智能化设计施工图纸要求、满足业务提出的所有软件功能点要求、满足公司制订的对成本目标的要求、满足定额或合同计价方式及市场价格的要求。

（2）设计成本计划编写依据

包括招投标文件、合同文件、设计深化图纸及会审记录、设备材料询价价格、内部测算的施工及软件开发人工定额、施工组织设计方案、其他费用的公司内部取费标准。

4. 设计成本管控建议及措施

针对设计对 EPC 项目产生的影响，宜采取以下措施进行管控。

一是实施限额设计，通过积累的或行业发布的工程成本信息数据库中与类似项目经济技术指标的类比分析，将投标设计的工程量根据优化空间进行相关比例折算后分解到各专业，作为施工图设计工程量的最高限额，使限额设计贯穿于整个设计过程中，从设计源头控制成本费用。

二是应用价值工程，实施优化设计，在各总体项目设计、各子系统设计、各功能设计以及系统集成方案中，采取多方案设计，细化标准，追求安全经济，追求功能适用，放弃纯美观的追求；细分等级，深入持续开展设计优化，技术经济相结合，在保证质量安全的前提下合理降低成本。

三是严控设计变更，变更不仅要符合必要性、可行性等要求，而且也要全面考虑由此引起的成本因素，例如，设计超过费控指标应继续进行优化。对于业主合同之外的要求以及施工原因造成的变更，还应进行相应的索赔。

四是实施设计优化与设计绩效挂钩，改正传统的单一根据设计产值进行收入分配的弊端，对积极进行设计优化、创造设计价值的员工进行专项激励，充分调动设计人员主动控制、降低工程成本的积极性。

五是推进新技术、新工艺、新装备、新材料的开发和应用。

六是将设计成本纳入绩效考核评价。

5.5 智慧物流园区项目设计管理

通常智慧物流园区的信息化 EPC 项目建设既包含智能化设备的安装集成，又包括软件系统的开发集成。因此，在进行智慧物流园区设计时需要考虑智能化、软件工程的总体设计，同时需要考虑两者之间的集成协同，实现物流园区智慧化管理运营。智慧物流园区 EPC 项目设计阶段工作按照工程的进度节点分为设计准备、方案设计或初步设计、施工图设计 3 个阶段。

设计准备阶段的主要工作一是对项目策划阶段、决策阶段的资料进行收集理解，相关资料具体包括以下 9 个方面。

- 合同协议书。
- 中标通知书。
- 招标函及投标函附录。
- 专用合同条款。
- 通用合同条款。
- 技术标准和要求。
- 图纸。
- 已标价工程量清单。
- 其他合同文件。

二是形成设计范围对下一阶段的方案设计或初步设计进行指导。

方案设计阶段的主要工作是结合设计准备阶段确定的设计范围对信息化 EPC 项目进行方案设计或初步设计，作为下一步施工图设计的指导。

施工图设计阶段主要对信息化 EPC 项目的建设内容进行深化，达到可指导施工的深度，具体包括产品品牌及参数、安装位置、安装工艺、软件开发工具、代码实现、软件开发功能点的具体实现效果等内容。

5.5.1 设计准备及设计范围

为了更加深入地了解设计需求，总承包商一方面需要实地调研客户的实际需求，另一方面要参考智慧物流园区信息化 EPC 项目前期策划、决策阶段的相关资料，对前期的项目建议书、可行性研究报告到招标过程中的合同、中标通知书、招标函及投标函、专用合同条款、通用合同条款、技术标准和要求、图纸及工程量清单等资料全部掌握并形成整体设计思路，根据设计思路形成设计范围。

物流园区智慧化建设设计任务一般包括智慧物流业务系统、智慧园区智能化系统和智慧运营指挥中心。其中，智慧物流业务系统包括停车管理系统、称重管理系统、物流调度管理系统、数据交换中心管理系统、仓储管理系统、物流园区管理平台；智慧园区智能化系统包括综合布线系统、计算机网络设备系统、安防监控系统、巡更、报警系统、信息发布系统、多媒体会议系统、无线对讲系统、电梯五方对讲系统、机房系统（包括精密空调、UPS 等设备）、综合管路系统、能源管理系统；智慧运营指挥中心包括音视频及相关配套设施、运营指挥软件开发、指挥中心结构改造及装饰装修。

本小节以某智慧物流园区为例，详细列出了设计范围的主要内容。

1. 智慧物流业务系统

智慧物流业务系统主要包含 6 个部分：停车管理系统、称重管理系统、物流调度管理系统、数据交换中心管理系统、仓储管理系统、物流园区管理平台。

（1）停车管理系统

为加强园区对进出车辆的管控，同时提高停车收费智能化水平，停车管理系统在园区一期东出入口设置两进两出道闸，在园区北出入口设置两进两出道闸，园区南出入口设置一进一出道闸，在园区办公楼地下车库两处出入口各设置一个一进一出道闸。

① 对园区各出入口道闸要求

a. 5 进 5 出共 10 个出入口均需配置高速道闸以及配套工作岗亭。

b. 支持车牌自动识别，并配置雷达车辆检测设备（路面已经施工完毕，不考虑再次开挖路面），能够识别国内的民用、武警、军车、警车等常见车牌类型。

c. 支持车型自动识别，可输出车辆大图、车牌彩色小图、车牌号码等数据信息。

d. 配置车牌识别 LED 显示屏，并提供语音播报功能，显示内容包含但不限于：车牌、收费信息、有效期等。

e. 岗亭内需配置工作站电脑、播报音响、机柜及防雷机柜用电源分配插座（Power Distribution Unit，PDU）。

f. 添置其他辅助配件，包含但不限于：摄像机防护罩、补光灯、专用电源等。

② 对园区（办公楼）地下停车场或地下车库出入口道闸要求

a. 一进一出口均需配置高速道闸。

b. 支持车牌自动识别，并配置雷达车辆检测设备（路面已经施工完毕，不考虑再次开挖路面），能够识别国内的民用、武警、军车、警车等常见车牌类型。

c. 具备车牌识别 LED 显示屏，并提供语音播报功能，显示内容包含但不限于：车牌、收费信息、有效期等。

d. 配置工作站电脑、播报音响、机柜及防雷 PDU。

e. 添置其他辅助配件，包含但不限于：摄像机防护罩、补光灯、专用电源等。

③ 停车管理系统软件功能要求

a. 支持对系统中所有服务器、终端设备进行统一配置、管理、升级、状态监控。

b. 支持车辆信息批量导入。

c. 支持统计场内车位使用情况。

d. 支持报表查询、导出等。

e. 支持脱机脱网运行。

f. 支持分区域控制管理、支持分时间段控制管理、支持节假日控制管理。

g. 支持移动支付。

h. 支持无人值守自助缴费通行管理。

i. 支持园区违停、违章管理。

另外，本系统还要求提供设计平面图、系统设计图等。

（2）称重管理系统

为方便查验园区车辆载重，园区一期停车场区域应设置一台汽车衡（地磅），地磅需具备无人值守自助称重及扫码缴费功能，可以自主定义称重收费模式，同时可对称重过程进行监控以及录像留痕。

① 对地磅秤体及相关配件要求

a. 地磅最大称量、称重精度、台面尺寸、配套仪表等。

b. 配置传感器。

c. 地磅需配置工控机、显示器。

d. 配置其他辅助配件，包含但不限于接线盒、各种磅体预埋件。

② 无人值守称重配套设施要求

a. 为称重区域配置录像留痕功能，最低要求配置一台硬盘录像机、硬盘存储及 LED 显示屏，画质要求不低于 720P。

b. 地磅支持车辆双向进出称重，双向均设置车牌识别仪、监控摄像机、LED 大屏、高速道闸及防砸雷达，用于支撑无人值守称重功能，其中，LED 大屏可显示内容也要做具体要求。

c. 地磅四角均需配置防作弊红外光栅。

d. 配置其他的辅助配件，包含但不限于智能控制柜、补光灯、交换机、摄像机支架、CCTV 配电箱等。

③ 无人值守称重管理软件功能要求

a. 可自动或手动控制道闸设备。

b. 可对接车牌识别仪。

c. 可对接红外光栅，实现防作弊功能。

d. 支持扫码缴费。

e. 支持自定义收费规则。

另外，本系统要求提供设计平面图、系统设计图等。

（3）物流调度管理系统

建设园区智能物流调度管理系统，在园区各个路口设置引导屏幕，提示车辆行驶方向，同时建设数字化月台管理，通过识别车牌，控制月台空闲占用。

① 物流调度设备要求

a. 根据园区平面图和仓库（不含分拣中心）设置情况，为车辆进入园区作业进行指引，各路口配置车位引导摄像一体机及车位引导大屏，对大屏分辨率等级和尺寸做要求。

b. 每个月台均需设置车牌识别一体摄像机、LED 作业状态提醒屏，要对大屏分辨率等级和尺寸做要求。

c. 配置其他的辅助配件，包含但不限于：专用电源、补光灯、防护罩、云台、控制器、信号传输设备、立杆、补光灯、支架等。

② 物流调度软件系统主要功能要求

a. 对接引导摄像机、引导大屏，实现车辆路线引导。

b. 对接月台识别设备、作业提醒大屏，实现月台智能调度及车位监控。

另外，本系统要求提供设计平面图、系统设计图等。

（4）数据交换中心管理系统

数据交换中心可用于集成停车管理系统、称重管理系统、物流调度管理系统，同时对接国家交通运输物流公共信息平台，实现园区数据互联互通，为后期园区招商及运营提供支撑。

① 硬件设备要求

a. 配置并合理规划停车管理系统、称重管理系统、物流调度系统及数据交换中心系统的应用及数据库服务器，根据需要合理配置服务器数量。

b. 服务器性能达到设定标准。

② 数据交换中心软件功能要求

a. 具有组织机构、角色、用户等系统维护管理功能。

b. 物流信息对接国家交通运输物流公共信息平台。

c. 集成园区内的停车、称重、调度等平台信息。

d. 可对月台、站点、客户、路线等予以管理。

e. 具备预约管理、查询统计、支付管理等功能。

f. 具备App端，可进行在线充值、停车缴费、个人信息设置、车辆管理等操作。

另外，本系统要求提供软件架构图、拓扑图等。

（5）仓储管理系统

通过实施仓储管理系统建设，形成入库管理、出库管理、库存管理、安全监控等仓储管理领域的信息化、智慧化运作，实现仓储管理运作一体化、业务自动化、管理精细化。具体表现为以下几个方面。

① 运作一体化要求

实现仓储环节与上下游环节的信息贯通，提升物流运作一体化水平。

② 业务自动化要求

实现仓储各个作业环节、流程数据采集、传递、存储等的自动化，提升仓储作业质量和效率。

③ 管理精细化要求

实现仓储管理所需信息的可视化和提升信息的可得性、及时性，提升仓储精细化管理能力。

（6）物流园区管理平台

① 基础管理要求

建设智慧物流园区综合分析平台、一卡通、能耗监测、智能照明、智能楼宇、停车场管理等系统，全面支撑园区高效、节约、可持续发展，打造管理精细化、服务便捷化、运行可视化、产业智慧化的新型智慧物流园区。

② 应急管理要求

通过建设智慧应急平台，打造统一协作的标准化紧急应对方案，提高对事件的预知能力、预警和预报能力以及协同工作能力，为园区应急决策提供丰富的数据和方案，支撑园区对突发事件进行快速处理，搭建智能预警、内部联动、外部协同的全过程智慧应急处置体系。

③ 消防管理要求

通过消防管理系统实现对园区内企业的消防安全监控、实时预警和紧急告警。当灾害发生时，系统能够智能化地启动救援设施并与其他救援部门报警联动，降低灾害的发生率，减少灾害带来的人员伤亡和物质损失，创造安全、智能的生产经营环境，建设智能安全、精准高效的智慧消防管理模式。

④ 园区交通管理要求

通过建设智能交通管控平台和交通信息服务平台，利用高清监控、电子围栏、诱导信息屏等新技术手段，全面提升园区交通管理能力和公共交通服务能力，形成有序、安全、畅通、经济、环保的城市道路交通网络体系。

⑤ 园区安防管理要求

通过建设视频监控、特征采集、电子卡口、电子围栏等信息化安全防护系统，构建全面的智慧安全防护体系，切实提高园区在防范、打击违法犯罪和应对处置突发公共事件等方面的能力。

2. 智慧园区智能化系统

（1）综合布线系统

综合布线系统是智能化、信息化通信的基础传输平台，提供高性能的信息、语音、视频、监控等通信平台，支持并兼容数据、语音、图文图像、监控图像等多媒体系统等应用，既满足当前业务处理需要，又满足今后通信及网络发展的需求，系统具有开放性、灵活性、可扩展性、实用性、安全可靠性和经济性等特点。

在本项目中，综合布线包括语音传输和数据网络传输两个部分的内容，均具备高速大容量的信息通信传输能力，可满足现在和未来的应用。

综合布线系统要求干线采用万兆单模光纤，水平传输线采用 6 类非屏蔽双绞线，设计带宽满足主流应用的需求。

综合布线系统需采用星型拓扑结构，分为工作区子系统、水平子系统、主干子系统、管理子系统、设备间子系统、建筑群子系统。

本项目的综合布线系统需要包含 4 套网络，分别为电话通信网、运营管理网（内网）、企业服务网（外网）以及视频监控网，4 套网络要实现逻辑隔离。

（2）计算机网络设备系统

计算机网络是整个园区的基础，计算机网络设备系统是指在园区结构化综合布线物理基础上，采用先进的网络技术，组建达到办公要求的数据传送平台。

计算机网络设备系统主要包括以下几个方面的要求。

① 为园区及各楼栋内智慧子系统提供一个视频、数据传输平台。

② 为园区提供多家运营商的网络接入，为内部的工作人员提供获取资源与对外宣传的途径。

③ 为园区构建一套内部互联的局域网，满足产业园内大量的交互式通信。

④ 为园区提供园区范围内的无线全覆盖，提供语音、数据、图像等综合多媒体的通信业务。

⑤ 实现园区运营商（电信、移动、联通）的路由覆盖，满足园区用户自由选择需求。

（3）安防监控系统

为保证园区公共设施、财产及园区工作人员的人身安全，园区需建设一套数字视频监控系统，监控中心将设在配载中心一层消控室。监控中心要求配置液晶拼接屏，监控系统采用存储服务器及综合平台管理解码上墙，要求视频存储时间不少于 30 天（存储需使用氦气硬盘）。视频安防监控系统摄像头布置要做到园区全覆盖、无盲区。各类摄像机要做到园区主次出入口、园区主干道路、各建筑出入口、走廊、各档口及园区围墙周边全覆盖无死角，且各档口租用者都能查询本档口的视频监控。此系统要求所有摄像机设计采用像素不低于 400 万的星光级网络高清红外摄像机，传输采用 6 类双绞线或单模光缆。

本系统需要采用三层架构，即现场接入层、视频传输层及中心控制层。

（4）巡更、报警系统

巡更管理系统是安防系统中不可缺少的部分，此系统采用人防来有机地补充技术安全防范。该系统在所有公共通道分布电子巡更点，可设定保安人员巡更的路线及地点、巡更的次数等；可以检测保安人员（巡更员）是否按时间、线路、次数巡更；可有效加强对保安人员的规范管理，减少失职行为发生。

（5）信息发布系统

信息发布系统旨在通过播放图片、视频等信息为园区提供更为个性化、人性化的服务。信息发布系统拥有强大的功能，稳定的性能，灵活的扩展性，能够满足园区管理需要，支持在不同的地点展示不同的信息，有效提升园区的信息化水平，在极大地提升园区形象和档次的同时，提高工作效率。

（6）多媒体会议系统

为了增强对会场的声音处理的灵活性、提高音质，园区会议室采用数字音频处理设备。数字音频处理器应具有自动调音、反馈、均衡、压限、延迟以及回音等多种功能，通过控制软件、RS-232接口或者其他兼容的遥控设备可以对其进行控制。

音箱摆放的位置应使会场内声场均匀，即保证会议中发言人的声音在会场内均匀地分布，所有参会人员均能清楚听见发言人的声音，不得出现声音大小不一的情况，不得出现回声。

（7）无线对讲系统

无线对讲系统主要是指工作人员通过手持对讲机在园区内进行通信，以保证工作人员之间可以协调配合，便于管理部门、保安、维护及操作等人员的日常工作。在紧急情况或意外事件出现时，该系统可以及时对所有相关工作人员进行统一的调度和指挥。

无线对讲系统要求具有机动灵活、操作简便、语音传递快捷、使用经济的特点，在建筑物内的地上及地下部分实现快速、灵活机动、无盲区的通信。

（8）电梯五方对讲系统

电梯五方对讲系统的管理主机设于监控中心，可使监控中心与电梯机房、电梯轿厢、电梯井底及监管部门进行五方对讲，实现呼叫的管理控制，从而及时应对紧急事件。

（9）机房系统

机房系统即计算机中心，作为整个办公区网络交换、应用服务、数据存储的中心，具有重要的地位。除必须满足各种设备对温度、湿度和空气洁净度、供电、接地、防雷、静电、承重等各项技术要求之外，还必须满足工作人员对照度、空气新鲜度、消防、防御自然灾害（雷电、水害、虫害）等的要求。数据中心机房系统需严格按照相关标准和规范进行设计建设。具体要求如下所述。

① 机房功能完整，达到专业规范、技术先进、经济合理、安全适用、质量优良、管理方便等要求。

② 机房装修整体效果要好，机房工程专用设备及装修材料选择应符合经济、实用、环保原则。

③ 机房环境要求包括以下几个方面。

a. 温度：开机时的温度为（23±2）℃（夏季）、（20±2）℃（冬季）；温度变化率要小于 5℃/h，空气中不得有凝露。

b. 湿度：开机时的相对湿度要达到 45% ～ 65%。

c. 洁净度：对机房内的空气含尘浓度在表态条件下测试，每升空气中大于或等于 0.5μm 的尘埃粒数应少于 18000 粒。

d. 电磁场干扰：机房内无线电干扰场强在频率范围为 0.15MHz ～ 1000MHz 时不大于 126db；机房内磁场干扰场强不大于 800A/m。

e. 供配电环境：工作频率应在 49.8Hz ～ 50.2Hz，电压为 380V/220V，变化在 5% 以内，相数为三相五线，波形失真率小于 5%。零地电压小于等于 1V。

f. 机房接地：接地电阻 R 不大于 1Ω。

g. 静电电位：机房内绝缘体的静电电位不应大于 1kV。

h. 静电泄漏电阻：主机房地面及工作台面的静电泄漏电阻应符合现行国家标准《计算机机房用活动地板技术条件》的规定。

i. 照度：机房区照度≥ 500Lx；辅助房间照度≥ 300Lx；应急照明照度≥ 50Lx。

j. 其他：机房环境应达到防火、防尘、防水、防潮以及抗静电、防鼠、防虫等要求。

（10）综合管路系统

综合管路系统的设计包括弱电桥架的安装、预埋管的敷设以及与综合管路系统相关的预留孔洞等。

① 智能化桥架

综合管路系统使用桥架配线主要是为了降低施工难度、便于检修和提供后期系统扩展。桥架的敷设并不需要预留预埋件，桥架用角钢支架支撑，角钢支架通过膨胀螺栓固定在楼板下方。

所有桥架应该是静电喷塑钢制桥架，具体规格参照各系统需求，桥架需采用厚度不低于 1mm 的厚冷轧钢板制作。

② 室内外管道预埋

弱电综合管路系统是所有智能化弱电系统的基础，管路本身的质量及施工的质量将直接影响到各个智能化弱电系统能否正常有效地运行。在设计过程中，应预埋符合国家标准的敷设管路 KBG 管。在室外应采用 PE 管，在通过道路及进楼处应采用 SC 管。

管道预埋设计还要求室外所有管道埋地不低于地面 70cm，距离路牙不低于 150cm，距离建筑物不低于 250cm。

所有弱电管道要求与强电管道水平距离不小于 150cm，垂直距离不小于 50cm，尽量避免交叉敷设。

③ 本系统还要求提供设计平面图、施工大样图。

（11）能源管理系统

能源管理系统应实现多维度统计、分析、监测的功能，在实现建筑智能化的同时使建筑拥有自学习及自适应的能力，以应对运营维护、环境变化等带来的建筑能耗及建筑环境的改变。

在能量管理系统的设计中需要遵循以下几项原则。

① 集成性

通过合理的总线方式实现计量仪表数据采集的集成，达成采集数据最准确、系统最可靠、投入最经济的目标。

② 功能性

实现针对性的分户计量、分时段计量、自动抄表、多种报表打印、设备维护管理自动计算、在线监测、故障报警、能耗分析等功能。

③ 可靠性

能源管理系统的可靠性是第一位的，无论是系统结构、产品性能、设备的选型还是具体的实施方案上，都应该充分考虑系统的稳定性和可靠性，在系统设计、设备选型、调试、安装等环节严格执行国家、行业的有关标准，并且对硬件设备安装、操作系统应用、网络连接、数据库设计尽可能地配备完善的故障检测、诊断及处理策略，确保系统正常、稳定、可靠、连续地运行。

④ 实用性

能源管理系统应具有高度友好的界面和实用性，提供清晰、简洁、友好的中文操作界面，操控简便灵活，易学易用，便于管理和维护，能自动纠错和恢复系统。整个系统应操作简单、快捷、环节少，以保证不同文化层次的操作者能熟练操作系统。

⑤ 经济性

能源管理系统设计应采用符合国际标准、国家标准或工业标准的产品，使系统具有良好的兼容性，有利于设备选型及联网集成，便于施工、维护和降低成本。

本系统要求实现对园区内不同建筑区域的能耗监测，通过对建筑安装能量计量装置，及时采集分析能耗数据再进行远程传输，实现对建筑能耗的动态监测，并对能耗进行统计、汇总分析以及费用核算。

在能源管理系统的管理层，可以通过能源计量系统软件对所有用电设备的能源消耗数据进行分类统计分析。

5.5.2 方案设计——以某智慧物流园区停车称重管理系统为例

根据物流园区的业务性质，通常情况下，停车系统和称重系统是物流园区必备的建设内容，本节以智慧物流园区停车称重管理系统为案例介绍信息化 EPC 项目初步设计阶段的具体内容。

停车称重管理系统是为园区进出车辆（含载重货车）提供智能化、信息化管控和自动化称重服务的软硬件集成系统，主要由硬件系统集成和软件系统应用两个部分构成。其中，按设计任务书要求，该系统要实现对进出园区车辆的车牌、车型的识别管控收费，对进出园区地下车库的车辆实现车牌的自动识别缴费，对载重货车实现无人值守称重、自助缴费等功能。同时，智慧物流园区的信息化 EPC 项目中应当完成的工作不仅包括车牌识别、车型识别、称重设备以及系统建设本身，还应包括配置岗亭、岗亭内配置工作站电脑、音箱等相关硬件系统集成。与此同时，停车管理系统软件和无人称重系统软件作为实际的用户交互应用系统也是不可缺少的，在设计开发中应遵循简洁、友好、实用、灵敏快速、稳定的原则。

停车称重管理系统方案设计主要内容包括总体设计需求、系统流程设计、系统设备组成及功能、系统集成拓扑图。

1. 总体设计需求

- 入口设备：车型识别设备、车牌识别一体机、道闸、入口 LED 显示屏。
- 出口设备：车牌识别一体机、道闸、出口 LED 显示屏。
- 岗亭：收费管理电脑、千兆交换机、停车场管理软件等。
- 管理中心：中心服务器、千兆交换机、停车场管理软件。
- 称重设备：地磅基础、地磅、工控机软硬件。

2. 系统流程设计

（1）入场流程设计

车辆行驶到园区入口，车牌识别一体机进行车牌识别并控制道闸开启。

车辆经过车型识别设备的识别区域。车型识别设备对车辆进行信息提取，包括车牌号码、车头特征、车身颜色、轴数、轮胎数、轴距、底盘特征、车尾特征、车辆全景图等。

将车辆信息传至服务中心，检索数据库得出车辆类别。

将车牌识别一体机和车型识别设备的数据整合保存在数据库中。

（2）系统出场流程设计

车辆行驶到停车场出口，到达车牌识别摄像机的识别区域。

自动抓拍入场车辆的图像并自动识别车牌号，调取入口信息，调出相关信息，自动判断车辆性质，将该车辆的入场信息显示在岗亭计算机屏幕上。

停车场出口 LED 显示屏实时显示车辆入场时间、收费金额等信息。

对车辆进行收费，打印收费票据后由停车场管理人员控制道闸抬杆放行。

（3）车辆称重流程设计

车辆称重总体流程主要由车辆上磅、车牌识别、自动计量、计量比对、资料留存、称重计费等环节组成。车辆称重管理系统设计流程如图 5-9 所示。

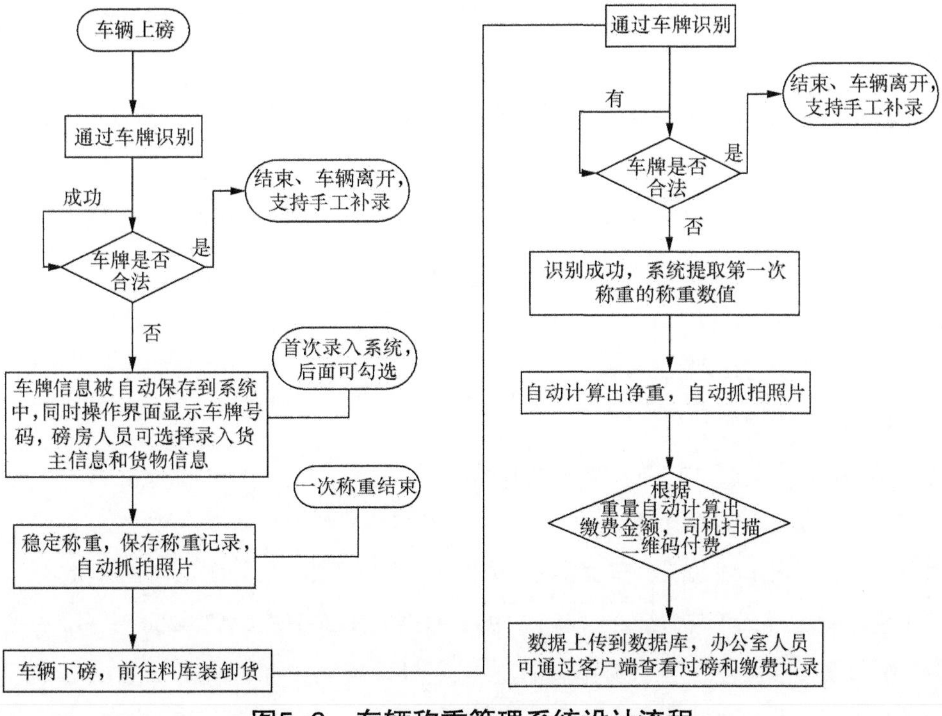

图5-9　车辆称重管理系统设计流程

3. 系统设备组成及功能

停车管理系统组成及功能如下所述。

（1）车型识别一体机

①车牌识别：自动对出现在摄像机范围内的车牌进行跟踪，并识别出车牌号码等信息，支持识别国内民用车、武警车、军车、警车等车牌。车牌识别设备外观如图 5-10 所示。

图5-10　车牌识别设备外观

②车型识别：精确区分轿车、多用途汽车 MPV、小面包车、客车 1 ～ 4 类、货车 1 ～ 5 类。

③车辆自动分离功能：利用精准的多元视频分析技术替代原有的传统线圈、光栅等技术，实现车辆精准自动分离，分离准确率高达 99.5% 以上。

④车道车辆全景监控功能：车型识别设备由前侧后三组摄像头组成，能提供车辆通过车道全景全息过程。

⑤智能补光控制功能：由于昼夜环境的光照相差很大，不同应用地域光照环境不同，系统可对曝光参数和补光灯进行自动调整，以适应不同的光照环境。

（2）车牌识别一体机

①车牌识别：自动对出现在摄像机范围内的车牌进行跟踪，并识别出车牌号码等信息。

②控制模块：控制道闸开启。

③黑白名单：脱机状态下针对月租车辆脱机控制。

④实时监控：可查看车道所有时间的视频，晚上同样清晰可见。

⑤输出信息：一张车辆大图、车牌彩色小图、车牌二值图、车牌颜色、车牌号码等。

⑥可识别车牌种类：可识别符合“GA36-1992”“GA36.1-2001”“GA36-2007”标准的民用车牌、“2012 式”军车牌和“2012 式”武警车牌的汉字、字母、数字、颜色等。

⑦车辆捕获率：大于等于 99%。

⑧号牌识别率：大于等于 98%。

（3）LED 显示屏

①车辆信息：车辆号码、车辆类型、车辆长度、广告等信息。

②收费金额：车辆号码、车辆类型停车时长、金额。

③场内车位信息：包括场内车位状态。

（4）自动道闸

出入口高速自动道闸机。

（5）系统管理平台

系统管理平台分为前端收费平台模块、后端服务器模块以及线上云服务和手机移动应用模块等功能（在园区已有 App 应用和微信公众号的情况下，进行对接改造并提供外围接口服务）。

① 前端收费模块

具备传统停车收费管理系统的所有功能：支持临时、月租、季租、年租、长期、内部、特种车等各种用户类型收费模式，按时、按次、接时间段、24 小时循环等各种计费手段相结合。

具备按物流园区车辆类型自动收费的功能：根据车轴数、车长、车高、车牌等条件，制订收费方式及收费类别，实现自助收费功能。

具备适用各种类型物流园区的减免费用方式：采用带消费类停车按规则减免费用，未有效消费类停车收费加倍等管理手段。

支持脱机脱网运行，支持对园区车辆进行违停、违章管理等。

② 后端服务器模块

具备统一查询、授权、核对、存储功能，支持对所有服务器、终端设备的统一管理功能。

③ 线上云服务和手机移动应用模块

在园区已有 App 应用和微信公众号的情况下，进行对接改造并提供外围接口服务，停车管理系统具备手机移动支付功能，车主可以通过电子支付手段，快速支付停车费用。移动支付功能可扩展到云服务模式，接入后期物流园区的综合管理平台，实现完全的信息化管理。

（6）称重管理系统工控机管理端功能

①称重管理系统的工控机管理端：其设计功能包括按时间段、企业、货种查询并统计分析

各企业、各货种计划完成情况的百分比；按时间段、企业、货种查询并统计分析各企业、各货种的净重、金额，有针对性地汇总数据。

②系统统一管控：包括统一权限管控、基础数据管理、设备参数设置、数据修改日志。

③实现对数据的存储、分析、交换和共享管理。

④内部接口管理：包括内部硬件接口管理和内部软件接口管理，实现内部硬件接口与硬件设备的数据对接；实现内部软件接口平台内部各系统之间的数据接口对接。

⑤外部接口管理：实现外部接口与车辆管理系统的数据对接。

⑥无人值守称重功能：通过集成的磅体、光栅、高速道闸、车牌识别一体机等设备，实现车辆自助进入、自助称重功能。

⑦自助缴费 / 人工收费功能：系统可实现自助缴费功能，缴费完成后，通过对接道闸及车牌识别设备自助实现车辆放行，同时支持人工收费模式。

4. 系统集成拓扑图

停车管理系统集成拓扑如图 5-11 所示。

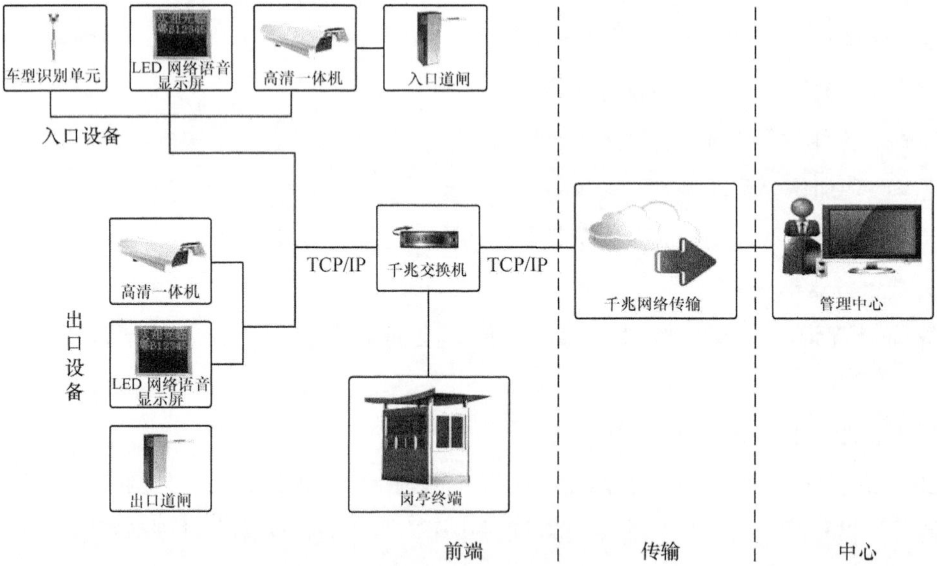

图5-11 停车管理系统集成拓扑

称重管理系统集成拓扑如图 5-12 所示。

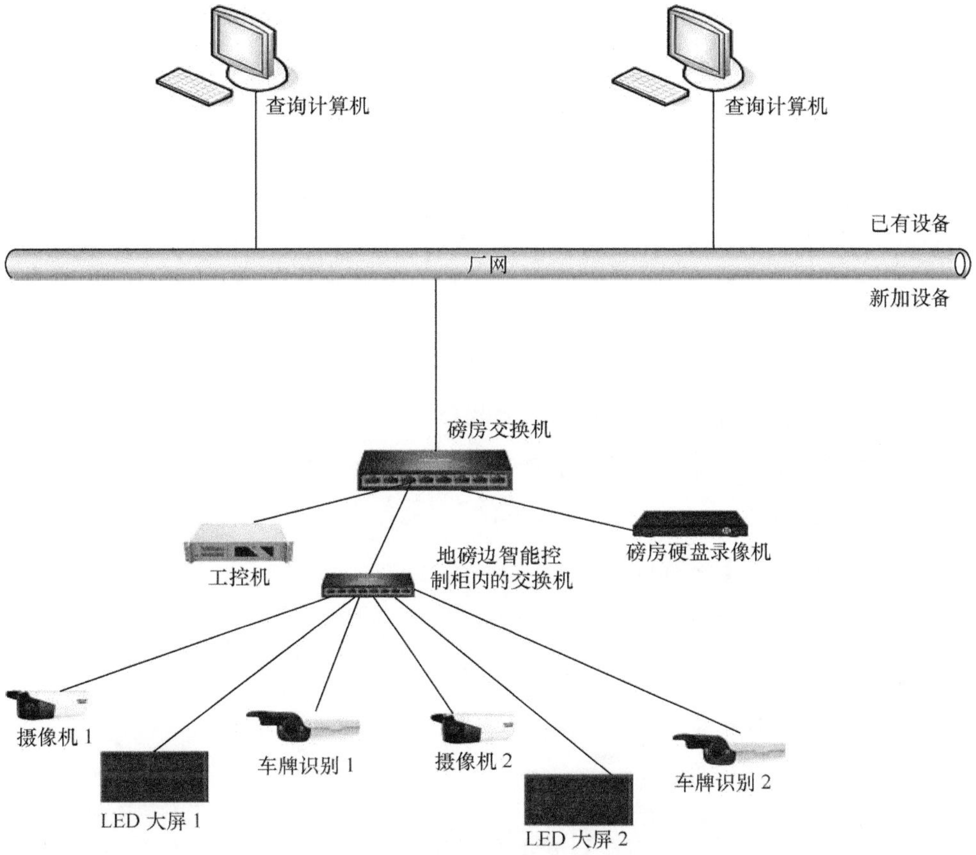

图5–12　称重管理系统集成拓扑

5.5.3　初步设计 / 施工图设计

对于信息化 EPC 项目而言，初步设计与施工图设计由总承包商完成，为保证工程进度和工程质量目标，在方案设计阶段确定建设目标、功能和系统架构后，可将初步设计与施工图设计环节的工作内容合并完成，最终效果需要达到指导施工要求的深度。需要完成的主要内容包括必要的设计施工说明、施工设计图、施工图主要设备或材料表、合同要求的工程预算书，本小节以某智慧物流园区停车称重管理系统为例进行施工图设计的实践介绍。

1. 必要的设计说明

（1）工程概况

停车称重管理系统对园区进出的车辆提供智能化、信息化管控，对载重货车提供自动化的称重服务。该系统主要由硬件系统集成和软件系统应用两个部分构成，以实现对园区及地下车库的车辆提供自动识别缴费、货车无人值守称重、自助缴费等服务的功能。

（2）设计依据

- 《停车库（场）安全管理系统技术要求》（GA/T 761—2008）
- 《民用建筑电气设计标准》（GB 51348—2019）
- 《安全防范工程程序与要求》（GA/T 75—94）
- 《安全防范工程技术规范》（GB 50348—2004）
- 《安全防范系统雷电浪涌防护技术要求》（GA/T 670—2006）
- 《安全防范系统验收规则》（GA 308—2001）
- 《安全防范系统通用图形符号》（GA/T 74—2017）
- 《低压配电装置及线路设计规范》（GBJ 54—83）
- 《工业电视系统工程设计规范》（GBJ 115—87）
- 《民用闭路监视电视系统工程技术规范》（GB 50198—94）
- 《工业企业通信设计规范》（GBJ 42—81）
- 《汽车号牌视频自动识别系统》（JT/T 604—2011）
- 《机动车号牌图像自动识别技术规范》（GA/T 833—2009）
- 《信息交换用汉字编码字符集　基本集》（GB 2312—80）
- 《公路车辆智能监测记录系统通用技术条件》（GA/T 497—2009）
- 《机动车号牌图像自动识别技术规范》（GA/T 833—2009）
- 《报警图像信号有线传输装置》（GB/T 16677—1996）
- 《建筑物电子信息系统防雷技术规范》（GB 50343—2004）
- 《交通电视监视系统工程验收规范》（GA/T 514—2004）
- 《电气装置安装工程施工及验收规范》（GB 50254—96）

（3）设计原则

为使本系统达到经济实用、安全可靠、质量优良的要求，并且实现全天候不间断式运行，设计中应遵循以下原则。

① 实用性原则

项目采用技术应该具有很强的实用性，系统建设应该始终贯彻面向应用、注重实效的方针。

② 先进性原则

在采用先进成熟的方法和技术时，应该充分考虑社会可行性、法律可行性、管理可行性、技术可行性。既要注意概念、技术和方法的先进性，又要注意其成熟性，使项目既能反映先进的技术水平，又具有一定的发展潜力。

③ 开放性和标准性

注意遵循相关的技术标准和行业标准，并采用合理的系统架构，不采用垄断技术，保证系统的开放性和标准性。

④ 可靠性和稳定性

从系统结构、技术措施、设备性能、系统管理、厂商技术支持及维护能力等方面着手，确保系统运行的可靠性和稳定性，达到设计的最大平均无故障时间。

⑤ 安全性和保密性

在考虑信息资源充分共享的同时，注意对信息的保护和隔离，采用系统安全机制、数据存取的权限控制等方案解决系统安全性问题。

⑥ 可持续性

系统采用合理的、有弹性的架构，并预留一定的接口，保证其能不断地完善和扩展。

⑦ 扩展性和易维护性

采用先进的软件工程理论、良好的系统设计以及分层和代理的方法等，保证系统层次清晰、模块合理、接口协议开放，保证系统的扩展性和易维护性。

（4）停车管理系统

园区停车管理系统包括在东出入口设置两进两出道闸，在园区北出入口设置双进大车道道闸及双进小车道道闸，在园区南出入口设置双出大小车道道闸及双出小车道道闸，在园区办公楼地下车库两处设置一条双入一条双出道闸，在园区外围车场设置 4 套双向进出小车道闸。

① 系统安装设计

系统安装设计示意如图 5-13 所示。

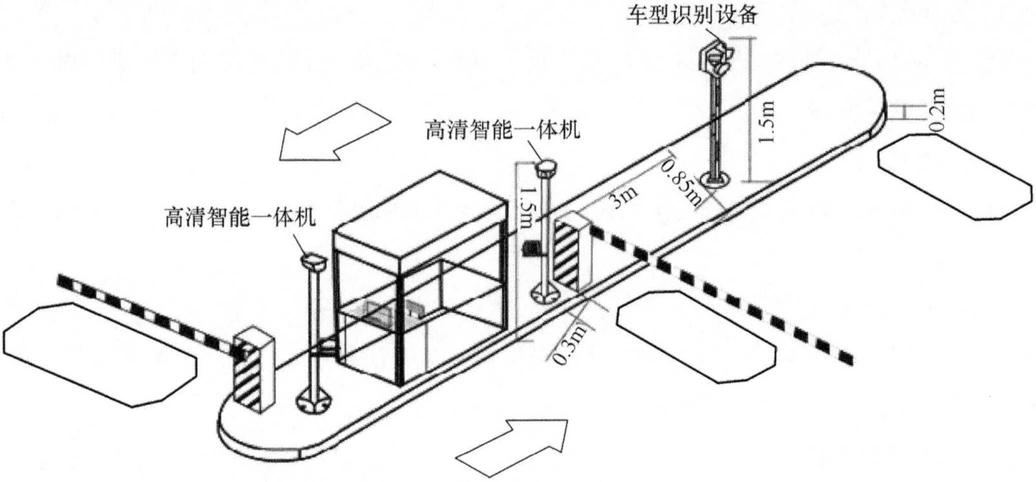

图5-13　系统安装设计示意

a. 车型识别设备到道闸的距离约为 3m。

b. 车型识别设备立柱底部中心距离收费岛边缘为 0.8m，安装岛高为 0.3m。

c. 车型识别设备的车头、车尾相机聚焦点在对应车道中间，距离车型识别设备为 4.5m。

② 施工布线设计

a. 双绞线在走廊和室内的走线应在电缆槽内，应平行直走线。

b. 工作站到设备的双绞线最长距离为 70m，超过 70m 的可用双绞线联结器将线联结加长。

c. 双绞线在机房内走线要捆成线扎，走线要有一定的规则，不可乱放。

d. 双绞线两端要标明编号，便于了解结点与设备接口的对应关系。

e. 双绞线应牢靠地插入设备和工作站的网卡中。

f. 结点不用时，不必拔下双绞线，它不影响其他结点工作。

g. 双绞线安装在室外的部分应加装套管。

（5）称重管理系统

为方便园区车辆称重，停车场区域应设置一台汽车衡（地磅）。设计中也应考虑这一因素，方便园区业务车辆与临时车辆共享使用。

① 地磅性能指标

地磅性能指标见表 5-8。

表5-8　地磅性能指标

技术参数	指标	备注
制造品牌	南京联衡	
台面尺寸	3m×21m（模块化设计）	3 节称台（3m×5m×2 节，3m×6m×1 节）
最大称量	120t	
最小称量	400kg	20 倍分度值
分度值	20kg	
分度数	3000	
称体面板	面板厚度为 12mm，正交各向异性闭口肋、无盖板防尘设计，表面无任何螺栓，钢材在下料前进行抛丸除锈预处理，消除焊接应力	
称体结构	采用 U 型钢设计，7 道 U 型钢，主梁高度 360mm，端头板为 S25 的中板，秤体连接板为 S30 的中板	秤台内腔全封闭，不易生锈，使抗扭、抗弯、抗压能力更强
称体安全系数	优于 1/1200，＞2.5	
安全过载系数	≥125%	
传感器容量	40t，10 只 / 台秤	10只 / 台秤
传感器防护等级	IP68	
准确度等级	OIML 3 /JJG 555-96	
允许轴载	≥50t	
最大传输距离	1000m	
读数锁定时间	＜5s	
油漆	漆膜厚度不小于 140μm，同种油漆颜色不超过一个色差	预处理后喷涂一层环氧富锌底漆，在整机检定完毕后再涂覆一层环氧富锌底漆和两层聚氨酯防腐面漆，它具有阴极保护作用，物理性能极佳，附着力强，耐冲击、耐磨
数据接口	留有第三方数据接口	主要与数据交换中心完成对接，包括称重数据集成，为后期大数据分析奠定基础

② 地磅组成构件

地磅组成构件如图 5-14 所示。

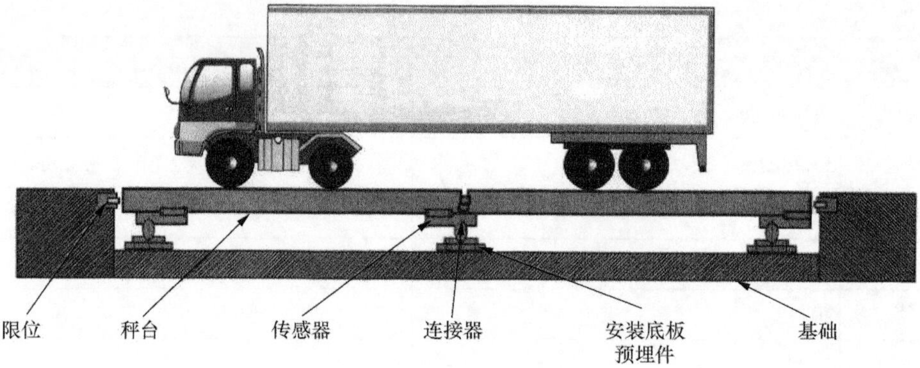

图5-14　地磅组成构件示意

③ 传感器埋件设计

传感器埋件设计如图 5-15 所示。

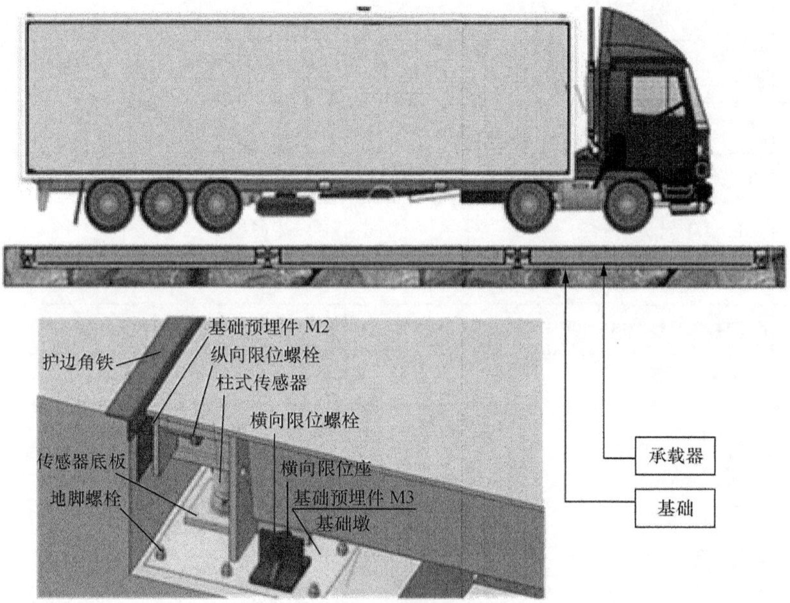

图5-15　传感器埋件示意

④ 基坑设计

地磅涉及的称重子系统基坑安装形式是浅基坑式。地磅基坑式示意如图 5-16 所示，基坑是保证地磅正常使用以及地磅品质的一个重要环节，故在基坑设计制作时，必须严格把控施工质量及精准度。

图5-16　地磅基坑式示意

⑤ 称重仪表及称重传感器

地磅应安装不低于 10 只传感器以及配套称重仪表设备。称重传感器及称重仪表设备如图 5-17 所示。

图5-17　称重传感器及称重仪表设备

2. 设计图纸

某智慧园区停车称重管理系统的施工设计图主要包括停车管理系统东门设备安装图、停车管理系统东门基础管线图、停车管理系统北门设备安装图、停车管理系统北门设备管线图、停车管理系统南门设备安装图、停车管理系统南门设备管线图、停车管理系统地下车库出入口施工图、停车管理系统南门外侧设备安装图、停车管理系统南门外侧设备管线图、停车管理系统东门外侧设备安装图、停车管理系统东门外侧设备管线图、停车管理系统出入口安全岛施工图，具体图纸实例（以出入口安全岛施工图为例）如下。出入口安全岛施工图示意如图 5-18 所示。

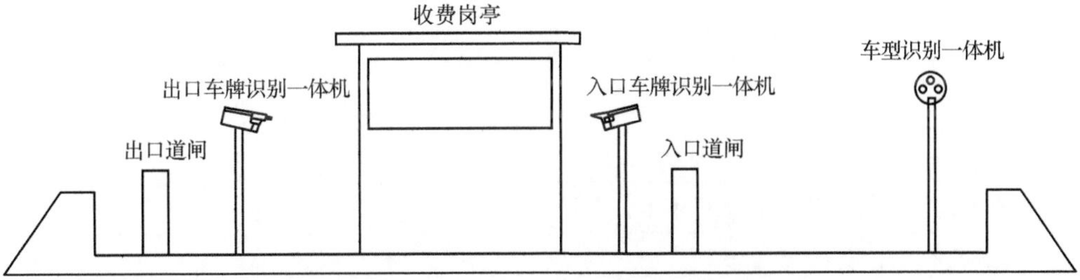

图5-18　出入口安全岛施工图示意

3. 主要设备或材料表

某智慧园区停车称重管理系统的施工设计图中，停车管理系统主要设备见表 5-9，称重管理系统主要设备见表 5-10。

（1）停车管理系统

表5-9　停车管理系统主要设备

序号	设备名称	主要参数	数量	施工品牌
1	道闸设备	长度：1m ～ 6m	×	××
2	车牌识别一体机	能够识别国内的民用车、武警车、军车、警车等常见车牌类型	×	××
3	车型识别一体机	1. 支持车型自动识别，可输出车辆大图、车牌彩色小图、车牌号码等数据信息 2. 能够识别国内的民用车、武警车、军车、警车等常见车牌类型	×	××
4	岗亭	1. 定制钢结构岗亭 2. 1.5m × 2.4m × 2.7m	×	××
5	岗亭—工作站电脑	1. i3-7100 及以上处理器，4G 内存，1T 及以上硬盘 2. 显示器 21.5 寸 3. 北门大车道一个授权一台电脑管理，地库一个授权一个电脑管理，东门两个授权两台电脑管理，南门两个授权两台电脑管理 4. 北门小车道共用大车道的一个授权一台电脑，南门小车道及外围一个授权一台电脑管理，东门外围一个授权一台电脑管理	×	××

（2）称重管理系统

表5-10　称重管理系统主要设备

序号	设备名称	主要参数	数量	施工品牌
1	汽车衡称体	1. 台面尺寸：3.4m × 21m（模块化设计） 2. 最大称量：120t 3. 最小称量：400kg	×	××
2	工控机	1. i5-2400 及以上处理器 2. 8G 内存 3. 500G 及以上硬盘	×	××
3	车牌识别仪	能够识别国内的民用车、武警车、军车、警车等常见车牌类型	×	××
4	道闸设备	长度：1m ～ 6m	×	××
5	智能控制柜	1. 输入电源：AC 220V ～ 240V 2. 可实现摄像机等设备电源供应 3. 可实现 8 ～ 32 路输入 / 14 ～ 32 路输出 4. 功能特性：视频、红外监测输入、道闸控制开关量输出机等功能集成	×	××
6	磅房	1. 标准不锈钢磅房 2. 尺寸：1.3m × 2.4m × 2.4m	×	定制

第 6 章

项目采购管理

6.1 工程项目采购概述

工程项目采购与工程项目建设全过程密切相关，为项目实施提供原材料、产品和服务是工程项目建设的物质保障，也是项目执行过程中的核心工作之一。项目采购工作的结果直接表现为选择合适的供应商参与项目实施，对项目工程类、货物类及服务类采购任务的具体落实，它决定了项目管理模式、合同条件等诸多重要问题，直接影响项目的成败。高质量、高效率的工程项目采购是促使项目投资和成本最小化、维持项目必需的质量标准、寻找或培养可靠供应商的重要保障。加强采购管理、提高采购管理水平对项目的圆满完成意义重大。

6.1.1 工程项目采购

工程项目采购是指通过各种方式从项目组织外部采集、采购项目所需资源的整个过程。这些资源既包括有形资源（建筑材料、工程设施、建筑工程所需的设备等），也包括无形资源（咨询、服务等），执行单位一般为业主、业主代表或总承包商。项目所需资源如图 6-1 所示。

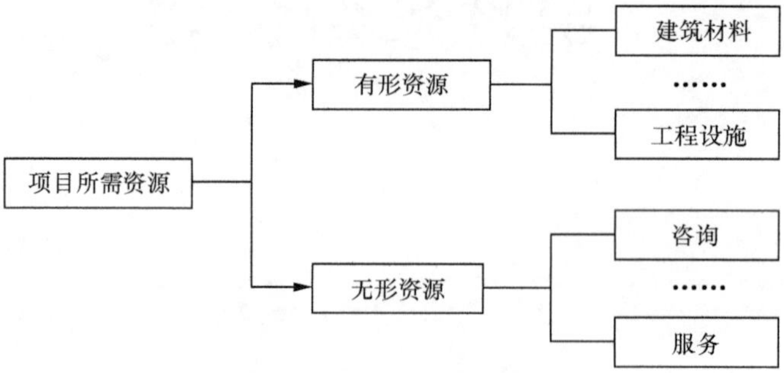

图6-1 项目所需资源

业主需要通过工程采购找到合适的总承包商，通过采购货物获得工程的建设材料和设备，通过采购服务获得工程相关的技术咨询服务。同时，总承包商也需要通过工程采购确定合适的分包商，通过采购货物获得必需的材料和设备等，也可以通过采购服务获得造价咨询等方面的服务。

6.1.2 工程项目采购方式分析

根据《中华人民共和国招标投标法》和《中华人民共和国政府采购法》规定，采购方式分为招标采购和非招标采购两种。其中，招标采购包括公开招标采购和邀请招标采购；非招标采购包括竞争性谈判、单一来源采购、询价采购等。工程项目采购方式如图 6-2 所示。

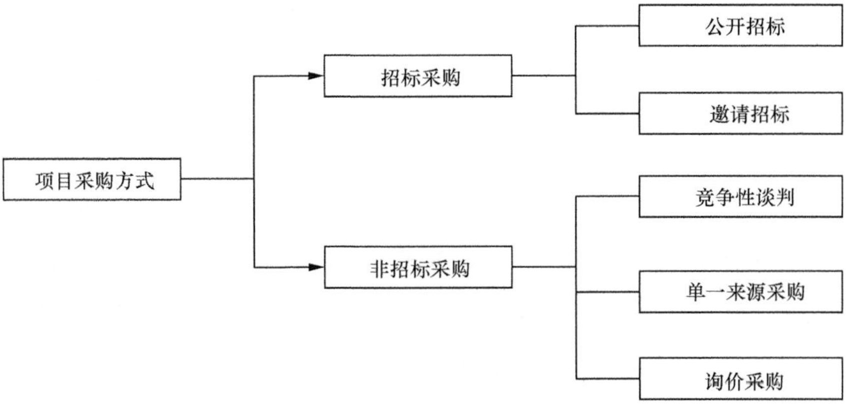

图6-2 工程项目采购方式

工程项目中采购方式的选择参照《中华人民共和国招标投标法》和《中华人民共和国政府采购法》相关规定，考虑到信息化工程项目的特殊性，还需要特别注意以下几点。

一是因信息化工程中某个单项工程所需采购的设备或软件服务等有特殊的技术要求，只能从有限范围的供应商处采购的，可以采用邀请招标的形式采购。

二是因信息化工程中某个单项工程所需采购的设备或软件服务技术复杂或性质特殊，不能确定详细规格或具体要求的，可以采用竞争性谈判的方式采购。

三是在信息化 EPC 项目中，某个单项工程的存在必须保证原有采购项目的一致性或服务配套，如果存在需要继续从原供应商处添购，且添购资金总额不超过原合同采购金额 10% 的情形，那么可以采用单一来源的方式采购。

1. 招标采购

工程项目招标采购是指采购方作为招标方，事先提出采购的条件和要求，邀请众多企业参与投标，然后由采购方按照规定的程序和标准一次性地从中择优选择交易对象，并与提出最有利条件的投标方签订协议的过程，整个过程要求公开、公正和择优。

招标采购分为公开招标采购和邀请招标采购。二者主要的区别是招标的范围不同，前者是向整个社会公开招标，后者是在选定的若干个供应商中招标。

（1）公开招标

公开招标又称竞争性招标，是指招标人通过报刊、广播或电视等公开传播媒介介绍、发布招标公告或信息，而邀请不特定的法人或其他组织投标，并在符合条件的投标人中择优选择中标人的一种无限制的竞争招标方式。

公开招标的优点在于能够在最大限度内选择投标商，这种方式的竞争性更强，择优率更高，可以在众多的投标人中选定报价合理、交货期较短、信誉良好的供应方，有助于打破垄断，实现公平竞争；同时，也可以在较大程度上避免招标活动中的贿标行为。

公开招标的缺点在于由于投标人众多，一般要设置资格预审程序，耗时较长，需要花费的成本较大，所以除招投标相关法律法规及相关制度规定的必须采取公开招标的项目之外，对于采购标的较小的项目来说，不宜采用公开招标的形式；另外，还有些专业性较强的项目，由于是有资格承接的潜在投标商较少，或者需要在较短时间内完成采购任务等，也不宜采用公开招标的形式。

（2）邀请招标

邀请招标又称有限竞争招标或选择性招标，是为了减轻招标采购的工作量和成本，只邀请比较熟悉的投标人来竞标。如果采用邀请招标采购的方式，那么邀请对象数目以 5 ～ 7 家为宜，一般不应少于 3 家。为了体现公平竞争和便于招标人选择综合能力最强的投标人，邀请招标要求在投标书内报送表明投标人资质能力的有关证明材料，作为评标时的评审内容（通常是资格后审）。

邀请招标适用于采购合同金额不大，所需特定产品的供应方数目有限，或者需要尽早交货等情况。邀请招标虽然能够邀请到有经验的和资信可靠的投标人投标，保证合同履行，但是限制了竞争范围，有可能失去在技术上和报价上都具有竞争力的投标人。

与公开招标相比，邀请招标不用刊登招标公告，招标文件也只送给几家，投标有效期大大缩短，这对采购那些价格波动较大的商品是非常有必要的，可以降低投标风险和投标价格。

总而言之，招标采购可以帮助招标人以合理的价格获得符合质量、工期要求的货物、工程和咨询服务，可以保证符合要求的投标人都有机会参与投标，能够公开办理各种手续以避免贪污、贿赂的行为。招标采购的程序规范、透明度高、公平竞争、一次成交等特点，让它成为政府采购及其他公共资源采购的主要方式。

当然，招标采购也存在一些缺点，例如，手续较为烦琐，不够机动灵活；耗费的人力、物力、财力和时间较多；投标人有可能将手续费等附加费用转移到投标报价中去；可能发生抢标、串标、围标等现象。

2. 非招标采购

达到一定金额以上的采购项目一般要求采用招标采购，但在一些情况下，例如，需要紧急采购或者采购来源单一等，招标采购并不是最经济的一种方式，此时，需要其他的采购方式。

另外，对于在招标限额以下的大量的采购活动，也需要明确采购方法。非招标采购一般包括询价采购、竞争性谈判、单一来源采购等。

（1）询价采购

询价采购适用于采购合同价值较低的标准化货物或服务，一般是购货方通过对国内外若干家（不少于 3 家）供应商的报价进行比较分析，综合评价各供应商的条件和报价，并最终选择一个供应商签订采购合同。

（2）竞争性谈判

竞争性谈判是指购货方与多个供应商进行直接谈判，并从中选择购货方满意的供应商的一种方式。这种采购方式主要用于紧急情况下的采购或特殊物品（例如，高科技产品）的采购。

（3）单一来源采购

单一来源采购是指直接与供应商签订采购合同，这是一种非竞争性的采购方式。这种方式一般适用于以下情况：增购与现有采购合同类似的货物或服务，而且合同价格也较低；所需的产品设计比较简单或属于专卖性质；在特殊情况下亟须采购货物或服务；要求从指定的供应商处采购关键性货物或服务以保证质量。

6.1.3 EPC 项目管理模式中的工程项目采购

1. 工程项目采购在 EPC 项目管理模式中的作用

工程项目采购在 EPC 项目管理模式中处于设计和施工之间，是衔接设计与项目实施的重要环节，将设计阶段放在采购工作之前考虑，不仅可以在保证各自周期合理的前提下缩短总工期，而且能够提前确定工程中要使用的全部大宗设备和材料，有助于让总承包商与分包商事先对建设成本做到心中有数。采购在 EPC 中的核心作用如图 6-3 所示。

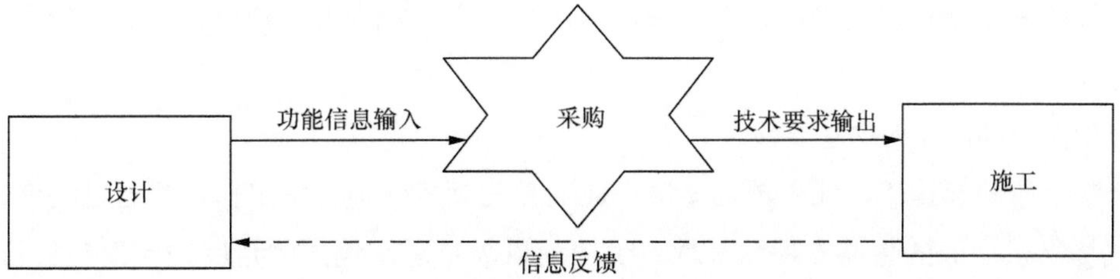

图6-3　采购在EPC中的核心作用

工程项目采购过程能否高效准确地进行，会直接影响到项目成本和项目质量的高低。如果采购过程中出现问题或者问题未能得到及时纠正（延迟至项目移交或者试运行时再返工纠正），那么采购方将会付出巨大的代价甚至产生无法挽回的损失。因此，在 EPC 项目实施的过程中，采购环节是需要特别关注的中心环节。

2. 信息化 EPC 项目采购工作特殊性分析

信息化 EPC 项目是在传统信息化工程建设形式的基础上，通过信息化 EPC 总承包的方式进行管理实施，从而实现“咨询设计、系统集成、项目管理”三者的高度统一，在优化资源配置的同时降低了业主风险。

为实现“咨询设计、系统集成、项目管理”三者高度统一的管理目标，采购在整个项目开展中的作用是毋庸置疑的，信息化 EPC 项目在采购性质上兼具信息化工程项目和传统 EPC 项目采购的特殊性，采购管理水平将直接影响项目质量、成本、工期三大目标的实现。

信息化 EPC 项目采购的主要特点如下所述。

（1）项目采购范围广泛

信息化 EPC 项目采购范围广泛，涵盖咨询、设计、研发、集成等多个维度，对采购方的采购综合能力提出了更高的要求，大大提高了利用招标代理机构委托采购的可能性，同时对采购过程中如何加强对招标代理机构的管理提出了要求。

（2）专业技术性强

信息化 EPC 项目往往跨通信、计算机、软件、系统集成等多个专业，涉及硬件、软件、后期维保服务等专业化内容，存在一定技术壁垒，容易导致采购方的议价能力相对减弱。

（3）客户需求的复杂性

信息化 EPC 项目要以满足客户需求为根本出发点，而客户需求具有不确定性，使项目采购对供应商或者分包商的资质及经验要求大幅提高，尤其是在 EPC 项目交给总承包商的采购上，对其项目经验和水平提出更为严苛的要求，这可能会导致符合要求的承包商数量较少、采购难度加大等问题。

（4）供应商提前介入的必要性

在合法合规的前提下，业主单位邀请供应商参与项目售前支撑工作，并通过签订合作意向书等形式提高供应商的售前支撑积极性，供应商以项目总承包方的角度来支撑项目售前服务，有助于业主单位更加明确项目需求，提高采购内容的专业性，减少后续项目在开展过程中不必要的项目变更等情况，避免影响项目进度。

3. 合格的信息化 EPC 项目采购总监应具备的能力

（1）采购总监的职责

① 在项目经理的领导下，负责组织、指导和协调项目的采购工作，全面负责项目采购的货物质量、进度及费用。

② 组织编制采购实施计划，管理和协调采购工作，包括采买、催交、检验、分包、运输、安排制造厂商现场服务等。

③ 负责组织采购工作的各个岗位工程师贯彻公司质量体系文件及采购手册，并保证其有效实施。

④ 负责采购货物的质量记录。

⑤ 向业主提供供应商评估报告，并负责获得批准。

⑥ 审查询价文件等是否满足相关要求。

⑦ 对采购全过程进行控制，例如，采购的评标，参加重要设备、关键设备、大宗材料供应商的开工会、催货及检验等。

⑧ 负责评审与供应商签订的订货合同，并处理与采购有关的各项问题。

（2）采购总监应具备的能力

① 沟通协调能力

优秀的采购总监应具备良好的沟通协调能力，能够正确理解并处理采购需求。采购前做好与需求提报人员的沟通，采购过程中做好与采购人员的配合工作，采购完成后做好与供应商的协作，协调好采购工作涉及的各个主体间的关系，以高效的沟通协调方式来支撑工程项目有序开展。

② 整体观念和全局意识

采购总监应配合项目经理熟悉项目开展进度，全面把控项目开展过程中需要进行的采购工作，合理有序地安排采购，确保项目进度不因需求采购不及时而受到影响。

③ 谈判能力和市场敏感度

采购总监应具有较强的谈判能力和市场敏感度，熟悉各类物资的市场及价格情况，使公司在价格谈判过程中具有较强的议价能力，尽可能节约成本，同时避免出现供应商乱报价等情况。

④ 复合型知识储备

采购总监应充分了解所需采购物资或服务的特点，具备采购相关的管理、法律等方面的专业知识。

⑤ 应变能力

环境的复杂性和易变性是信息化 EPC 项目具有的基本特征，这会导致项目采购具有一定复杂性，因此，处理突发事件的能力和应急采购方案的决策能力是采购总监必须具备的重要素质。

6.2 信息化 EPC 项目采购需求与计划管理

6.2.1 信息化 EPC 项目采购需求对象分析

信息化 EPC 项目采购管理的第一要素是要确定需要“买什么”，即首先要决定采购的对象。信息化 EPC 项目采购对象包括工程（通常是指施工招标）、服务和货物。货物采购主要是指材料和工程设备的采购，货物采购的费用在整个项目造价中占 60% ～ 70% 的比重，需要引起高度重视。信息化 EPC 项目物资采购具有采购量大、物资种类多、采购周期短、质量要求高等特点。

信息化 EPC 项目采购对象应具备以下条件。

一是适用性，即项目采购的产品一定要符合项目实际生产的质量要求。

二是通用性，即项目采购的产品最好能够通用，在项目采购中尽量不使用定制化产品。

三是可获得性，即能够在需要的时间内，以合适的价格，及时得到要采购的产品。

四是经济性，即在保证质量的前提下，从供应来源中选择成本最低的，以达到降低项目成本的目的。

6.2.2 信息化 EPC 项目采购计划概述

信息化 EPC 项目的总承包商需要根据 EPC 主合同、总体项目计划、施工组织设计等进度计划，完成采购总体计划的编制工作，从而对项目整体的采购工作进行全面的指导和做出要求，对项目所需物资和设备的采购进度进行把控。制订采购计划是信息化 EPC 项目采购管理工作的一个重要组成部分。

信息化 EPC 项目采购计划是指根据 EPC 主合同、设计需求汇总以及现场施工进度计划而拟定的采购范围、采购原则、采购费用、采购进度计划、物流运输计划等。

广义的采购计划是指为保证供应各项生产经营活动的物料需求量而编制的各种采购计划的总称。狭义的采购计划是指年度计划或具体某个工程项目特定的采购计划。

1. 信息化 EPC 项目编制采购计划的意义和作用

（1）市场因素

编制采购计划有助于及时了解所需采购的设备及材料的市场供需情况，例如，对于采购周期相对较长以及市场供应紧张的设备的招标采购应该尽早进行，在项目有明确中标意向或收到项目中标函后立即启动采购。

（2）设计配合

信息化 EPC 项目的采购与设计密不可分，在招标阶段，由设计部门提供所需设备及材料清单，采购部门根据此清单进行寻货询价，而设计部门需对厂家的技术资质部分进行评审，此评审意见是采购主要考虑的因素之一。

（3）施工需求

信息化 EPC 项目采购计划是服务于施工需求的，采购计划的拟定必须根据项目施工的进度进行。对于在施工阶段中因设计变更而发生的材料采购，设计部门应报批业主后给出材料清单，采购部门根据此材料清单进行紧急采购。此部分材料经常是施工紧急需要的，对采购工作的反应速度考验极大。

2. 信息化 EPC 项目采购计划的分类

按照计划期的长短可分为年度采购计划、季度采购计划和月度采购计划等。

按采购对象的自然属性可分为工程采购计划、金属材料采购计划、机电产品采购计划和非金属材料采购计划、咨询服务采购计划、劳务采购计划等。

按使用方向可分为生产产品用商品采购计划、维修用商品采购计划、基本建设用商品采购计划、技术改造措施用商品采购计划和科研用商品采购计划等。

3. 信息化 EPC 项目采购计划编制的原则

（1）尽力而行原则

信息化 EPC 项目编制的采购计划要严格按照预算执行，并考虑项目自身的及时支付能力。

（2）适度超前原则

信息化 EPC 项目在编制采购计划时，要充分考虑材料或服务的现实需求与前瞻需求，在企业财力允许的情况下，适度提高采购物料的余量与内在品质。

（3）成本经济型原则

信息化 EPC 项目在编制采购计划时，要充分考虑物料与其后续的成本支出，按照降低采购成本的总要求，确定合适的采购材料或服务的类型。

（4）提高采购的整体效益原则

对采购价格容易随季节变化的物料，在编制采购计划时，应将其安排在价格处于低谷的淡季进行采购。对于相近或相同的产品，在编制采购计划时，应尽量安排统一采购。对经过认证能够满足工厂需求的供应商，编制采购计划时，应尽量将不同的产品安排在一个供应商名下进行集中采购。

（5）落实采购预算原则

采购预算表规定的范围和项目必须被列入采购账户中，采购产品的数量和资金来往必须与采购计划相对应。

6.2.3 信息化 EPC 项目采购计划的编制

1. 信息化 EPC 项目采购计划的依据

（1）范围说明

根据信息化 EPC 总承包合同的实施范围制订采购技术范围说明书，该范围说明书说明了项目目前的界限，提供了在采购计划过程中必须考虑的项目要求和策略，具体包括以下内容。

① 项目的合理性说明（设计说明书）：它解释了为什么要进行这个项目。

② 项目可交付成果（执行说明书）：这是一份主要的、属于归纳性质的项目清单，标志着项目的完成。

③ 项目目标（功能说明书）：它包括项目费用、进度和质量标准。

（2）产品说明

项目产品（项目最终成果）说明提供了在采购计划过程中需要考虑的所有技术问题或注意事项。项目产品说明在项目早期阶段比较粗略，而在项目后期则越来越细，这是对成果特性的逐步深入了解而产生的结果。

（3）项目生产实施计划

项目生产实施计划提供了在采购计划过程中需要考虑的所有技术问题或注意事项的重要资料。项目生产实施计划明确了项目的具体生产方式，对最终的交付产品进行了详细说明，对项目生产活动中所需要的生产资源进行了估算，是采购计划编制的依据文件。

（4）市场状况

在采购计划编制过程中，必须考虑市场能够提供何种材料和服务，由谁提供以及使用的合同条件。

（5）物料清单

物料清单是指需采购的材料或服务的明细表，是采购部门确定采购计划的重要依据，是项目生产部门安排生产的依据，是计划部门确定物料需求计划的依据。物料清单按内容的详细程度分为单级物料清单、多级物料清单和综合物料清单。

2. 信息化EPC项目采购计划的内容

项目采购计划是指确定需要从项目组织外部采购的产品和服务清单，以便能更好地满足生产需求的文件。项目采购计划需要解决一系列问题，例如，是否自行采购、何时采购、如何采购以及采购多少等。

（1）是否自行采购

如果选择外购，则需进一步考虑是自行采购还是采购外包。采购外包的前提是有效。如果采购活动属于战略关联性大、战略协同性高、与核心能力一致的关键活动，则不宜采购外包。

（2）何时采购

依据项目的进度计划、资源计划以及所需产品的生产和运输时间，合理地确定产品采购订货时间。同时，为了项目进度，采购产品的交货时间也必须适时，而且只能有少许提前而不能有任何推迟，这是采购计划管理必须遵循的重要原则之一。

（3）如何采购

如何采购是指在项目采购过程中，采用何种工作方式以及项目采购的方针和交易条件。具体包括是否采用分批交货的方式、采用何种产品供给与运输方式、具体项目采购产品的交货方式和地点等。

（4）采购多少

项目所需要的产品的采购数量管理必须依据项目的实际情况来决定，可以使用经济订货批量模型和经济生产批量模型等方法。另外，还应该考虑批量采购的数量优惠等因素，以及项目存货的资金、时间价值等方面的问题。

3. 信息化EPC项目采购计划的编制流程

信息化EPC项目采购计划的编制是以规范性文档来明确采购内容、采购方式、采购时间、采购过程管控方法等。项目采购计划编制依据见表6-1。采购计划编制过程应重点关注以下几个方面。

一是了解工程施工的逻辑关系，在进度计划中明确设备、材料的进场顺序，参考工程的施工进度，结合设备制造周期以及土建接口提交的限制条件，合理确定采购文件的提交时间和采购计划。

二是重点跟踪、关注关键路径上的设备以及材料的采购进度，特别是在赶工的过程中，随着项目的推进，关键路径上的设备会不断发生变化，需要对此进行高度关注。

三是对于预装设备、预埋材料，要根据项目进度合理安排采购计划，此类工程材料供应滞后会直接影响工程进度。

表6-1　项目采购计划编制依据

依据	工具和方法	结果
采购技术范围说明书 产品说明 采购所需的资源 市场状况 其他相关计划 项目的制约因素和条件 物料清单	自制 / 外购分析 独立估算 合同类型的选择 短期租赁或者长期租赁分析 经济订货量分析	项目采购计划 工作说明书

4. 信息化 EPC 项目采购计划的编制工具和方法

（1）自制或外购分析

利用平衡点分析法进行选择决策是一种应用普遍的管理技术，可被用来确定是通过自制方式还是外购方式获得某种产品更经济。该方法为画出外购产品的成本曲线及自制产品的成本曲线，两条曲线存在一个交点，通过讨论该交点左右的情况进而确定是自制还是外购此产品。

（2）独立估算

独立估算又被称为合理费用估算。在编制项目采购计划时，往往需要预测采购成本，而它一般是通过独立估算来完成的，用以检查供应商报价。如果报价差异较大，说明项目定义的范围不恰当，或者供应商对采购方式的理解有误。如果项目组没有能力进行独立估算，可将独立估算的工作交由外部的咨询顾问完成。

（3）短期租赁或者长期租赁分析

短期租赁或者长期租赁分析通常取决于财务上的考虑，根据企业对某租赁品的预计使用时间和租金求得短期租赁与长期租赁的成本平衡点，进而决定选用哪种租赁方式。

（4）采购专家介入

对于专业性较强或存在法律风险的采购工作，企业可邀请相关领域的专家参与。咨询公司、行业团体、有发展前景的承包商以及企业内部的其他单位（专门从事采购的职能部门）可能具备采购相关专业知识，企业可以从中聘请采购专家作为顾问，甚至邀请他们直接参与采购过程。

6.2.4 信息化 EPC 项目采购计划的审核与执行

1. 采购计划的审核

采购计划的审核是指上级主管物资采购部门对采购计划的审查和审批，采购计划的审批还包括企业上级领导机关对物资采购计划的批准。

审核的内容主要有以下几项。

- 采购计划是否符合上级计划安排的原则和国家的方针政策。
- 任务是否合理适当，物资的消耗定额是否准确、先进、可靠。
- 各期的库存储备量的预计有无高估或低估现象。
- 各种物资采购是否配套。
- 企业是否遵循成本最优化原则，在保证质量的前提下，是否达到了先进性和效益性。

只有审核通过的采购计划才可作为物资采购的依据。

2. 采购计划的执行

（1）组织订货与采购

对于大宗物资，例如，生产稳定、需求量大的原材料、燃料、大件设备和专用物资，企业可与供应商签订订货合同，直接从生产企业取得物资，可以缩短供货时间，减少流通费用等，这就是直接订货方式。对于小额物资，企业一般可通过中间机构，采取就近原则，灵活采购，减少库存费用。

（2）慎重选择供应商，大力推行招标订货

企业要根据生产能力、技术能力、信誉度和所提供物资的质量、价格、数量和服务等对潜在供应商进行综合评估，最终选择最佳供应商。

（3）加强订货合同管理

订货合同是根据采购双方的协议条件而签订的责任契约。订货合同要明确规定物资的规格、质量、数量、交货期、交换方式、运输方式、验收方式、付款形式、违规处理方法等。

3. 信息化 EPC 项目采购计划的注意问题

一是在满足 EPC 主合同和采购计划总体要求的情况下，采购计划需要考虑 EPC 项目在实施过程中可能出现的调整，为进度计划预留提前。

二是结合设计、施工进度计划对时间节点的安排，采购计划要做到与之协调。

三是考虑经济订货批量因素，在保证订货质量、技术参数、工程工期的情况下，最大限度地降低订货成本。

6.3 信息化 EPC 项目采购实施与过程管理

遵循采购的基本操作流程，信息化 EPC 项目采购实施过程主要包括采购方式的选择与实施、采购进度管理与质量管控、采购质量与成本管理三大模块。

6.3.1 采购方式的选择与实施

目前，招标采购是工程项目采购、政府采购最通用的方法之一。其中，招标采购包括公开招标、邀请招标两种。公开招标和邀请招标两种采购方式对比见表 6-2。

表6-2 公开招标和邀请招标两种采购方式对比

序号	采购方式	适用范围	优点	缺点
1	公开招标	《中华人民共和国招标投标法》规定，凡法律要求的招标建设项目，必须采用公开招标方式，招标人不得将采购的工程、货物或服务化整为零，或以其他任何形式规避公开招标	最能体现公平、公正、公开原则；最大程度确保采购工作的竞争性；能够更充分地降低采购成本、选择更优质的供应商	参加投标的人多、组织投标过程费时费力，招标成本较高，采购周期相对较长
2	邀请招标	主要适用于以下情形： （1）项目技术复杂或有特殊要求，其潜在投标人的数量较少； （2）自然地域环境限制； （3）涉及国家安全、国家秘密、抢险救灾，不宜公开招标的； （4）拟公开招标的费用与项目价值相比不经济； （5）法律法规规定不宜公开招标的情形	由于投标人的数量和相关资质条件经招标人事先审定，所以被邀请的合格投标人数量得到了限制，能有效减轻评标工作量，降低招标费用，节省采购时间	由于竞争性相对较弱，容易忽略市场上一些技术和报价更具竞争力的企业，从而不利于招标人获得最优报价

招标采购是指采购方作为招标方，自行或者委托招标代理机构，在一定范围内公开披露相关采购信息，事先提出拟采购对象的交易条件和相关规则，邀请众多企业在规定时间内投标，

然后由采购方按照规定的程序和标准，一次性从中择优选择交易对象并与之签订交易协议的一系列过程。招标采购是工程项目采购、政府采购最通用的方法之一，依托《中华人民共和国招标投标法》和《中华人民共和国政府采购法》，根据招标范围的不同，招标采购又分为公开招标（以招标公告的形式，面向整个社会公开招标，参与投标的人是非特定的法人或者其他组织）和邀请招标（以投标邀请书的形式，在选定的若干个供应商中招标，参与投标的人是特定的法人或者其他组织）。

招标采购主要包括招标准备工作、开标评标工作、定标管理工作 3 个环节。招标采购流程如图 6-4 所示。

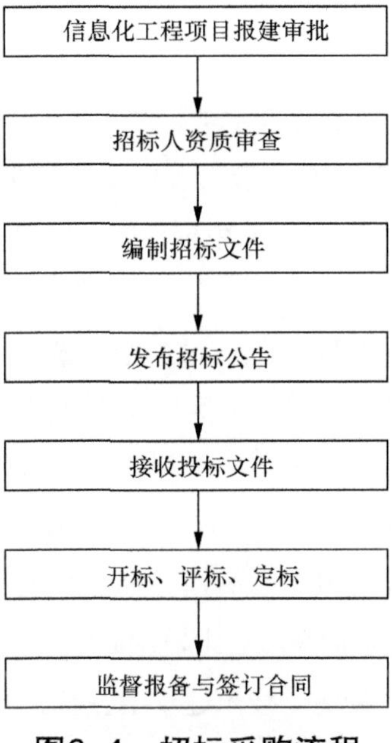

图6–4　招标采购流程

（1）招标准备工作

项目的主管部门主要做好报建和招标资质审查、编制招标文件、发布招标公告、组织评标专家、预审供应商资格等工作。其中，招标文件是采购方发布的有关采购工作的纲领性文件，其内容应包括投标邀请书、采购对象详细技术规范、相关评审条款、合同条款、投标文件格式等内容。

在招标准备阶段，采购方的工作重点和难点是招标文件的编制工作。因为招标文件是招标人向投标人提供的具体项目招投标工作的标准性文件，既是投标人编制投标文件的依据，又是招标人组织招标、评标和定标的依据，也是招标人与中标人订立合同的基础，在整个招标过程中起到关键性作用。信息化 EPC 项目的采购方在编制招标文件中应特别注意以下几点。

① 充分研究信息化工程施工图设计、工程造价相关文件以及规范要求。

② 充分了解信息化工程各个领域供应市场的基本现状以及相关资质等级的企业分布情况，合理设置资质门槛性条件。

③ 评审打分标准必须紧密结合信息化工程的建设要求，且标准直观准确、无歧义。

（2）开标评标工作

本环节需重点做好组织开标会议和标书评审两项工作，在开标过程中要着重关注唱标环节的规范性，例如，开标会议是否邀请了所有的投标人参加、检查文件密封情况、当众宣读投标供应商名称、投标价格以及其他有价值的内容。

（3）定标管理工作

重点做好确定中标人、中标结果核准和合同签约三项工作。此时，在中标结果核准环节中要特别注意，招标领导小组在确定中标人后，应于五日内持评标报告到招标管理机构核准，待招标管理机构提出核准意见后，方可向中标人发放中标通知书，同时将中标结果通知给所有投标人。

在实际操作过程中，两阶段招标形式较为常用。两阶段招标是指在工程招投标时，将技术和商务部分进行分阶段评选，先评技术标，只有被选中技术标的单位，才有权参加商务标的竞争。如果有同时投技术标和商务标的单位，那么需将二者的投标资料分开密封包装。在开标过程中，先开先评技术标，然后再对技术标通过的投标人提供的商务标进行评审。两阶段招标既可以用在公开招标，也可以用在邀请招标中。

第一阶段，投标人按照招标公告或者投标邀请书的要求提交不带报价的技术建议，招标人根据投标人提交的技术建议确定技术标准和要求，编制招标文件。

第二阶段，招标人向在第一阶段提交技术建议的投标人提供招标文件，投标人按照招标文件的要求提交包括最终技术方案和投标报价的投标文件。招标人如果要求投标人提交投标保证金，则应当在第二阶段提出。

两阶段招标的适用情形如下所述。

一是招标内容尚处在发展过程中的，招标人需经过第一阶段招标以收集众多方案，从中评选出最优方案的情形。

二是当招标人对工程项目的经营缺乏了解时，可在第一阶段向投标人提出要求，就其最熟悉的经营方案进行投标，经过评审后，再进入第二阶段招标。招标类采购关键时限管控节点见表 6-3。

表6-3　招标类采购关键时限管控节点

序号	工作内容	操作时限	备注
1	资格预审文件或者招标文件发售期	不得少于5日	
2	投标人对资格预审文件存疑	对招标文件有异议的，应当在提交资格预审申请文件截止日期的2日前提出	
3	投标人对招标文件存疑	应当在投标截止日期的10日前提出	
4	投标人存疑答复	招标人应当自收到异议之日起3日内答复	答复前，应当暂停招标投标活动
5	对已发出的招标文件进行必要的澄清或者修改	要求提交投标文件截止日期的至少15日前，以书面形式通知所有招标文件收受人	
6	招标人应当确定投标人编制投标文件所需要的合理时间	自招标文件开始发出之日起至投标人提交投标文件截止之日止，最短不得少于20日	
7	撤回投标文件的投标保证金，退还给投标人	在投标过程中，投标人撤回投标文件的，招标人应当自收到投标人书面撤回通知之日起5日内退还	
8	中标公示期	招标人应当自收到评标报告之日起3日内公示中标候选人，公示期不得少于3日	
9	招标结束的投标保证金退还	招标人最迟应当在书面合同签订后5日内向中标人和未中标的投标人退还投标保证金及银行同期存款利息	
10	合同签约	自中标通知书发出之日起30日内，按照招标文件和中标人的投标文件订立书面合同	
11	招标过程报备	招标人应当自确定中标人之日起15日内，向有关行政监督部门提交招标投标情况报备	政府采购项目的采购人应在自采购合同签订之日起7个工作日内报备

在政府采购过程中，规定采购文件的保存期限为从采购结束之日起至少15年。

6.3.2　采购进度管理与质量管控

在工程项目建设过程中，项目的进度管理是与质量管理、成本管理并列的三大目标管理工作之一，在整个项目控制目标体系中处于协调和带动其他工作的地位。而采购进度的控制一方面可以有效确保项目进度的正常推进，另一方面可以合理有效地达到节约成本、缩短工期、保证质量的目的。

1. 信息化 EPC 项目采购进度管理工作的主要内容及特别关注点

工程项目采购进度管理工作的主要内容包括制订采购进度计划、采购具体实施、采购进度纠偏与调整等。

（1）制订采购进度计划

在签署信息化工程总承包项目合同后，项目实施方应根据合同中约定的工作内容和项目实施进度要求，编制相应的物资需求计划和采购计划。此时计划编制人员应将详细的采购工作分解计划和采购控制性里程碑计划相结合，确保采购工作计划落实到人、落实到事。

（2）采购具体实施

根据已经确定的采购计划，结合具体的采购方式组织采购工作。

（3）采购进度纠偏与调整

在采购过程中，及时检查和发现对采购计划产生影响的事件，综合分析突发事件对采购工作的影响情况，及时调整采购计划，并发布调整后的采购计划及其工作分解计划。

在工程项目采购进度管理中，还应着重考虑以下因素。

① 采购组织管理环境和决策因素的影响：工程项目采购金额大、采购对象复杂，其采购方式、采购评审标准等关键内容甚至需要更多的论证和决策。因此，在采购进度的管控过程中，需要特别留出一定时间。

② 供应商的供货能力和定制化要求的影响：工程项目采购量大、采购对象复杂，且存在一定的定制化需求。因此，在采购进度管控时，必须充分考虑供应商的产能以及供货情况，同时对于定制化产品还需充分考虑其定制时间的要求。

③ 与工程项目采购相关的国家的强制性要求：特别是在工程项目中，国家对消防、节能等方面有强制性标准要求。因此，在采购中必须着重考虑这一点。

2. 信息化 EPC 项目采购进度管控方法

信息化 EPC 项目采购进度管控的主要依据包括项目建设 / 施工计划、物料清单、采购进度测量。

• 在信息化工程项目中，按照采购时投入的人工时间以及采购设备和材料的价格综合测量采购进度

催交工作完成百分比 =（催交的可交货工作量 / 总催交量）×100%

• 定期检查采购进度完成情况

当期某采购分项的权重实际完成量百分比 = 当期某采购分项的实际完成量的百分比 × 当期某采购分项在总采购量中所占的比重

采购进度百分比可用采购权重实际完成量百分比表示。将采购进度百分比与采购权重计划完成量的百分比相比较，即可测试采购工作进度偏差。

3. 信息化 EPC 项目采购进度管控基本措施

具体到采购进度管控措施的实施阶段，可以分为采购合同签约前的采购商务阶段和采购合同签约后的采购执行阶段。

（1）采购商务阶段

采购商务阶段主要是指在采购需求审核完毕以后，采购文件编制、采购价格谈判、采购结果公布、采购合同签约等商务过程。采购商务阶段采购时限考核（以公开招标为例）见表 6-4。

表6-4　采购商务阶段采购时限考核（以公开招标为例）

序号	采购环节	参考时限	实际耗时
1	编制和报批招标文件	5 日	
2	招标文件发出和接收	20 日	
3	公开开标、唱标	1 日	
4	招标结果确认	3 日	
5	发放中标通知书 / 中标结果通知书	2 日	
6	招标后行政管理部门招标备案	5 日（并行）	
7	合同审批和签署	30 日	
8	招标过程资料归档	5 日	

（2）采购执行阶段

采购执行阶段的管控可以分为订单跟催方法和交期跟催方法两个部分。

① 订单跟催方法

订单跟催方法主要包括供应商备货进度掌握、订单到期前的具体跟催，以及在供应商未按时交货，对工程进度可能产生负面影响的时候，采购人员或项目经理发出“催货通知单”。

② 交期跟催方法

工程项目采购中常用的交期跟催方法包括订单跟催、定期跟踪、物资跟催表。

• 订单跟催：按照订单交付日期，提前一定时间进行跟催。订单跟催具体包括两种方法：一是连单法，将订购单按照日期顺序排列，提前一段时间进行跟催；二是统计法，将订购单统计成报表，提前一段时间进行跟催。

• 定期跟催：在每周固定时间，将要跟催的订单整理好，打印成报表，统一进行跟催。

• 物资跟催表：跟催执行人员采用物资跟催表来掌握供料情况，明确跟催对象和跟催工作安排。

4. 信息化 EPC 项目采购进度管控工作考核

（1）采购人员维度

① 采购商务进度考核：主要是从采购需求审核完成后，到采购合同签约过程中的时间进度管控，具体包括采购文件编制（从招标文件编制至发出的时间周期）、采购具体实施（从招标文件发出到中标结果公示的时间周期）、合同谈判与签约（从合同文本编制到合同签约归档完成的时间周期）3 个模块。

② 是否分析交货延期原因：采购员是否对供应商交货延期的原因进行分析，如果是非供方原因造成的交货延期，那么采购员应当进行追踪改进。

③ 是否对供应商进行跟催和沟通：在发生交货延期后，采购员是否及时采取改进措施解决问题。

（2）供应商维度

① 将供应商交期延误次数、数量、金额纳入供应商绩效考核体系。

② 对供应商每次交期延误对项目进度及相关成本的负面影响进行评估，并根据评估情况制订扣罚条款。

③ 对交货及时、产品或服务质量优良的供应商增加付款条件优惠和其他相关奖励。

6.3.3 采购质量与成本管理

1. 信息化 EPC 项目采购质量管理

根据合同中质量管理的相关条款，采购方应确定各个产品质量检验的相关目标及具体指标，加强对原材料、成品、半成品的质量管控工作，构建“事前预防、事中审查、事后监督”的闭环采购质量管控机制。

（1）事前预防

首先，采购方制订清晰的技术参数和质量管控标准，确保质量管理工作有明确的对象；其次，明确工程项目质量管理中的各个角色，建立具有项目经理、采购工作专员、产品验收专员的质量管理小组，确保采购质量管理工作落实到人；最后，落实供应商现场考察工作，做好质量把控的第一关。

（2）事中审查

事中审查主要是做好物资进场的验收工作，具体包括以下两个方面。

① 严格执行验收程序：应当落地验收的必须落地验收，严禁车上验收；需要专业检验机构进行质量检验的要做好送检工作；验收过程中需抽检重量、数量和尺寸的必须抽检；同时对于无项目经理批准的、没有规定进货渠道的、质量不合格的、超过预算价格的物资，均不予验收。

② 验收要高效规范、准确有效：验收过程中验收专员必须具备高度的责任感，对于进场的物资及时开展验收工作，完整、准确、规范地填写验收过程中的各项单据，同时注意核实随货物附带的票据、单据是否完整。在验收合格后，验收专员需要做好产品入库验收的记录，账表需附有项目经理签字，方可入账。

（3）事后监督

① 一旦发现进场物资不合格，采购方应及时与供应商沟通，做好不合格物资的退换货工作，或将物资降级使用。

② 采购方定期开展对验收专员的产品质量培训以及验收相关流程和单据规范性的检查工作，提高验收专员的产品质量管理责任心和工作能力。

2. 信息化EPC项目采购成本管理

信息化EPC项目采购对象的单位价值量高、复杂程度高，其采购成本较一般工程类项目占工程建设的成本比例更大，同时降本空间也更大。信息化EPC项目采购成本管理应做好采购成本识别，在采购成本有效识别的前提下做好成本管控策略优化。

（1）信息化EPC项目采购成本识别

基于产品的全生命周期理论，采购对象中的成本主要包括生产阶段的采购成本和消费阶段的采购成本。其中，生产阶段包括开发设计阶段、生产制造阶段、产品营销阶段；消费阶段包括采购阶段、仓储物流阶段和运营阶段。具体到信息化 EPC 项目采购成本，主要是在采购阶段和仓储物流阶段发生的成本，而采购阶段成本主要包括硬件设备价格和软件服务价格，仓储物流阶段成本包括运输费用、交付延迟成本等。产品全生命周期总成本构成如图 6-5 所示。

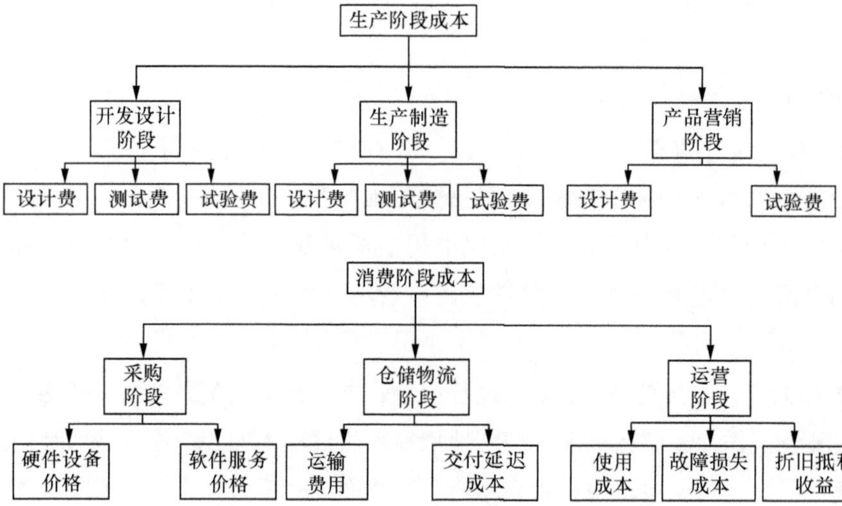

图6–5　产品全生命周期总成本构成

（2）信息化 EPC 项目采购成本管控策略

优化设计：把采购纳入设计程序，在设计过程中以及产品选型时就应坚持较为完善的设计理念。在设计时，除了满足工艺要求，还要兼顾采购成本，选择合适的设备来满足工程需求。

集中、批量采购：对同一类设备进行集中、批量采购可以降低货物的供应价格以及采购人工成本。因此，在信息化 EPC 项目中，采购方对于标准化程度高、替代性好的设备或软件应尽可能地合并采购需求，通过集中、批量采购的形式，提高与供应商的议价能力，实现规模效益。

基于成本识别构建全生命周期采购成本分析模型：采购方基于产品的采购阶段、仓储物流阶段和运营阶段，成立采购专家组，专家组充分发挥经验优势对各个阶段的成本构成进行划分，为采购前期选择供应商（例如，评审打分条款设置）、供应商价格谈判策略提供技术支撑。全生命周期总拥有成本分析示例如图 6-6 所示。

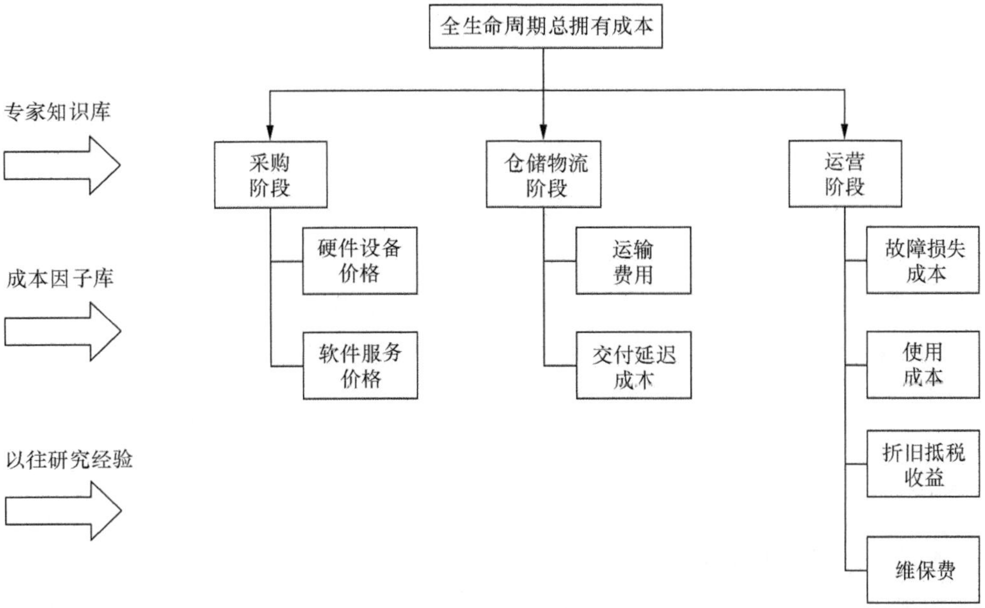

图6-6　全生命周期总拥有成本分析示例

制订采购费用控制指标，引导节约采购成本：在项目实施采购招标前，项目控制部门应根据总承包合同价格将费用进行分解，并下达采购费用控制指标；采购部门应在采购费用控制指标的指导下开展工作，以便对采购价格进行控制；同时引入采购节资率作为采购经理工作绩效的重要指标来引导节约采购成本。

采购节资率 =（采购预算 − 采购成交价）/ 采购预算

6.4　信息化 EPC 项目供应商管理

在 EPC 模式下，项目采购承接项目设计，保障施工质量，对拟建项目的功能实现与成本控制发挥着决定性作用，而供应商管理作为项目采购管理的重点环节，是总承包商确保采购质量、降低采购成本的重要保障。在供货质量、供货时效、价格水平、售后保障等领域，供应商管理也时刻影响着建设项目和总承包商的目标实现。特别是对于信息化 EPC 项目，采购物资品类多，供应商行业广泛，管理难度大。因此，有必要对信息化 EPC 项目的供应商管理活动加以系统梳理，夯实项目采购对项目实施的保障作用。信息化 EPC 项目的供应商管理包括供应商寻源、供应商选择、供应商分类与管理、供应商绩效考核。

6.4.1 供应商寻源

供应商寻源作为供应商管理的起步工作，是确保信息化 EPC 项目能够顺利实施的关键，其主要工作包括成立供应商寻源小组、供应商市场分析、初步筛选潜在供应商、确定潜在供应商。

1. 成立供应商寻源小组

供应商寻源是一个专业性工作，应由专业人员负责。因此，供应商寻源小组成员原则上应是具有采购经验的人员。同时，信息化 EPC 项目供应商寻源小组还可考虑纳入信息化咨询顾问、软件开发工程师、智能硬件采购专家等技术人才。

2. 供应商市场分析

供应商寻源小组根据物资采购范围，开展供应商市场分析，收集市场中的供应商信息，包括供应商名称、注册资金、地址、股东结构、生产场地、证书、产能、产品等。常见的供应商信息收集渠道包括供应商的主动问询和介绍、专业媒体广告、互联网搜索等。其中，互联网搜索已经成为信息化 EPC 项目供应商信息收集的主要渠道，特别是在获取核心的软硬件产品相关信息上，例如，关键设备参数、软件开发能力、咨询服务业绩等。

3. 初步筛选潜在供应商

基于供应商信息，供应商寻源小组对供应商的经营状况、工艺能力、技术能力、管理水平、质量水平等竞争能力进行综合评估，筛选出能够满足项目需求的初选供应商。

4. 确定潜在供应商

供应商寻源小组联系初选供应商，发出合作意愿。对于有明确合作意愿的供应商，寻源小组将其确定为潜在供应商。该阶段重点需要确定核心物资。例如，显示大屏、监控设备、仓储物流系统等软硬件的潜在供应商。

6.4.2 供应商选择

供应商选择环节的目标是从潜在供应商中确定契合项目建设与信息化 EPC 项目总承包商经

营发展需求的最优供应商，作为供应商管理的中心环节，供应商选择直接影响项目采购的质量水平。信息化EPC项目供应商的选择流程一般可以分为6个阶段：成立采购小组；编制招标文件；发布招标公告；资格预审、技术和商务评审；确定中标供应商；供应商谈判。

1. 成立采购小组

信息化EPC项目总包企业员工与采购代理机构代表组成采购小组。采购小组负责组织实施编制采购文件、发布采购信息、召集开标评标、采购文件归档等采购活动。原则上采购小组的成员要包括在信息化EPC项目的采购、生产、工程实施等环节中需要与供应商密切合作的人员。

2. 编制招标文件

信息化EPC项目总包企业根据设计阶段形成的工程量清单计算出项目采购清单，明确采购范围以及不同物资的采购形式。针对采取招投标方式的采购项目，采购小组负责确定招标方案和编制招标文件，招标文件中的技术打分项和商务打分项一定要契合信息化EPC项目的特点，例如，对于软件一定要有业绩要求。

3. 发布招标公告

招标代理机构在网站上发布招标公告，涉及政府资金的信息化EPC项目在政府采购网上发布，例如，涉及在不同媒介发布的招标公告应注意内容的一致性。

4. 资格预审、技术和商务评审

采购小组根据招标公告的规定，对投标供应商的资格进行审查。同时，采购小组组建评标委员会，对通过资格审查的投标供应商进行评标，拟定中标供应商候选名单。评标委员会在人员组成上，既要考虑相关领域的专家学者，又要兼顾企业内部，特别是项目部门与设计、采购、施工环节有关的技术人员。

5. 确定中标供应商

信息化EPC项目总包企业从中标供应商候选名单中确定中标供应商，原则上第一候选人为中标供应商。本阶段应特别注意评委（评审委员会）的组成和评审过程的合规性，一方面要防止未按规定随机抽取评委，随意替换评委，评标/评审委员会的成员组成不符合法律法规或管理制度要求，存在违规指定评委的情况；另一方面要加强对评委评审过程的管控，杜绝评委在评审过程中未按采购文件中公布的评标/评审标准打分，未按采购文件规定的原则选择中标候选人，评委私下接触供应商等违规行为。就评审办法来看，信息化 EPC 项目中采购评审过程可以采取最低评标价法、综合评价法、综合评审法（评标委员会按预先确定的评分标准，对各个招标文件中需要被评审的要素，例如，报价、技术标、商务标等进行量化、评审记分，以标书综合分的高低确定中标单位的方法）、接近标底法（以标底价作为衡量标准，选择报价最接近评标标底者为候选中标人的评审方法）。

6. 供应商谈判

确定中标供应商后，采购双方在不改变投标实质内容的基础上对发货批次、采购前期、协商渠道以及风险责任等合同实施细节进行斟酌，确保条款内容完善可行，最大限度地避免因为前期疏漏导致合同执行过程中的交易纠纷，特别是硬件的安装调试、软件开发的时间和源代码等问题。

供应商选择流程只是信息化 EPC 项目实施供应商选择的总体设计，针对不同物资供应商，总包企业还可以进行相应的变化与改进，例如，针对某些采购金额不高的物资，但是这些物资的市场垄断性较强，可直接进入供应商谈判阶段。

6.4.3 供应商分类与管理

在签订采购合同后，信息化 EPC 项目总包企业需要对合作供应商开展分类管理，其重要性主要体现在两个方面：一是 EPC 项目所涉及的采购物资较多，参与合作的供应商可达数百家，特别是信息化 EPC 项目，其供应商包括硬件安装、工程施工、软件开发、系统集成等。因此对供应商进行系统分类，可以理清采购思路，便于实施差异化的竞价策略；二是在供应商关系维护中，总包企业对不同供应商投入相同资源发展战略伙伴关系是不经济的，通过供应商分类可为与核心供应商发展战略伙伴关系提供参考依据，进而减轻供应商管理工作的任务量，确保企业管理资源的合理投入。信息化 EPC 项目的供应商分类方法主要有 ABC 分类法和四分法两种。

1. ABC 分类法

ABC 分类法又称巴雷托分析法，是项目管理中的一种常用方法。它依据评价对象的某种特征，通过一定的评价标准将不同的评价对象按取值由高到低排列，并根据计算出的累计权重将其划分为A、B、C 3个层级，这3个层级依次表示重要、次要、一般。在信息化EPC项目供应商管理中，ABC分类法主要的分类依据是采购资金占比，其实施步骤和分类管理策略如下。

（1）编制原始数据

根据项目采购清单、历史采购记录、投标文件、交易市场行情等信息源，编制包含采购项目、物资采购单价、采购数量、供应商名称等数据在内的原始表格，将其加总得出采购总价。

（2）合并物资

将同一供应商提供的物资合并，同时计算各个供应商的采购总价与采购资金占比，以资金占比为基准由高到低将各个供应商进行排序。

（3）供应商分类

根据排序结果，按照采购资金占比对供应商数量占比：70%/10%、20%/20%、10%/70%的原则，将供应商分为A、B、C 3个层级，即重要供应商、次要供应商、一般供应商。需要指出的是，根据项目情况及市场行情的变化，上述分级比例可以有所改变。

（4）供应商分类管理

① 重要供应商

重要供应商是指那些采购数目不大，采购资金占比极高的关键物资供应商，例如，智慧物流园区的仓储物流系统的供应商。针对此类供应商，选择合适的价格策略是控制物资采购成本的关键。因此在供应商选择过程中，信息化EPC项目总包企业要及时全面掌握价格信息，倾注企业最多的管理资源与时间精力用于此类供应商的市场调查、价格磋商和产品抽检。在供应商关系管理中，此类供应商是总包企业构建战略伙伴关系的重点发展对象。总包企业需结合设计、采购、施工一体化优势，尽早启动战略供应商的遴选工作，推动供应商积极参与项目的结构设计或专业工程设计。在物资供应过程中，总包企业要实行精细化管理策略，实时跟踪物资供应链活动，对发现的问题一定要及时沟通。

② 次要供应商

次要供应商的采购资金占比低于重要供应商，高于一般供应商，居于中间地位。此类供应商提供的项目物资在技术含量、项目重要性等方面具有较大差异，总包企业在供应商选择和采购策略制订过程中应做到具体对象具体分析。针对技术含量较高的采购产品，总包企业对次要供应商可采取适当放宽采购价格，强调供应商品牌的稳健型选择策略；针对技术含量一般，采购风险较低的项目物资，可采取维持价格优势，积极开发新兴供应商的竞争型选择策略。在关系维护上，总包企业强调以项目建设为管理周期，明确售后服务与争议解决机制，同次要供应商构建务实有效的合作关系。

③ 一般供应商

一般供应商的采购资金占比最小，数量最多。一般供应商所提供的项目物资主要为非关键物资，物资具有技术含量低、标准化程度高、采购烦琐等特点。从组织分工角度来看，对一般供应商的管理工作强调放权原则，主要由项目部基层采购人员负责，避免对企业的战略管理形成干扰。针对一般供应商的选择，总包企业应以市场化价格、质量标准为指导，采用简洁的评价流程，突出时效性。一般供应商的行业竞争较大，市场供应充足，与总包企业的合作关系多为短期形式，故针对其应强调合同管理，以确保物资供应的及时性为主要目标，避免过多的资源投入。

综上所述，ABC 分类法主要是通过一定的划分标准，将众多项目供应商分为重要供应商、次要供应商、一般供应商 3 个层级。其基本原理在于通过降维分析简化供应商管理的工作量，具有操作简便、数据明确等优点。但是 ABC 分类法以采购资金占比为排序标准亦存在划分标准单一、结论局限性强等缺点。

2. 四分法

为克服 ABC 分类法在供应商分类中排序标准单一的问题，部分企业采用四分法对供应商进行分类。四分法通过构建由 x 轴与 y 轴组成的二维坐标体系，将供应商分为 4 个类别。根据研究对象与视角的不同，两条坐标轴所代表的评价指标有所差异，4 种供应商的类别亦随之变化。供应商管理四分法如图 6-7 所示。

虽然四分法的分类标准众多，但是信息化 EPC 项目总包企业主要是基于项目供应商的采购成本（短期利益）与供应商对项目建设的支撑程度（远期利益）两个基本因素对供应商进行分类。因此，本小节给出了常用的信息化 EPC 项目供应商的四分法分类模型。信息化 EPC 项目供应商分类建议如图 6-8 所示。纵坐标（采购成本）表示总包企业为该供应商支付的采购成本费用。横坐标（市场替代性）表示在市场上该供应商所提供产品的替代性，主要是由产品的技术难度和市场竞争两个方面组成。在实际操作过程中，市场替代性维度可借助专家打分法予以确定。通过四分法，信息化 EPC 项目总包企业将供应商分为：战略供应商、基础供应商、瓶颈供应、一般供应商四类。

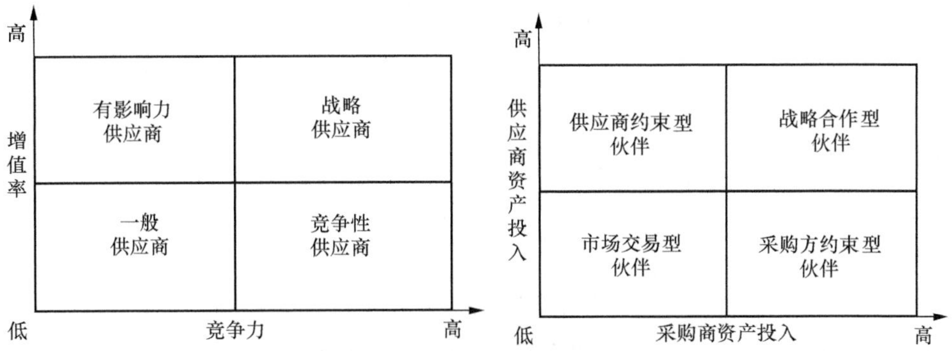

图6–7　供应商管理四分法

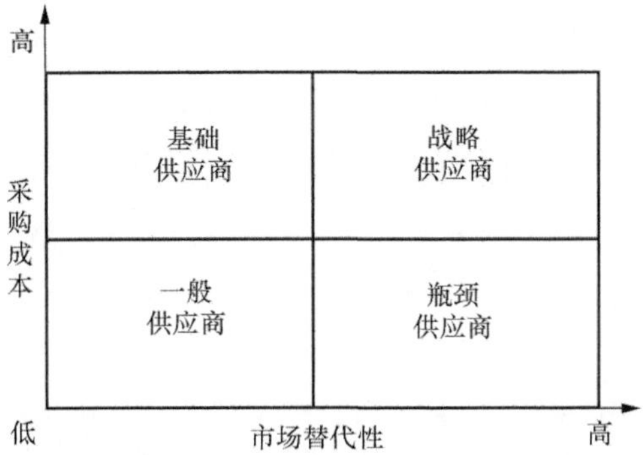

图6–8　信息化EPC项目供应商分类建议

信息化 EPC 项目总包企业根据具体供应商类别制订的差异化管理策略如下。

（1）战略供应商

战略供应商所提供的项目物资采购成本最高，在工程造价中占据的比重较大，与此同时，受制于产品的技术难度或市场准入门槛，物资生产厂家相对较少。于总包企业而言，针对战略供应商物资的采购具有选择空间小，采购风险高的特点。在此背景下，谋求扩大市场竞争，压缩采购成本是不现实的，信息化 EPC 项目总包企业应在供应商选择中适当放宽价格，注重品牌效应对产品质量的保障作用，优先考虑持续稳定的物资供应，审慎引入新的合作供应商。此外，总包企业维护战略供应商的伙伴关系需要付出大量的管理成本，因此要严格控制战略供应商的数量，通过长期优质的订单往来，深化彼此合作，提升话语权，谋求新的采购价格优势。

（2）基础供应商

基础供应商所提供的项目物资采购成本较高，但市场替代性较大，主要集中于用量较大、技术含量不高的基础建材领域。于信息化 EPC 项目总包企业而言，此类项目物资的采购风险较低，但采购量较大，总成本偏高，这是实施采购成本管控的关键所在。在供应商选择过程中，总包企业应充分发挥市场优势，扩大投标供应商范围，在确保项目质量符合验收标准的前提下，突出价格因素，积极发掘行业内的新兴供应商，以达到压低产品价格的目的。在关系管理方面，此类供应商所提供的项目物资高度标准化、同质化，加之采购量大，总包企业一般可采取与项目所在地的基础供应商建立短期合作关系的管理思路，重在监督合同落实，不需要倾注过多的时间与精力去构建长期深入的合作伙伴关系。

（3）瓶颈供应商

瓶颈供应商所提供的项目物资采购成本不高，但采购的可替代性很小，具有一定的垄断性。在工程项目中，此类项目物资通常采购量较低，但产品的技术含量或市场准入门槛较高，是决定项目质量与功能发挥的关键物资，例如，某些特殊的智能硬件产品和关键软件。在此类项目物资的采购过程中，总包企业的议价权不足，甚至处于相对被动的交易地位，加之此类项目物资的采购总价占比较低，对项目总成本的影响较小，因此不必将过多的精力用于价格谈判中，宜优先选择那些具备长期合作意向与能力的供应商。在关系维护中，针对其产品技术含量高、对项目影响大的特点，总包企业应注重与瓶颈供应商的信息交流，明确双方意图，规避产品采购对项目的风险冲击。

（4）一般供应商

一般供应商与 ABC 分类法中的“C 类供应商”类似，是指那些项目物资采购成本低，市场可替代性高的产品供应商。在工程项目中，该类供应商提供的物资标准化程度较高，每一种物资的采购量较小与采购单价较低，但合计种类繁多，其供应商数量通常占据项目供应商总数的 1/2 甚至 2/3。基于此，总包企业针对一般供应商的管理工作应重在减轻管理负担，提升管理效率上，在供应商选择的过程中，要简化评价流程，借助标准化的指标体系快速甄别合适的供应商；针对总包企业下辖的多个 EPC 项目，可采取分散采购的方式，缩短采购周期，降低管理层次；与此同时，还要关注市场价格的变化，通过签订短期采购合同，及时淘汰缺乏价格优势的合作供应商，维持采购方的优势地位。

相较于 ABC 分类法，四分法的二维评价体系较为丰富，供应商的分类结果更加细致。但四分法的实施难度高，专家打分难免受主观因素干扰，影响分类结果的客观性。因此，在信息化 EPC 项目中，总包企业可根据待建项目的规模、复杂程度，以及采购物资性质等的差异对 ABC 分类法与四分法取舍。一般而言，针对项目规模大、企业采购任务重、物资 / 设备技术含量高的供应商分类，宜选用四分法，其他的项目可采用 ABC 分类法进行快速划分，以减轻信息化 EPC 项目总包企业的供应商管理负担。

6.4.4 供应商绩效考核

1. 供应商绩效评价体系

供应商绩效考核是以供应商整个合作周期的表现为评价对象进行的一项动态管理活动。其目的是为供应商选择和供应商关系管理提供数据支持。其中，供应商绩效评价体系的构建是实施供应商绩效考核的基础。信息化 EPC 项目供应商绩效评价体系的设计要秉持公正性与针对性相结合的基本原则，一方面要在产品能力、供货时效、故障响应等关键指标上予以考察记录，另一方面要避免指标体系过于复杂，增加管理成本。本小节结合信息化 EPC 项目开展实践，构建了一套相对完善、可供参考的供应商绩效评价体系。供应商绩效评价体系见表 6-5。

表6-5　供应商绩效评价体系

序号	一级指标	二级指标
1	产品素质	参数性能
2		质量认证水平
3		抽检合格率
4	供货安装	供货及时性
5		安装服务及时性
		安装服务质量
6	售后服务	质保时限
7		质保范围
8		售后服务及时性
9		售后服务质量
10		人员培训
11	价格水平	产品报价
12		优惠条件
13		付款方式
14	合作能力	沟通协作能力
15		信息共享深度

供应商绩效评价体系的一级指标可分为：产品素质、供货安装、价格水平、售后服务、合作能力，具体描述如下。

（1）产品素质

产品素质是信息化 EPC 项目总包企业选择供应商的首要考虑因素，也是供应商参与竞争的立身之本。该指标涵盖产品参数性能、质量认证水平、抽检合格率 3 项。其中，参数性能表示采购物资、设备的主要性能指标。质量认证水平主要考查企业在 ISO 9000 质量管理体系标准与 ISO 14000 环境管理体系标准等权威认证领域的通过情况。抽检合格率是采购方通过实地抽检的形式对采购产品做最终的质量检查。

（2）供货安装

供货安装被用来评价供应商的产品供货和安装能力，是采购方保证项目及时交付的重要指标。信息化 EPC 项目供应商的供货安装指标包括供货及时性、安装服务及时性、安装服务质量。

供货及时性是评价供应商履约能力的指标，其计算公式如下。

$$供货及时性=\frac{按时交货批次}{总交付批次}\times 100\%$$

安装服务及时性是评价供应商物资安装效率的指标，其计算公式如下。

$$安装服务及时性=\frac{按时完成安装批次}{总安装批次}\times 100\%$$

（3）价格水平

价格是采购双方形成博弈的核心因素，是总包企业控制采购成本、追求项目利润的重要指标。价格水平指标包括产品报价、优惠条件、付款方式。

产品报价是构成采购成本的主要部分，也是采购双方的竞争焦点。对于采取固定总价合同的总包企业而言，寻求更低的采购报价，有助于降低项目成本，并且是提升企业利润的主要手段。

针对大批量的工程物资采购，供应商通常选择给予一定的优惠条款以提升竞争优势。于总包企业而言，针对项目采购数量，对供应商开出的优惠条件进行合理评价，也是其客观了解采购价格水平的重要环节。

工程项目建设的阶段性特点，促使其采购项目的价格结算通常采取预付款、中间款、尾款的形式。于采购方而言，有利的付款方式主要体现在两个方面：一是尽可能低的预付款比例，这有助于减轻项目建设前期的资金压力，降低贷款金额以及由此产生的资金使用成本；二是保留一定的尾款用于质保承诺，这是供应商对所销售物资质量信心的重要体现，也是总包企业掌握采购合作主动权，规避采购风险的有力措施。

（4）售后服务

售后服务是用以评价供应商在产品交付后，围绕产品故障、培训等问题形成的服务保障体系。相比产品素质，售后服务作为供应商参与市场竞争的重要无形资产，同样受到了采购方的高度关注，特别是智能硬件产品后期维修以及软件的运维。因此，基于信息化EPC项目的特点，售后服务的核心要素包括质保时限、质保范围、售后服务质量、售后服务及时性、人员培训5个方面。

质保时限与质保范围构成了供应商产品售后服务的基本体系，质保时限的长短、质保范围的大小，不仅直接体现了产品的出厂质量水平，而且是采购方衡量供应商实力、管理水平与合作诚意的重要标准。

售后服务及时性和售后服务质量旨在考查供应商在产品故障排除、更新升级、信息咨询等方面的服务效率。

人员培训指标的设置旨在考查供应商对相关人员的培训是否科学合理，主要包括培训制度合理性、师资配置合理性以及讲解态度等方面。此外，针对具有合作记录的供应商，总包企业也可从培训效果进行考察。

（5）合作能力

基于供应链理念，采购企业与重点供应商之间的合作关系趋于长期稳定，双方的利益分歧被共同追求的供应链整体利益有效弥合。在此背景下，总包企业在挑选合作的供应商时，有必要基于构建战略伙伴关系的深层次需求，考察供应商的合作能力，特别是核心物资的重点供应商。

沟通协作能力是交易双方维持合作关系稳定向前发展的基础素质。在信息化EPC项目中，供应商的沟通协作能力主要体现在以下3个层面：一是针对统一采购的项目产品，产品供应商要处理好与信息化EPC项目总包企业以及其下辖各个项目部之间的产品交接、安装调试、故障排除、价款结算等环节的工作关系；二是基于EPC模式设计、采购、施工一体化特点，供应商需要适时参与项目，根据项目需求，合作开发；三是针对可能面临的不确定性事件，供应商需具备应急处置、争议协商的能力。

信息共享深度体现了交易双方的合作水平。在供应链背景下，采购双方的信息交流不再局限于产品价格信息与质量信息，而是向着需求定制、企业文化等更深层次的信息交流发展，以期消除信息不对称下的相互猜疑。总包企业可根据投标企业的信息化建设水平，予以承诺的信息共享范围以及过往合作记录等对其信息共享程度酌情打分。

2. 供应商绩效评价体系使用说明

通过构建基于产品素质、供货安装、售后服务、价格水平、合作能力 5 个方面的供应商绩效评价体系，总包企业的供应商绩效评价有了理论依据。而在信息化 EPC 项目供应商的实际绩效评价过程中，上述评价体系的使用需要遵循相应规则。

（1）根据供应商类型，灵活选择相关指标及权重

供应商绩效评价体系指标的建立旨在全面考察供应商及其产品与总包企业开展的信息化 EPC 项目的契合度。在实际应用中，总包企业可以根据项目特点选择部分指标对供应商进行绩效评价；同时总包企业可根据考察供应商的类型灵活确定各个指标权重。

（2）综合考核数据与其他数据、资料形成打分依据

在构建的评价体系中，对于抽检合格率、交货准时率等，总包企业可从过往合作的绩效考核中提取相关数据，进行打分判断，从而保证评价结果的客观性、可靠性；而针对初次合作、暂无历史数据加以考察的供应商，可通过前期调研、投标文件承诺、参考行业同期水平等方式予以打分。

（3）关键指标的一票否决

在某些情况下，针对个别关键性指标，信息化 EPC 项目总包企业往往需要设置一定标准，将低于此标准的候选供应商一票否决。结合工程实际，该标准的设置方法有两种：一是由该领域的专家或行业内实践经验丰富的从业人员事前设置最低标准，该方法适用于质保范围等基础保障性指标，以宁缺毋滥的态度筑牢项目采购的质量关；二是通过入围供应商的该项指标值确定最低标准，实行末位淘汰制度。

6.5 智慧园区信息化 EPC 项目采购管理

6.5.1 采购准备阶段

与业主单位签订总包合同后，总包企业迅速成立智慧园区信息化 EPC 项目工作团队，明确项目经理和各个分项工作负责人。采购管理工作由采购工作子项经理成立采购业务保障团队专职负责。

1. 明确采购工作团队

采购工作团队根据采购对象的差异性结合采购工作流程，进行具体分工。采购工作团队具

体分工如图 6-9 所示。

其中，采购项目经理主要负责整个项目采购过程中采购质量、采购成本和采购进度的管控，在涉及采购环节的疑难或者重大问题时，负责与 EPC 项目经理、工程现场人员和供应商之间的协调沟通。根据施工类、设备类等采购对象的差异性，采购专职人员又可以分为施工单项采购专职、设备及服务单项采购专职，具体负责所对应采购物资品类的采购前期准备和细化实施工作。同时为了更好地实现采购工作降本增效的目标，促进管操分离，设立了采购执行管控专职，该职位的人主要负责与供应商在合同签约后的催缴跟单、供应商定期绩效评价、付款材料准备等工作。采购工作流程如图 6-10 所示。

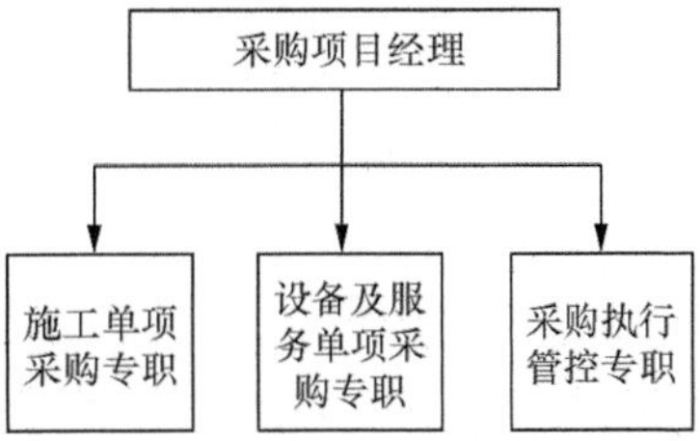

图6–9　采购工作团队具体分工

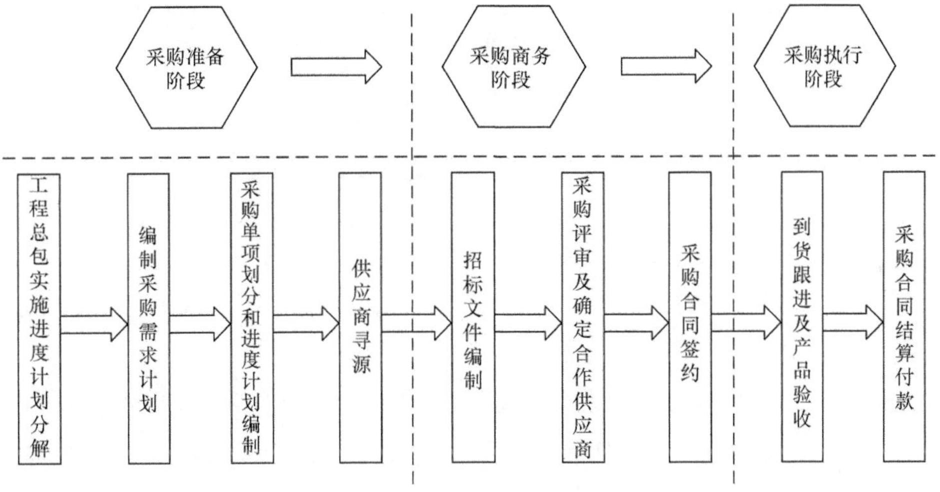

图6–10　采购工作流程

2. 由信息化 EPC 项目总体进度导出采购计划进度

信息化 EPC 项目正式启动后，由项目经理负责根据项目建设要求和合同相关条款牵头编制工程项目总体实施进度计划，明确工程施工阶段以及试运转阶段各分项工作的工期计划以及相关前置条件，并以甘特图的方式呈现。

采购项目经理根据确定的项目总体实施进度计划表，做好采购子项分解工作，编制采购子项工作分解表，明确相关责任人员，确保工作落实到位。采购子项工作分解见表 6-6。

表6-6　采购子项工作分解

序号	子项类别	采购子项名称	采购时限要求	拟采用的采购方式	采购经理
1	施工分包	物流园区智能化施工（含智慧物流系统集成施工和指挥中心音视频系统施工）			
2		运营指挥中心结构改造及装饰装修施工			
3	软件分包	数据交换中心管理系统			
4		指挥中心软件开发			
5		宣传片、三维电子沙盘（三维数字地图）			
6	硬件产品分包	智慧物流系统硬件（包括停车管理系统、称重管理系统等）			
7		物流园区智能化硬件（含指挥中心音视频硬件）			
8		安防监控和巡更部分设备			
9		机房子系统中部分设备			

3. 供应商寻源环节

供应商寻源是提升采购工作竞争性，防止因参与采购供应商不足造成流标或采购价格竞争性不足的关键措施，能有效促进采购工作降本增效。

在供应商寻源过程中，采购专职人员应做好与供应商的沟通以及现有数据与历史采购数据的比对工作，同时给出采购工作推荐情况说明，最后编制完整的供应商寻源报告。软件服务类供应商寻源报告编制内容见表 6-7。

表6-7　软件服务类供应商寻源报告编制内容

<table>
<tr><td rowspan="4">采购需求基本情况</td><td>产品名称</td><td></td><td>采购物资类型</td><td></td><td>主要采购内容</td></tr>
<tr><td>需求部门</td><td></td><td>联系人 / 联系方式</td><td></td><td></td></tr>
<tr><td>采购数量要求</td><td></td><td>期望采购合同完成时间</td><td></td><td>预计采购金额</td></tr>
<tr><td colspan="3">潜在供应商推荐及理由说明</td><td></td><td>是否有门槛性指标，如有，请说明</td></tr>
</table>

（续表）

<table>
<tr><td rowspan="3">历史交易情况分析</td><td colspan="3">该品类物资采购是否有历史交易记录，如有，请列出历史交易主要供应商</td><td colspan="2"></td></tr>
<tr><td colspan="3">主要供应商的历史交易表现如何</td><td colspan="2"></td></tr>
<tr><td colspan="3">是否需要与以上供应商做进一步沟通，并纳入本次采购备选供应商范围</td><td colspan="2"></td></tr>
<tr><td rowspan="3">供应市场分析</td><td>市场结构分析</td><td colspan="4">□ 完全垄断 □ 寡头垄断 □ 垄断竞争 □ 完全竞争</td></tr>
<tr><td>产品报价的关键因素</td><td colspan="2">□原材料成本
□技术研发成本
□直接人工成本
□其他（请说明）</td><td>报价模式</td><td>□ 按单报价
□ 按天报价
□ 按功能点报价
□其他（请说明）</td></tr>
<tr><td>行业利润率</td><td colspan="4">□ 高（25% 以上）□ 中（10% ～ 25%） □ 低（10% 以下）</td></tr>
<tr><td rowspan="7">外部市场关键供应商分析</td><td>供应商名称</td><td>A</td><td>B</td><td>C</td><td>D</td></tr>
<tr><td>采购项目相关资质情况</td><td></td><td></td><td></td><td></td></tr>
<tr><td>同类项目经验及获奖情况</td><td></td><td></td><td></td><td></td></tr>
<tr><td>驻地服务情况</td><td></td><td></td><td></td><td></td></tr>
<tr><td>能否提供样品</td><td></td><td></td><td></td><td></td></tr>
<tr><td>合作意愿</td><td></td><td></td><td></td><td></td></tr>
<tr><td>联系人及联系方式</td><td></td><td></td><td></td><td></td></tr>
<tr><td>其他补充信息</td><td colspan="5"></td></tr>
</table>

6.5.2 采购商务阶段

在采购商务阶段，项目主要从以下几个方面开展采购业务的质量、成本和进度管控。

在采购招标文件编制阶段，合理设置资格性门槛条件，防止因为资格评审条件设置不合理导致招标失败，从而对采购进度造成负面影响。例如，根据中华人民共和国住房和城乡建设部发布的《建筑业企业资质管理规定》，电子工程和建筑智能化工程资质分为两级。

一级资质：可承担各个类型电子工程、建筑智能化工程施工。

二级资质：可承担单项合同金额为 2500 万元以下的电子工业制造设备安装工程和电子工业环境工程、单项合同金额为 1500 万元以下的电子系统工程和建筑智能化工程施工。

某采购子项预算为 600 万元，在资格条件中要求投标人具备有效的电子工程和建筑智能化工程一级资质。但在实际采购过程中，将此条件设置为“企业具备电子工程和建筑智能化工程施工二级及以上资质”即可，否则容易因投标供应商数量不足而流标。

在采购评审阶段，合理设置评审打分条件，确保能将提供“物美价廉”产品的供应商真正挑选出来，平衡好节约采购成本和管控采购产品质量之间的关系，具体可供参考的方法如下。

方法一：根据产品的标准化程度和技术壁垒情况，合理设置价格分、技术分、商务分的比例。例如，对标准化程度高、市场上供应商充足、竞争激烈的产品，需要大幅提高价格分所占比重以更好地节约采购成本，而对于技术密集程度高、定制化系统软件集成等服务则要提高技术分所占比例。软件产品研发服务采购评审方法分析见表 6-8。

表6-8　软件产品研发服务采购评审方法分析

一级品类名称	二级品类名称	评审办法	价格分权重	技术分权重	商务分权重	价格评分办法
研发类项目	软件产品研发	综合评估法	30%	60%	10%	基准值报价法，一次报价，价格部分评分采取中间价的 80% 为基准价 评审基准价及计算办法： 当 $n \geqslant 5$ 时，$Q=[(\Sigma bi-\text{Max}bi-\text{Min}bi)]/(n-2)$； 当 $n<5$ 时，$Q=\Sigma bi/n$ 表 6-8 中字母具体含义如下。 n：初步评审合格的有效应答人数。 Q：评标基准价。 Σbi：初步评审合格的有效应答人评标价格总和。 Maxbi：初步评审合格的有效应答人中最高评标价格。 Minbi：初步评审合格的有效应答人中最低评标价格

方法二：根据产品特征，差异化设置技术评分条款。例如，对于软件产品研发类，设置“产品演示”环节，对样品演示及测试进行专项打分。

方法三：供应商绩效后评估成绩应被纳入采购评审打分过程，占技术分的 10%，进一步促进供应商优胜劣汰。具体规定为：对有历史合作的供应商，供应商绩效后评估成绩最高可得满分，最低得 4 分，中间按线性关系计算得分。对新供应商，由选型小组整体评议，如果新供应商的得分高于平均水平，那么绩效评估后成绩可得 6 ～ 7 分；如果新供应商的得分等于平均水平，那么可得 6 分；如果新供应商的得分低于平均水平，则可得 5 ～ 6 分。

6.5.3 采购执行阶段

1. 采购进度管理实行三级计划进度管理

三级计划进度管理包括总控制进度计划、阶段性工期计划或分项采购计划和周计划，采购经理对采购进度实施总体负责。采购经理应当及时了解和掌握采购进度，以及采购过程中与施工进度有关的各种信息，不断将实际进度与计划进度进行比较，如果发现采购进度延迟，就需要及时分析原因，若发现它对后续工作产生了一定影响，则需采取措施及时纠偏。采购进度报审单要在项目经理审批后的一周内归档。

2. 加强采购物资的场验收管控

采购的设备和材料被运送到项目经理指定的地点，由项目经理牵头，会同采购人员、监理单位进行设备和材料的进场验收，根据采购合同文件，核对设备材料的生产厂家、规格型号、检查包装情况、外观情况、随机文件、备件和附件等，对具备测试条件的设备和材料进行测试，并填写测试记录。在进场验收完成后，项目经理填写“物料进场验收表”，并由验收现场各方参与人签字。

3. 加强施工阶段对采购质量和相关进度的信息反馈和事后管控

施工团队通过填写施工日志，特别是记录园区信息化工程建设中涉及的设备 / 材料进场及时性和送检情况，加强对采购产品质量的日常监督管控。本阶段，采购经理应及时与项目现场的施工团队沟通，对反映的产品质量问题，及时联系供应商解决。

第 7 章

项目施工管理

信息化 EPC 项目涉及的专业多，技术面广，现场环境复杂，实施难度较大。施工管理对项目本身的进展起着决定性作用，也直接影响工程项目的经济效益和社会效益。本章将围绕信息化 EPC 项目的实施流程，结合一些实践中的经典案例，针对施工筹备、分包商管理、费用合同管理、施工进度管理、施工质量管理、施工安全管理、项目文档管理、项目收尾工作等专题进行重点探讨。

7.1 信息化 EPC 项目管理概述

7.1.1 信息化 EPC 项目施工管理的流程和特点

1. 信息化 EPC 项目施工管理的流程

信息化 EPC 项目施工管理流程如图 7-1 所示。

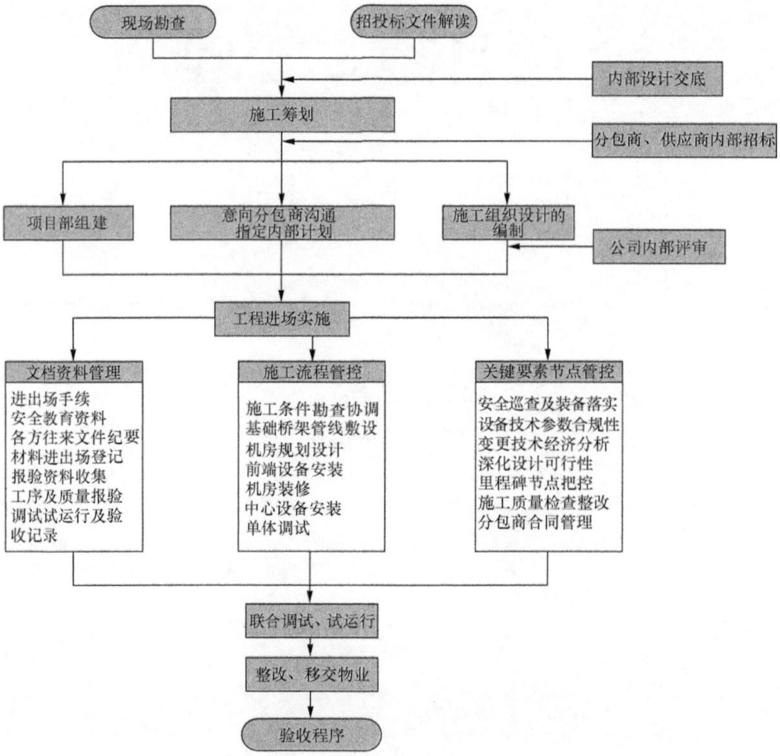

图7-1 信息化EPC项目施工管理流程

2. 信息化 EPC 项目施工管理的特点

信息化 EPC 项目施工管理与传统模式下的施工管理的区别主要体现在以下 3 个方面。

（1）施工管理内容多而广

信息化 EPC 项目的施工管理既包含了传统总承包模式中施工管理的所有施工内容，也包含了信息化 EPC 项目中工程量增加、各项界面模糊带来的工作量归属问题的管理，其难度及工作量随之增加。

（2）现场协调难度大、范围广

对于只要做好本职工作的传统总承包模式来说，需要现场协调的内容重点仅限于合同中的施工内容及相邻专业的界面协调。

信息化 EPC 项目的施工管理还需反馈现场信息给本公司设计部门，甚至承担为设计勘察现场提供最基础数据的职责，加大了现场的工作量及沟通量。信息化 EPC 项目的采购，更多的是按现场管理部门的需求采购，技术问题、供货时间、供货周期甚至质保范围的确定都需要现场管理团队全程参与，因此现场项目管理的协调工作一直是信息化 EPC 项目实施的重点及难点。

（3）现场经济增长点增多

虽然信息化 EPC 项目施工管理包含了诸多现场实施困难，但是因为这种模式符合工程建设项目的运行规律，与传统承包方式相比，它存在更多的经济增长点，表现出一体化管理的优越性，所以越来越多有实力的大公司也开始认可这种模式。

因为信息化 EPC 项目施工管理涵盖了整个工程的设计、采购和施工，环节众多、工作量较大意味着分歧多、变更点多，所以承包方与发包方要有共同的建设目标。在求同存异的基础上，发包方可在人事变化、现场环境变化、需求变化的时候适当提出变更或索赔，承包方需要现场项目管理团队和设计、采购一起配合才能抓取更多的盈利点，提升盈利率。

3. 信息化 EPC 项目相对于传统行业的特点

与其他传统行业的总承包项目相比，信息化 EPC 项目对技术、人员能力、团队管理提出了更高的要求。信息化 EPC 项目相对于传统行业的特点如下。

（1）对项目管理团队素质、技术要求高

承接大型信息化 EPC 项目的公司需要具备很强的软硬件技术实力。同时现场项目管理人员也需要具备丰富的实施经验和较强的技术实力。

（2）现场管理内容多、专业杂

信息化 EPC 项目相对于传统的土建、装修、消防、强电等专业来说，实施内容最多、专业最杂。从智能化项目的综合布线、计算机网络、门禁一卡通、综合安防、会议系统、巡更、机房装修及中心设备搭建、智能照明、能耗管理、楼宇智能化系统以及相应软件、数据库平台，到复杂的智能化大厦管理系统（Intelligent Building Management System，IBMS），甚至这两年兴起的智慧城市等大平台，每一项工作均需相应的专业知识和实施经验。信息化 EPC 项目涉及的诸多细节将施工管理工作的总体难度提升到一个传统行业管理难以想象的高度。

7.1.2 信息化 EPC 项目施工管理各阶段的目标及任务

本小节就各阶段的施工管理总体目标及任务做简要探讨。

1. 施工准备阶段的目标及任务

按照信息化 EPC 项目的实施流程图，施工准备阶段包括现场勘察、招投标文件解读、项目部组建、分包单位及供应商的沟通和前期基础计划制订、施工组织设计的编制及评审、内部设计交底等工作。

解读招投标文件是一切计划的前提，项目经理带领团队从熟悉招投标文件中的各个商务条款开始，到了解各系统的技术细节，初步达到心中有数，结合内部设计交底工作，同时解答遇到的各种疑问。

现场勘察应结合解读招投标文件去发现问题，做好技术准备和现场入驻准备。勘察应首先复核各系统建设目标是否符合现场实际情况，是否具备开始施工条件，其中包括用水用电、落实项目部设在何地以及绘制现场总体平面图，尽可能在一开始就与监理、业主及土建其他参与方建立联系。

在项目部组建阶段应该基本确定现场实际管理人员名单及规模，并着手准备现场办公地点以及相关安全、办公、住宿设施，形成办公室内各项规章制度，以及做好资料归档准备。

总包企业邀请分包单位及供应商前来洽谈，必要时现场勘察项目部的管理人员需要一同参与。同步提出整体系统规划实施条件及技术难点，分包进场人员同样需要确认并准备进场资料及分包施工计划。

一般在大项目施工前，都有一次内部设计交底会，项目部应组织技术人员认真学习，并进行自审、会审工作，在了解项目整体技术问题的基础上，能够提早发现问题甚至是发现日后的变更索赔节点。

施工组织设计的编制是项目施工前的重点，主要包括工程概况、项目组织结构、施工流程及工艺、资源配置、施工总体部署、施工总进度计划、质量保证方案、安全生产保证方案、环境保护方案。施工组织设计的标前和标后版本是不一样的，投标前，一般投标方会根据招标文件要求编制一版施工组织管理文件，中标后，中标的总包企业在开工时需要向监理及业主提交一版施工组织设计文件。其编制依据主要包括信息化EPC项目承包合同、工程项目涉及的法律法规、国内相关技术标准、施工及验收规范、现场勘察结果等。

2. 施工建设阶段的目标任务及控制点说明

在施工建设阶段，施工管理主要分三大类。

（1）文档资料管理

一个大型的工程建设项目除了建成工程实体外，还会形成文档资料。这些文档资料记录了工程建设过程中各个专业的正式来往联系、工程各个节点管控资料、图纸、方案等，是日后审计工程的唯一依据。

文档资料的管理主要包括进出场手续、安全教育资料、各方往来文件纪要、材料进出场登记报验资料、工序及质量报验、调试试运行及验收记录等所有文件的管理。虽然以上每个资料产生环节的具体执行人不一样，但是最终形成的相关文件必须由项目部专人统一管理。

（2）施工流程管控

按照正常施工流程，施工流程管控主要包括施工条件勘察协调、基础桥架管线敷设、机房规划设计、前端设备安装、机房装修及中心设备安装、单体调试。

（3）关键要素节点管控

关键要素节点管控包括安全巡查及装备落实、设备技术参数合规性、变更技术经济分析、深化设计可行性、里程碑节点把控、施工质量检查整改、分包商合同管理。

3. 施工收尾阶段的具体任务

因为项目施工收尾阶段紧连着竣工验收程序，所以这里不再列举验收需要的准备工作。施工收尾阶段主要包含了联合调试、整改、移交物业3项任务。虽说只有3项任务，但是往往一个项目的收尾工作能持续好几个月甚至半年到一年。信息化EPC项目涉及的智能化专业较多，例如，联合调试涉及视频与报警的联动、消防与门禁的联动、视频与门禁的联动、电梯与视频刷卡的联动、智能照明与强电的联动、楼宇设备自控（Building Equipment Automation，BEA）系统与水阀等各种空调传感器的联动等，这些只是硬件设备的联动。一些大型的信息化 EPC 项目还包含大型平台或 IBMS 系统，需要各个厂商之间进行软件对接和调试，一旦涉及平台间对接，耗费的时间就要按月计算。

整改的施工量主要来自项目施工收尾阶段，使用方及验收前各评审小组对项目的整改意见，如果是需要评奖的项目，项目部也要成立相应的整改小组，对工艺及使用功能不到位的部分逐一整改落实。联动调试及整改到位后，业主负责建设的工程部在验收前会让工程使用方或物业部门对信息化工程进行使用并移交，以此作为验收前提。一些整改问题也可由物业提出，如果移交工作做得好，验收就会很顺利。

7.2 信息化 EPC 项目实施总体部署

从工程实施开始，项目部为了让各方能够顺利融入现场环境，需要对各项工作做出总体部署，确保各方有序开展工作，总体部署大致涉及以下几个方面。

1. 项目部人员岗位角色分工、施工事宜处理程序

根据本书第 2 章中介绍的项目组织与管理方法，确定岗位角色分工及基本程序。在项目部内部协调好一切程序及工作内容后，即可召集各方合作商举办开工碰头会议，参会人员应包括所有分包商及供应商负责人。在开工碰头会议上，项目部要宣贯本次工程工期、进度计划、工程质量及盈利等目标，明确项目部主要管理人员职责；将各个系统按施工工艺流程向大家说明，对每个流程何时开始、何时结束做出简要介绍，做到实施时有程序可遵循，责任落实到人。

2. 劳动力及供货计划安排

根据编制的组织计划和进度计划，项目部在开工碰头会议上向分包商和供应商明确相关节点人员安排及到货计划、关键里程碑节点的劳动力人数及关键货物到场要求；尤其是刚开始 30% 的工程量，要落实到准确的时间节点，误差小于 3 天，方便后续工作根据前期进度做调整。

3. 现场办公库房及生活区总平面图规划

根据前期勘察现场情况以及与业主沟通结果，项目部确定工作区、生活区、仓库区、加工区等，带领作业人员在相应地点建立相应的功能区，包括板房搭建、基本设施的采购安装等；在施工现场区域，安排施工队搭建围挡、集装箱等并做好本单位专属的标识标牌。项目部要将现场总平面图打印上墙，让每个工程相关人员看到后能够迅速熟悉自己所做工程所属的归属区

域、工作区域和生活区域。具体措施细节如下。

项目的临时大门应采用钢制大门，宽度不小于6m，砖砌围墙应采用水泥砂浆粉刷，外涂涂料用以装饰。

施工现场设置必要的职工生活设施，包括食堂、宿舍、厕所、茶水与医疗室，并符合卫生、通风、照明等要求，职工的膳食、饮水等应符合卫生要求。食堂位置适当、环境清洁。食品贮藏柜（箱）和菜饭生熟分开，厨房内不准住人，应设贮藏室，生活用品与施工用品分别放置，严禁混杂。厨房应有灭蚊蝇、灭蟑螂的设施。在职工宿舍中，床边、立柱、爬梯要漆刷。室内通风良好，卧具、用具摆放整齐，不得有蚊蝇、老鼠、蟑螂，室外设有晒衣绳架，不得在室内晾衣服。

在职工生活区域设置布告栏，进行生活、工作基地的文明管理考核。生活区域整洁有序，有门卫收发管理，生活污水合理排放，生活垃圾有定点投放，备足必要的消防器材。

生活区域、工作区域要设置临时厕所。生活区域要设立浴室。临时厕所、浴室必须男女分开，厕浴间结构要稳定、牢固、防雨、防风。坑池要用砖砌或砼作壁，卫生洁具及墙壁面层为瓷性材料。厕所内要保持清洁，随时清扫，水源充足，防止蚊蝇滋生，实行专人管理，做到有组织排污。另外，工地也要设置厕所。

4. 各个系统施工段技术重难点处理方案

根据施工组织设计和现场技术交底，项目部梳理出各个系统施工流程，并发放给带队工长，让其熟悉自己的工作计划安排和前后工序衔接。

项目部在交底工艺流程时，对流程中的困难节点要拿出来讨论。讨论的目的一是要明确告知各分包单位让其做好充足准备，指导其处理施工中遇到的问题，在遇到困难无法解决时应及时上报讨论；二是让一些有经验的分包管理人员参与进来，给项目部出谋划策。

达成一致意见后，经项目部主要管理人员最终讨论，项目经理汇总编写重难点的解决方案，上报公司讨论后发项目部执行。项目经理要将方案下发至具体施工队伍中的负责人，也可在技术交底等工作中同时完成该任务。

7.3 信息化 EPC 项目的费用管理

好的项目经理在工作中不一定局限于把合同内容顺利完成，并使工程验收通过，合理控制初期的预算成本、针对各个关键点提出合适的变更、为公司创造利益、为业主创造更多的价值，更能展现项目经理的水平。业内有一个不成文的共识，好的项目经理能将项目成本再压缩 5%，能为项目增加 10% 甚至更高的利润。

7.3.1 成本控制原则

1. 全面成本控制原则

全面成本控制包括全企业、全员和全过程的成本控制。成本控制具有综合性，不是独立地去控制，它只有与安全目标、质量目标、进度目标相结合才能体现价值。因为它既涉及项目组织的各个部门、单位和班组的工作业绩，也关系到每个职工的切身利益，所以项目成本控制是一个需要企业全员集思广益、共同关注的环节，应该做到项目成本控制“人人有责”。此外，项目成本控制应该体现在项目施工的每个环节。

2. 动态控制原则

动态控制也叫作中间控制，由于施工项目具有一次性的特点，所以只有在施工过程中控制，才能实现成本的有效控制，这就要求总包企业在开工前制订成本计划，修订各种消耗定额和费用开支标准，在施工阶段落实各项成本降低的措施。

3. 目标管理原则

目标管理是贯彻执行计划的方法，它要求把计划的方针、任务、目的和措施逐一分解，提出进一步的要求，并分别落实到执行的部门、单位和个人。实施目标管理不仅可以把责任落实到个人，还能够通过检查目标的执行情况，及时发现施工过程中存在的问题，并采取必要的应对措施，保证成本控制在一个良性的循环中。

4. 成本节约原则

节约是成本控制最主要的原则，节约就是要减少人力、物力、财力的消耗和损失，成本节约通常可通过主观努力实现。

5. 责、权、利相结合的原则

在项目施工过程中，各相关人员对成本控制既有权力也有义务和责任，只有坚持责、权、利相结合的成本控制原则，充分发挥激励机制在成本控制中的作用，定期考评，实现考评与个人利益挂钩，才能充分调动相关人员的积极性，保证成本控制措施落到实处。

7.3.2 项目各阶段的成本控制

1. 项目策划筹备阶段费用控制措施

本项目策划筹备阶段主要是对项目组织模式、运行模式、价格确定、风险辨识等进行策划、准备。前期做好相关工作，从上层开始规划好项目总体安排，规避相关风险，合理组织设计、施工、采购也是成本控制的重要工作之一。策划筹备可以与初步设计同时进行，此阶段的勘察设计工作确定的技术指标会直接影响项目成本，因此，策划筹备阶段是成本控制的关键。

2. 项目实施阶段费用控制措施

虽然策划筹备阶段的成果对信息化 EPC 项目的成本有决定性作用，但由于项目实施阶段的参与人员最多、涉及面最广、管理难度最大，且设计成果的落实、资源配置、生产的组织协调、人员管理与培养等均是在此阶段完成的，所以成本管理的主要工作也集中在此阶段，具体的项目成本管理控制体现在以下几个方面。

（1）建立考核机制，人人树立成本意识

从设计到施工，从采购到后勤管理，从配比优化到技术创新，每个环节都与成本相关，任何一个环节出问题都会演变成漏洞。同时，成本控制还应以项目制订的考核办法为支撑，将考核、奖励与个人积极主动性挂钩。

（2）完善项目组织机构

信息化 EPC 项目一般实行“总承包项目部—施工项目队”的组织结构，其管理是以“强化总承包项目部集中管理、施工项目队精细过程管理”的实体大项目管理为总体原则，一切重要决策、重大方案的确定均由总承包项目部主导，施工项目队是总承包项目部决策的执行部门，本质上区别于以往“总部—分部”的关系。

（3）分解项目成本并进行考核

通过分解项目成本，项目被划分为多个核算点，每个核算点需要单独核算。同时项目部拟定各个施工项目队的目标成本，控制其管理费用、材料费用等，总承包项目部与各个施工项目队签订目标成本经营承包协议：从材料方面实现总承包项目部控制价差，施工项目队控制量差；

从资源配置、占用、管理费用支出方面进行总量控制，各个施工项目队横向比较，进行月度、季度、年度考核，且将考核结果与成绩和效益挂钩。

（4）主抓月度经济活动分析

月度经济活动分析是以将目标成本与实际成本进行对比为主线，展开差异性对比分析，从材料量差、价差、机械折旧与使用率等几个方面进行详细分析。

（5）结合项目总体计划

就项目管理而言，一份详细可行的项目总体计划是成本控制的坚实基础。成本的计划管理就是要根据项目计划进展和需求逐步提供项目所需的人、财、物，以达到各项资源的合理分配和利用，在满足项目进展需求的情况下，合理利用有限资源，充分节约各项成本支出。

（6）密切结合项目合同和实际

在项目成本控制过程中，大到设计、采购、施工，小到项目的后勤服务、办公支出、业主费用等都应该被全面地、分类别地罗列出来，项目部再结合进度计划制订详细的成本支出计划、成本预算，以计划为导向，引导具体的成本控制。

（7）重视成本的过程控制

项目部要尽量按照成本开支计划，结合项目进度计划，合理地控制各项成本支出，使成本控制工作做到有计划、按步骤地实施，达到在项目建设过程中的控制目的。

（8）重视成本分析

对成本工作的分析，不只是简单地将发生的成本列出来，或与原来的计划对比形成一个数字，而是要针对每一个成本项目，尤其是那些与计划偏差较大的支出项目，详细分析偏差形成的原因，以及是否可以采取措施降低或消除这种原因带来的影响等。

3. 施工现场费用控制措施

（1）技术控制成本

技术控制成本即从优化施工方案来节约成本。施工方案的优化是降低工程成本的重要途径，按照最优方案施工可以降低成本、加快进度、保证质量和安全、提高经济效益。在项目施工过程中，项目部对各个阶段进行施工方案比选，应用价值工程的原理对项目施工方案是否经济进行比较。例如，项目开工初期对临时设施可以采用自建、租用、自建与租用相结合等方案。对工期较长、人力投入较多的部分施工，一般以自建为主；对工期较短、人力投入较少的部分施工，则以租用为主。通过优化技术方案可以大幅降低成本。一旦方案确定，所需投入的各项直接和间接成本基本确定，节省空间往往有限。优化施工技术方案是解决成本管理问题最有效的方法之一，也是给项目管理带来较大利益的有效途径。

① 技术控制原则

- 不违背设计意图，满足施工规范，保证安全、质量、进度。
- 降低成本，方便操作，加快进度。
- 分清主次，突出重难点，因地制宜，合理安排，连续、均衡生产。
- 采用“四新”（新技术、新工艺、新材料、新设备）技术，充分利用自有资源。

② 项目部要对该方案的具体优化措施进行选择，在多个方案能保证工期、质量、安全的前提下，好中选优；项目部要在施工前进行技术交底，在施工中进行技术指导，在施工后及时验收，保证不出错、不返工，最大限度地控制成本。

（2）合同控制

项目总成本确定后，需要在项目内部进行二次分解，划分不同的成本重心，根据“谁控制、谁负责、谁承担、谁受益”的原则，厘清项目部与职工个人之间的“责、权、利”关系，并在项目经理与职责部门之间签订书面合同，充分发挥全体职工的积极性，实现职工个人收入与项目成本连锁的机制，以达到项目成本总体目标的控制。项目部建立成本督察制度，成立成本管理督察组，对本项目的成本管理进行定期或随机督察。成本督察分为例行督察和重点督察：例行督察是指成本管理督察组对本项目的日常成本管理进行监督、指导；重点督察是对过程中亏损较大的项目进行检查，全面评价管理效果。人工成本控制是在预算定额成本范围内，通过合理的措施控制人工成本，具体措施如下。

① 改善劳动组织，减少用工浪费，可根据劳动定额计算出定额用工量，并将安全生产、文明施工及零星用工下达指标到项目施工队进行控制。

② 实行合理的奖罚制度，建立必要的激励机制。

③ 加强技术教育和培训工作，提高生产作业人员的技术水平和管理人员的组织管理水平，合理地组织劳动，减少和避免无效劳动，提高劳动效率。

④ 严格劳动纪律，压缩非生产用工和辅助用工，严格控制非生产人员比例。

⑤ 对于技术含量较低的单位工程，可采取包干控制，降低工费。

⑥ 在用工方式上，尽量采用包工形式，采用计件、计量方式进行费用核算。

（3）机械成本控制

机械成本控制即充分利用现有机械设备，内部合理调度，力求提高主要机械的利用率。在配备更新机械设备时，要合理进行选型配套，注意一机多用，并做好一次采购成本、检查维护成本与设备正常利用率的全周期技术经济分析；要合理配置机械维修养护人员的数量，建立设备常规配件的快速保障供应机制，测算经济储备量。

机械成本控制措施也包括保证机械设备的正常快速修理和保证机械设备完好率，主要是防止施工机械的非正常损坏。另外，使用不当、错误操作或者忽视日常保养都会造成施工机械的非正常损坏，将会大幅度增加维修费用。

材料和物流成本控制主要包括材料用量控制和材料价格控制两个方面。

① 材料用量控制

• 坚持按定额的材料消耗量，实行限额领料制度，作业人员只能在规定限额内分期分批领用材料，如果超出限额领料，则要分析原因，及时采取纠正措施。

• 改进施工技术，推广使用降低材料损耗的各种新技术、新工艺、新材料。

• 在对工程进行功能分析、对材料进行性能分析的基础上，力求用价格低的材料代替价格高的材料。

• 认真计量验收，坚持余料回收，降低材料损耗水平。

• 加强施工现场管理，合理堆放，减少搬运，降低仓储损耗。

② 材料价格控制

• 买价控制，通过对市场行情的调查研究，在保质保量的前提下，货比三家，择优购料，对大宗采购实行公开招标。

• 运费控制，综合考虑运输价格、运输效率和安全性等多方面因素，选择合理的运输方式和运输代理商。

• 考虑资金、时间价值，根据市场价格浮动的趋势和施工进度计划，选择合适的进货时间和材料批量，减少资金占用，尽可能降低材料储备。

• 根据周转资金的有效利用和利率等情况，选择合理的付款方式。

• 根据对供货厂商的资金和信誉的调查，选择可靠的供货厂商。根据施工组织安排和现场实际情况，编制物资需用量计划、物资总量计划、分工号限定额发料台账；物资管理部门则应结合市场行情和资金状况，编制当期物资需用量核算表、月（季）物资采购计划，经审核批准后组织采购实施。

建立物资计划、质量检验、验收入库、出库使用、限额发料、物资消耗、盘点核算、余料回收及废旧物资处置八大关口，做到发料前有限额，发料中有控制，实施后有核算。建立物资采购平台管理模式，实施集中采购。

在施工过程中加强机械设备的保养与管理，提高机械设备的利用率，发挥其最大的经济效益，尽可能避免设备的闲置和损坏；在机械设备进出场上控制好时间，让设备及时进场、退场，做到既不影响施工也不增加不必要的成本。

（4）工期控制

工期与成本的关系既对立又统一。一方面，在保证合同工期的前提下，成本越低越好；另一方面，延长工期虽然可能会降低局部成本，但也会导致其他方面的损失。也就是说，工期并非越短越好，只有达到最佳工期，成本才能最低，应在保证合同工期，投入一定生产要素的前提下，尽可能地压缩工期。工期成本控制的目的是将项目成本支出控制在合理水平。项目部在安排工期时，要注意处理工期与成本的辩证统一关系，均衡有节奏地进行施工，以求在合理使用资源的前提下，保证工期，降低成本。工期安排的合理性是影响项目成本的重要因素。

① 工期延长将加大企业设备和人力资源的占用，增加企业管理费用，直接导致成本增加。

② 过度的工期压缩也并非是经济合理的，它将导致企业资源的过度集中投入，资源使用不平衡，被单一项目大量占用，增加资源的机会成本、调集费用以及资源的管理难度，导致资源效益不能充分发挥或直接浪费。符合低成本原则的工期管理是实现资源优化配置，均衡生产，没有过度赶工，也没有开工不足。项目的实际工期进度应是动态的、不断调整的，编制项目总进度计划应当将设计进度计划、采购进度计划和施工进度计划结合起来，充分考虑相关各个方面的逻辑关系和资源分配，做好交叉衔接，重视设计、采购与施工之间的协调配合，制订出科学合理并留有一定余地的项目总进度计划，实现合同工期和成本目标的完美结合。

7.3.3　施工中参与单位的成本控制

1. 分包商成本管理

为加强成本管理，增加经济效益，分包项目的分包造价一般是通过招标方式确定的。其中，专业分包是单独通过招投标确定的，而对设备及材料的采购一般是采用企业直采方式，不允许变相整体分包。

通过招投标确定的分包项目造价就是在项目施工责任成本中分包项目的分包成本。分包成本作为项目施工责任成本中的指标之一被下达给项目部，原则上不再进行大幅变动。

专业分包则可以根据工程的进展情况，在专业工程施工前确定。因此，在确定分包项目的项目施工责任成本时，专业分包工程可以根据预计的工程量与市场价确定，以作为施工招投标时报价的上限。

大型信息化 EPC 项目的总包企业都有分包商库，一是为了竞争比较，二是为了建立值得信任的支持团队，分担项目风险以及便于总包企业管理。工程类项目的风险不仅数量多而且规模大，需要许多后备力量支撑，所以储备候选分包商是总承包企业战略布局的关键点。

在信息化工程实施过程中，设备采购和安装通常都是一同发生的，总包企业会让分包商针对合并采购和安装一起报价。总包企业为了合规和争取最大利润，必须自己亲自询价并做好比较与选择。

2. 材料供应商成本管理

对于一般设备材料，在投标前总包企业就已经进行询价并确认完成，长期合作的供应商中标后降价空间不大。因此总包企业平时积累的各家供应商资源，建立供设计参考的价格产品库，不仅在设计投标时能够用到，而且在施工需要增补或变更时也能随时查询价格成本，及时响应现场变更后的报价。

7.3.4 施工中的变更及索赔管理

信息化 EPC 项目大多是规模大、工期紧张的大型工程项目。在施工过程中，受天气、地址等因素影响，以及设计变更和人为干扰，工程项目时常会发生变更，从而对施工的工期、费用等产生重大影响。频繁变更是信息化 EPC 项目的显著特点之一。大部分变更工作会给承包商的计划安排、成本支出带来一定的影响，重大的变更还可能会打乱整个施工部署，同时变更容易引起承包商和业主双方争议，因此必须引起重视。

变更和索赔通常是形影不离的，索赔是个中性词，因为发生了诸多变更导致总包企业需要补充相应的人员和材料，所以才会有索赔的事件发生。

常见的变更类型有 3 种，即费用变更、工期变更和合同条款变更。最容易引起双方产生争议和纠纷的是费用变更，因为无论工期变更也好，条款变更也好，最终都可能归结为费用问题。合同中通常会规定费用变更处理方式，双方可以据此计算变更后的费用。

对于信息化 EPC 项目，更多的变更是结合产品询价定价、配合当地市场定额费用的计算来最终确定索赔费用的。

1. 变更管理的薄弱环节及范围

（1）重工程进度，轻需求论证

施工单位在充分论证项目需求的基础上，委托专业设计机构拟定建筑图纸及施工图纸，由工程造价单位核算项目预算。如果预算核算恰当，那么在招投标及施工管理实施完毕后，工程造价通常会变动较小。

一般工程的最终结算价会少于工程前期控制价，甚至合同价。但是如果设计方案一变再变，那么有些项目不仅工程进度及质量会出现查错，而且工程造价也会出现严重超预算，甚至超预算比例达到 50% 以上的情况。这种重工程进度轻需求论证的做法会导致资金投入多，项目效果却一般，不能充分发挥资金使用效率，给施工单位造成了很大的困扰。

（2）变更依据不充分，审批程序不严格

在项目开始后，设计修正、设计漏项、现场变更等不可预见的情况时有发生。但是为了保证项目的延续性及稳定性，变更不可随意，必须要严密论证、严格审批，确保充分合理。

在招投标环节，一些施工单位往往采取低价中标的策略，但在项目实施过程中，却通过各种理由寻求设计变更，以求增加利润。而有些设计单位和监理人员不但不及时提醒施工单位，甚至还会和施工单位一起推动设计变更。虽然某一个变更导致的工程造价增加不多，但是在项目建设全过程中，小的变更多了，累积起来的工程造价增加金额也会越来越大。在竣工结算审计时，工程造价咨询企业根据甲方的签署意见，很难将工程造价核减下来，导致工程造价严重超预算。

（3）人才缺失，对工程造价控制力度不足

目前，绝大部分基层单位没有设置工程造价管理部门，基建部门将主要精力放在筹集项目资金、拟订项目设计方案、管理项目施工安全和进度上，在设计方案预算把控方面或多或少存在漏洞，有较高的预算风险。在施工阶段，在工程造价管理方面存在人员缺少、分工不明、能力不足、取证手段单一、隐蔽工程记录不详等问题，缺乏对建设各个阶段工程造价的事先主动控制，导致工程造价变更把控不严。此外，各支队级单位审计人员一般由一名专职审计人员和两名兼职人员构成，且多为财会专业出身，在工程项目管理及造价审核方面缺乏专业知识，很难将工程造价风险降低到合理水平。

（4）合同执行过程变更因素多

合同执行过程中引起变更的因素与范围见表 7-1。

表7-1　合同执行过程中引起变更的因素与范围

变更范围	引发变更的因素
工程量变更	1. 设计变更
	2. 额外工程
	3. 附属工程
	4. 因某部分工艺变化要求
	5. 业主改变相应需求
工程范围变更	1. 技术条件（工程涉及、基础数据等）改变
	2. 质量要求（技术、规范）改变
	3. 施工顺序改变
	4. 设备和材料供货范围改变
	5. 服务范围和内容改变、进度提前

2. 变更索赔的应对策略

（1）仔细研读合同文件，掌握变更索赔条件

在项目中标后，项目部成立专门的合同管理部，并将部门技术骨干及设计人员加入其中，掌握变更程序，主动积极探寻可能使项目优化的变更机会，并进行技术经济分析，挑选符合合同要求、有利于业主，且对项目部而言技术可行、经济有利的可变更项。

同时，项目部要加强工程量清单审核，减少清单漏项，避免项目描述不清、专业工程暂估价设置过多，隐蔽工程缺失，与施工图纸不一致等问题，避免工程量清单编制不实、不准等问题，导致后期结算审核产生争议，工程变更量较大。此外，在工程控制价审计方面，控制价应较为合理地体现工程的总造价，避免工程的总造价过高或过低，要既不会造成项目投资增加，又不会导致施工单位偷工减料，为做好工程管理工作打下坚实的基础。

（2）及时签订变更确认文件

合同范围的变更将对项目工程量、项目所需设备等产生联动影响，正所谓“牵一发而动全身”。当项目出现变更时，项目部及时与业主补充协议或确定变更图纸、联系单等往来文件，形成具有法律效力的合同文件，降低对其他相关工作的影响。

（3）找准关键点创造“变更”

除了业主需求变更外，项目部要善于发现并发掘业主的新需求或更高层次的价值，努力引

导业主往这些方向走。现在许多业主都想要在自己的项目中建设出亮点，这对信息化 EPC 项目承包方来说是极有利的。

例如，即将要建设的软件平台需要接入大楼中其他专业量化管理数据的变更增补；客户大楼或园区建立数据平台来管理所有其他平台等软件的变更增补；或是会议室智能照明模式改造、网络中心机房需要扩容，改变配电设备量的增补和更换模块化机房设备等硬件设备变化，都是变更增补中的可能盈利点。

（4）后期审核，确保项目变更真实合规

在工程项目竣工后，施工单位往往凭借现场变更情况，在竣工结算报审时高估概算。审计人员务必要加强工程变更的后期审核，防止出现借由变更增加工程报价，造成国有资产流失等严重问题。在后期办理竣工结算审核时要着重做好 3 个方面工作：一是查看变更手续是否齐全，特别要关注设计单位、监理单位、施工单位、建设单位的签字盖章是否齐全，有无形成相关的会议纪要或记录等资料，严防出现经办人签字及确认变更不规范的现象；二是竣工结算时的变更量是否合理，特别要注意审核变更会商、设计变更、工程变更的资料与实际竣工结算的资料是否一致，是否存在张冠李戴、错误计算变更范围、随意增加变更项目等现象，避免出现变更管理漏洞；三是竣工结算审核单位要加强同监理单位、跟踪审计单位的沟通，加大对变更工作的管理力度，多方联动，确保竣工结算审核准确无误。

（5）加强培养，不断提升人才队伍素质

工程变更管理是工程管理的一个突出矛盾点，把握不好、监督不到位不仅容易导致工程质量出问题，而且会造成国有资产流失。如何做好重大建设项目变更管理，这对相关人员的能力素质提出了更高的要求。一是项目管理人员要加强变更管理工作，在方案设计方面要投入更多的精力，在充分提炼项目需求的基础上，推进项目建设工作；对项目实施过程中的每一个变更，要加强论证，及时报批，做好记录，加强与其他项目管理参与方的合作，确保变更管理充分高效。二是审计人员要加强对法律法规的学习，特别是对变更管理等类似复杂问题的学习，熟练掌握法律法规的文件精神，明确标准，深入细致地开展工作；坚持问题导向，及时发现问题及时解决，在涉及变更时，作为审计人员要坚持实事求是的原则，准确核算由变更产生的造价变更、施工工艺改变等问题。三是不断提升沟通能力，在工程管理过程中，项目参与人员需要加强彼此间的合作交流，在现场观察记录的基础上，加强与施工方、监理方的沟通，依据事实做好变更工作。

7.4 信息化 EPC 项目整体施工质量管理

7.4.1 质量管理体系

为保质保量地完成工程任务，建立合理的质量管控体系是必要且迫切的。这其中包括建立质量管理小组、编制和落实现场质量核查表、认真编写第 3 层作业指导书及各种管理文件和技术文件等。

项目部要建立以项目经理为首的质量保证和监督机构，组建工程质量监督小组，统一管理和协调本工程的质量监督和控制，坚持三检制度和三级检验评定制度，使施工的全过程处于受控状态。质量管理体系架构如图 7-2 所示。

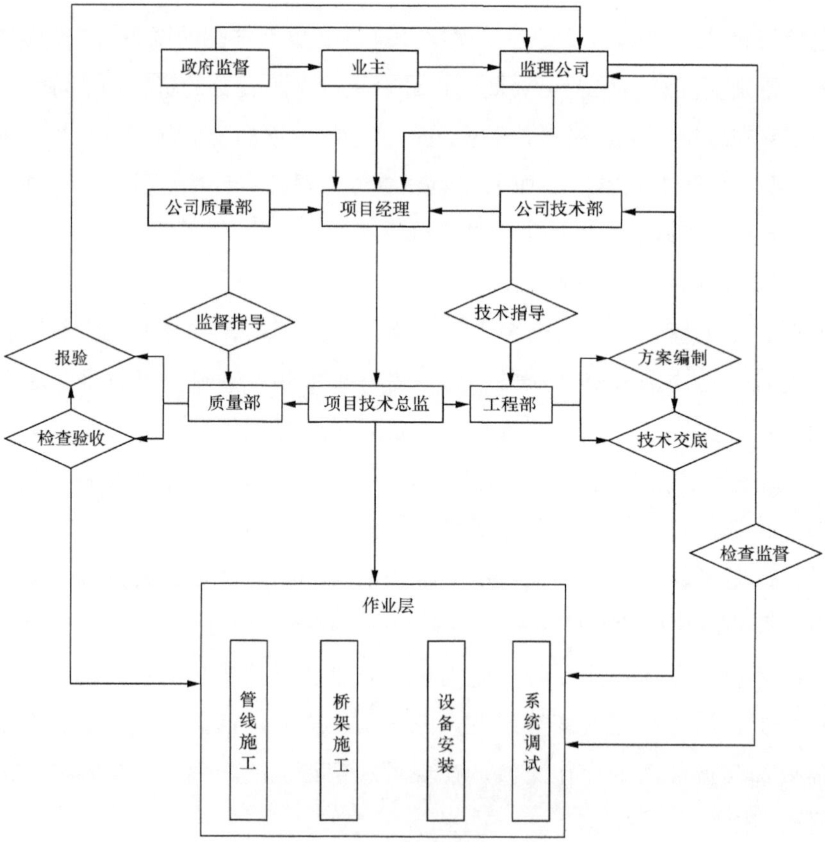

图7-2 质量管理体系架构

在质量管理过程中，项目部要严格按照要求，落实施工过程技术控制责任，适应程序的具体要求，保证施工过程质量，按照规定进行有效控制，从而满足甲方的要求。工程以项目经理为第一质量保证人，施工员、质量员、各施工组组长要亲临现场，责任分明，层层落实。设计人员、质量员要明确质量管理重点，对施工班组人员进行技术交底。技术交底一律通过书面形式进行，施工员、操作者签字齐全后，将书面的技术交底交给每个员工。技术交底原件由施工员保存，每个月底之前将一套完整的技术交底资料交由资料员整理归档。项目部还要严格执行相关的施工技术规范和质量验收标准；对施工过程中易产生的质量通病进行预控；严格按照施工工艺程序操作，如果上道工序检验不合格，则禁止进行下道工序操作；在施工过程中要严格遵循质量检验标准要求，落实工程隐蔽前的“三检”制度；要定期检查，接受甲方、监理方对工程质量的管理和指导。

此外，按照质量管理体系的流程运行也是执行好质量管理的必备条件。质量管理体系运行流程如图 7-3 所示。

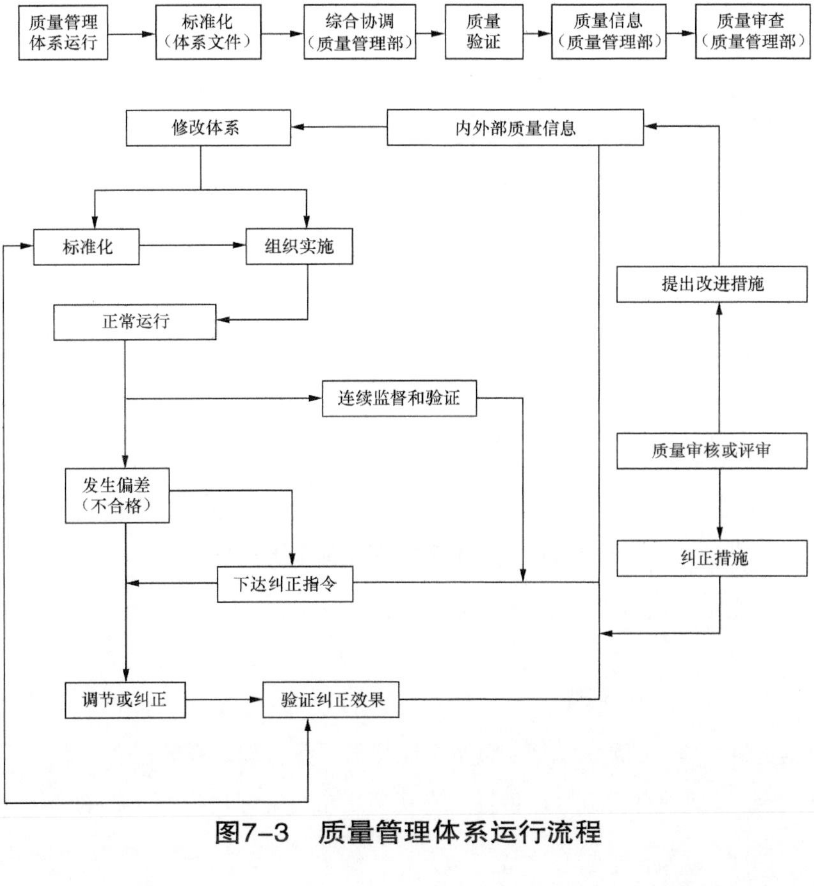

图7-3 质量管理体系运行流程

在执行质量管理体系运行流程时，项目部在每个环节都要做好自己的本职管理工作，遇到不符合程序及制度的情况要及时上报讨论，必要时，可根据现场实际情况修改流程及体系文件。

7.4.2 项目部门及主要人员的质量管理责任

项目部内部质量管理架构如图 7-4 所示。

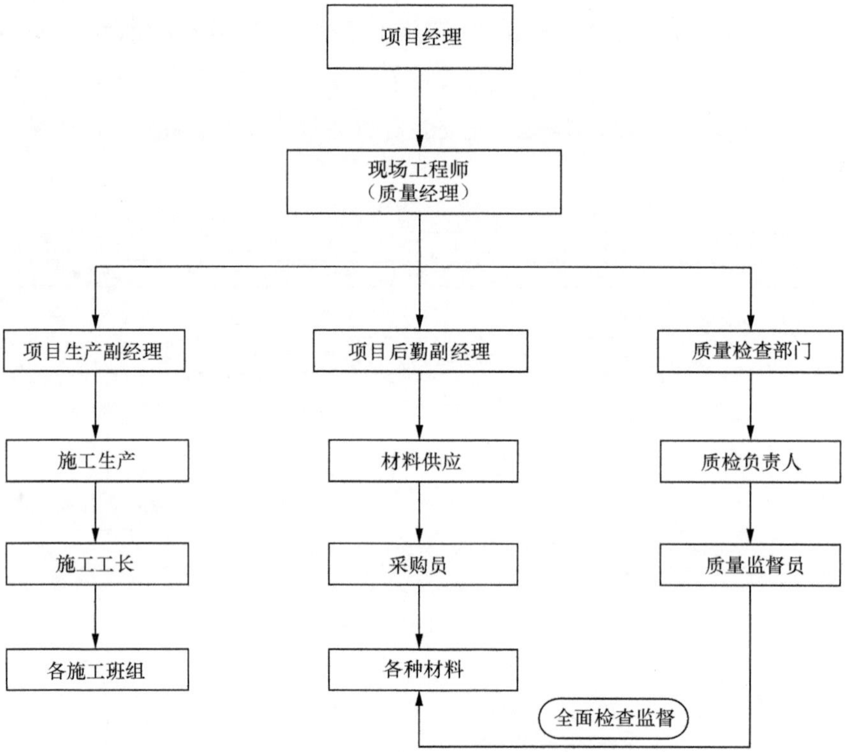

图7-4 项目部内部质量管理架构

在质量管理架构中，项目部各岗位的职责如下。

1. 项目经理

项目经理负责整个项目的质量管理；负责组织项目质量管理体系的建立，确定各个部门质量管理职责和权限；组织实现项目质量管理目标，为实现质量目标提供资源；监督质量管理体系对项目质量的控制情况；定期或不定期主持项目质量管理工作会议，即时处理项目质量管理中遇到的问题。

2. 项目副经理、安全总监

项目副经理、安全总监负责各系统质量控制，是专项质量工作的直接责任人。

3. 总工程师

- 协助项目经理做好工程项目质量管理工作；在项目经理的领导下，负责组织编制项目质量手册、程序文件和质量管理方案，并组织实施。
- 负责监督、检查项目部相关部门和施工单位贯彻执行项目部有关质量管理体系文件和项目质量管理方案的情况，及时发现过程管理方面的质量问题，并参与研究解决问题的方法。
- 对工程质量、产品质量、服务质量以及不合格品等问题，组织有关责任人分析主要原因。
- 对发现的重大质量问题，有权直接向项目经理报告。
- 按质量计划规定，组织检查工程的主要质量控制点。
- 负责组织有工程要求的检验、试验和复验工作，与业主和其他授权机构进行沟通与协商。
- 组织日常质量管理体系的运转工作，组织质量管理体系内部质量审核工作；协调管理质量体系各个部门和各位专业工程师的工作。
- 掌握工程质量信息，对重大工程质量问题组织召开现场质量分析会，制订纠正措施，提出处理意见，并及时上报项目经理。

4. 质量部

- 负责按照标准和业主质量管理体系的要求，组织编制项目质量手册、程序文件以及项目质量计划，建立和实施项目质量管理体系。
- 组织开展项目质量管理活动，组织确立质量管理目标，并提出实现目标的管理措施。
- 负责现场施工质量的监督检查，有权处理现场质量问题，直接向项目经理汇报。
- 配合业主、监理单位的监督检查工作，并及时提交有关文件和检验结果；监督检查质量管理体系的运行情况，组织开展内审和管理评审。
- 负责项目监视和测量装置的配备、报批、检定及监督检查工作。
- 组织质量教育培训及质量信息的传递工作。

• 组织工程质量的考核、验收、评定工作。

5. 设计部

• 确保设计组织、技术接口、设计输入、设计输出、设计评审、设计验证和设计确定活动是有计划的，并使整个过程始终处于受控状态。

• 按照设计计划完成规定的设计内容，达到规定的设计深度，对设计水平、设计质量和执行法规和标准全面负责。

• 严格控制和记录设计变更。

• 在施工过程中监督设计文件的实施，配合处理施工过程中出现的设计问题，有权拒绝可能会导致设计质量降低的任何指令。

• 所有的设计变更和修改在实施之前应由授权人加以确认，形成文件，评审后批准实施。

6. 采办部

（1）物资生产加工的质量职责

物资生产加工部门是工程质量的直接责任者，向工程总承包项目部提供质量满足合同要求、符合技术规范以及国家和行业的质量标准的合格工程；在工程保修期满前向工程总承包项目部承担因物资质量造成的一切质量问题的责任。

采办部有权拒收物资生产加工单位提供的不合格或质量证明文件不全的原材料、设备与零配件；有权拒绝擅自提高或降低标准的材料、设备与零配件。

物资生产加工的全过程接受物资生产监理（驻厂监造）的监督管理。

（2）代表工程总承包项目部执行物资采购合同的质量职责

采办部作为工程总承包项目部委托的执行物资采购合同的部门，是工程质量的直接责任者，负责检查生产供货单位向工程总承包项目部提供的物资质量是否满足合同要求、是否符合技术规范以及国家和行业标准，其有权拒收不合格或质量证明文件不全的物资、工程、设备及配件。物资供应、仓储、运输等全过程应接受工程应总承包项目部的监督管理。采办部应认真执行工程总承包项目部、业主项目经理部的质量管理文件、规定及技术规范；维护质量管理体系运行；按质量管理体系文件要求填写、上报各种记录；开展质量管理活动，进行相关的质量培训；对物资中转站的质量管理运行情况进行检查、监督。

7.4.3 实施过程质量控制

1. 质量预控及检测程序

从领取施工图纸，图纸会审，编制施工组织设计方案，分项工程质量评定，单位工程质量评定施工验收，直至竣工后保修服务，每个环节都应由项目部专人负责，专人检查，专人评定，层层把关严格执行，同时项目部应认真接受甲方和甲方委派的监理单位及政府质量监督管理机构的指导和监督，经过内外部的共同作用，互相合作，实现工程质量一次性达到投标质量等级要求。

围绕总体目标和分项目标，项目部和施工队应对全体员工进行质量意识教育、质量管理制度教育、质量标准教育，牢固树立“质量第一”的意识。在每项工作开始时，承包商应要求项目部和施工队认真抓好思想准备、技术准备、物资准备、设备准备、组织准备和现场准备工作，使质量控制工作顺利开展。

项目部还要针对各分项工程控制重点及质量目标，采取对策，实施质量预控；针对事先要进行的施工重点控制项目，分析可能或易于出现的质量问题，提出应变对策，制订质量预防措施。

工程质量预控法全面贯彻了“预防为主”的方针，推行全面质量管理，把质量管理从事后检验转变为事先控制工序及因素，把“管结果”变为“管因素”，把质量事故消灭在萌芽状态。

质量管理预控网络如图 7-5 所示。

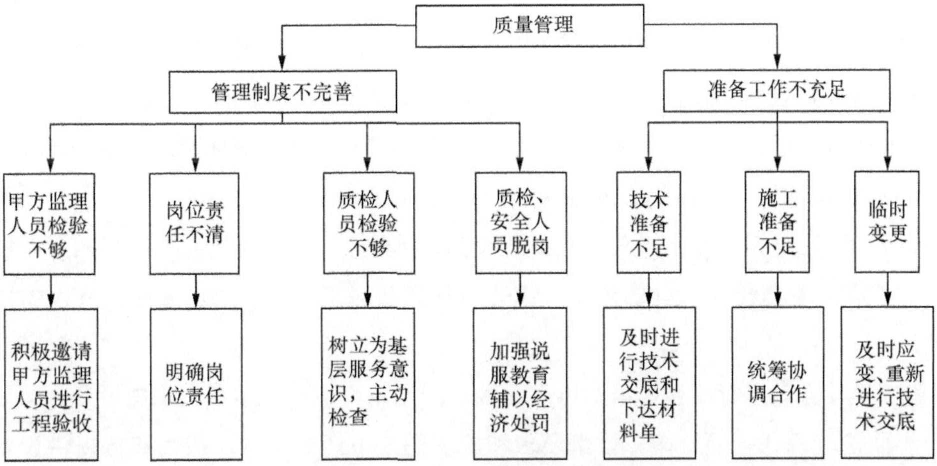

图7-5 质量管理预控网络

2. 深化设计阶段质量控制

深化设计方案应从现实情况出发，以需求为依据，以规范为准则，总体筹划，分步实施，逐步升级，确保信息化 EPC 总承包项目实现总体优化、安全可靠的目标。选用的设备应当技术先进、经济合理、性能可靠，并具有开放性和可扩展性。深化设计阶段质量控制措施包括以下 8 个方面。

- 检查并确认各个子系统的系统设计、技术设计、功能描述、设备选型达到合同、业主及功能需求分析的要求。
- 根据确定的工程界面要求，检查各个专业和子系统之间的技术交接资料是否达到要求，包括功能、信号匹配、设备配置、逻辑等。
- 项目技术总监分工负责工程设计优化，以及协调与各子系统分包之间的接口关系，检查受控对象的设计管线是否到位，双方信号接口界面功能是否达到设计要求。
- 对设计图纸进行全面审核，确保设备清单、各个子系统点表与施工图三者完全一致，如果不一致，那么需要整体检查偏差之处，达到查漏补缺的目的。
- 其他机电设备订货合同必须明确信息化内容对这些设备的技术要求（技术性能参数和技术接口要求）、设备材料的供应范围、技术设计界面和施工界面。例如，冷热源设备：明确起停控制要求和方式，必须明确通信连接方式、通信协议、数据格式、性能参数传输要求、接口设备和软件的界面，以及变频控制要求；电梯设备：明确对视频监控、视频、电源电缆、读卡机接口、楼层显示器，以及电梯迫降的要求等；变配电设备：明确监测参数要求、数据传输方式，以及接口界面；柴油发电机设备：明确监测参数要求、数据传输方式，以及接口界面。
- 必须明确各个子系统之间具体技术界面的细节和要求，并以书面形式加以确定。例如，在楼宇和消防系统技术设计过程中，按监控表和联动的要求涉及电气控制箱的二次回路设计，冷水机（冷源设备）、电梯、配电设备（高低压柜）、柴油发电机、热源设备、空调水系统的阀门等设备，它们都是双方施工设计的依据，深化设计还要对设备材料供应和施工界面做出再次确认和修改。
- 对施工设计方案进行确认，以及再次对冷热源设备、电梯设备、变配电设备、柴油发电机设备 4 个界面进行确认，使合同、技术要求和施工图三方达到一致，成为双方提供设备硬件详细清单的依据。同时，防止设备遗漏或接口不一致，确保图纸的正确性，避免施工中出现差错是系统正常调试开通的基本保证。

• 装饰工程施工的特点是施工过程中工序多、参与施工的工种多、各个工种的交叉作业多、互相干扰多。在装饰工程施工时，楼宇智能化工程和设备安装工程也正处于施工高峰阶段，势必与装饰施工相互干扰。同时，装饰设计的某些造型、形式的变化也要求智能化工程和设备安装工程在预设管线、预留安装位置时，根据深化设计图纸及现场实际情况做出相应调整并与装饰施工单位进行确认，避免装饰面施工结束后，智能化设备无法安装导致破坏装饰顶面或立面的情形发生，造成不必要的损失。

3. 材料及设备质量控制

开工前，项目部应及时编制自供材料计划，以便及时组织，保质保量地供应物资。各分系统工程师应协助建设单位、监理单位严把材料设备的质量关，尽可能地参加供应商实地考察，从资质、品牌、商誉等方面把关。

项目部材料员及专业技术员应对材料进行质量检验，如果发现不合格材料，那么应当及时提出退货，不得将不合格材料用于工程施工，各种材料设备必须符合下列要求。

• 达到国家有关法规、技术标准和购销合同规定的质量要求，有产品检验合格证质保书、试验报告、说明书以及有关的技术资料。

• 实行生产许可证制度的产品要有许可证主管部门颁发的许可证编号、批准日期和有效日期。

• 对于使用商标和分级分季的产品，产品或者包装上应有商标和分级分季标记。

• 对送验的样品，要检查产品合格证、材质证明、质量保证书、出厂证明以及企业营业执照等文件。

• 对送验的样品，供应商除了提交必要的资料、测试数据、产品特性说明、合格证、产地证之外，还要提交产品实物，并封存实物。

• 进口的设备、材料除了要符合国内有关标准之外，还应有生产国的质量证明书、所有检验测试资料及文件。项目部协助业主、监理单位一起，及时做好材料报验和设备检验工作。

• 项目施工不得使用经检验不合格的材料和设备。项目部应开具《不合格品通知单》，要求供应商必须在规定期限内更换或补充资料，产品经复检合格后，方可被使用。

4. 施工全过程质量控制

施工全过程的质量控制是一个系统，包括投入生产要素的质量控制、施工以及安装工艺过程的质量控制和最终产品的质量控制。

施工全过程的质量控制如图 7-6 所示。

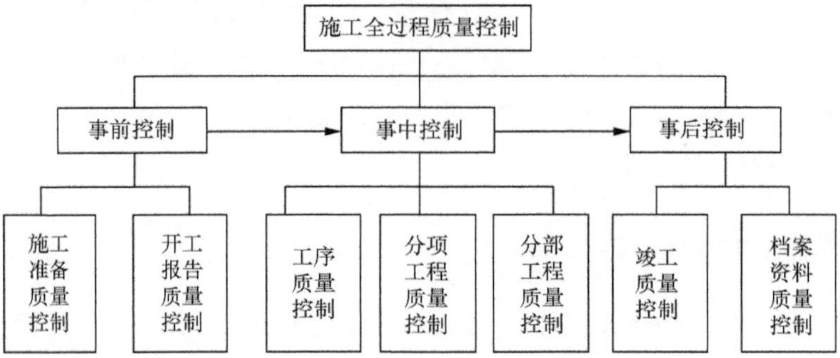

图7-6　施工全过程的质量控制

施工技术质量标准按照国家规范、行业标准和设计图纸的规定执行。

在施工准备阶段，项目部要对各个子系统的施工方案、施工计划和施工机具进行审核。无施工方案和施工计划，或施工方案、施工计划不具体，施工机具不合格者不得进场。

在工程施工过程中，各个子系统的设计如果需要变更、洽商，那么需要由建设单位、设计单位、施工单位三方签署同意意见，并报监理单位、业主，经批准后方可生效。

项目部应及时配合监理单位建立对隐蔽工程隐检的报告制度并对工程及时验收，以确保每道工序的质量，避免返工和纠纷。

项目部在检验过程中发现不合格品或者不合格工程时，必须及时进行产品更换或返工纠偏，不能把上一工序的不合格品带到下一工序。

各个施工队对各自的施工质量负责。

除了进行常规的工程管理外，质量管理还要重点抓好以下 7 个方面的工作。

- 加强专业与工种之间的协调配合。信息化工程建设不仅涉及土建、装饰、空调、给排水、供电、照明、电梯等专业，而且在某种意义上弱电工程也是其配合工种，严防在各个专业工艺管道完成后再增补楼宇自动化系统的传感器、执行器、摄像机、综合布线系统信息，各系统点必须与装饰工程密切配合。
- 加强工序之间的检查与验收。工序检查流程如图 7-7 所示。

由于弱电工程的配管、线、槽和线路敷设安装与调试可能由不同的施工单位完成，所以在每个工序或工种施工结束后，施工单位必须填写相应的施工记录或安装表格。在进行单体设备安装、穿线、接线时，项目部必须按照隐蔽工程相应的工程验收规范和设计图纸要求进行交接验收，做好单体设备的测试记录，提交完整的工程技术档案资料，以确保工程质量。

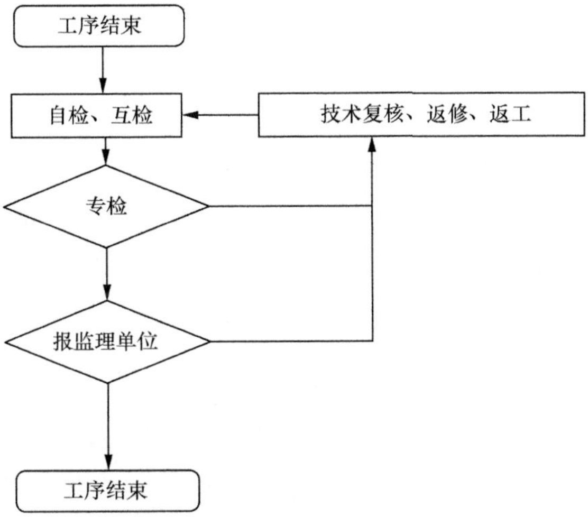

图7-7　工序检查流程

- 应按施工工艺和相关的施工及验收规范分阶段进行质量控制。
- 按照施工工艺框图的质量保证体系进行施工和质量控制。
- 做好电管、线槽、电缆敷设及隐蔽工程的施工记录和验收。
- 按照施工工艺要点做好单体设备安装的质量检查表格。
- 按照设计和产品技术说明书的要求做好单体设备的测试和调试记录。

5. 技术保证措施

为防止工程中常见的质量通病出现，针对各个细节问题，项目部应制订以下具体措施。

- 应注意线管、桥架的接地情况，以及变频用电设备附近的屏蔽情况。
- 做好隐蔽工程隐蔽前的检查工作并做好相应的隐蔽记录和验收工作。
- 在建设机房及安装贵重设备时，应事先及时通知相关单位加门加锁，加强成品保护。
- 在进行各分项工程的同时做好各个系统的接校线检查，为调试做好准备，严禁不经检查立即上电。
- 严格检查各分项工程的设备安装、线路敷设是否与图纸、资料相符。
- 逐个检查各个设备、点位的安装情况、接线情况。如果有不合格的情况，那么项目部应填写质量反馈单，并做好相应的记录。

• 各个设备、点位检查完毕无误后，对这些设备、点位逐个进行通电实验。通电实验需两人一组，涉及强电的实验要挂牌示警并记录。

• 在各系统调试运转正常后，整理竣工资料，组织交接验收，交验保运过程中要注意对业主方的运行人员的培训。

• 逐步将各分项工程交付给业主方的运行人员，并办理相应的手续。

• 施工前，针对本工程的特点编制技术先进、工期合理和工程质量确保优质的施工组织设计，制订适合本工程的质量目标计划和保证工程质量的项目管理制度。

• 做好设计图纸的会审工作，认真参加设计交底，全面了解工程项目的特点和质量标准。

• 明确所采用的施工技术规范、标准并认真贯彻实施，在施工过程中做好质量监督、检验和评定工作；采用专业检查与自检、互检结合的办法，把质量问题消灭在施工过程之中。特别是对于隐蔽工程部位和关键项目，在自检、专检之后，还要通过建设单位现场代表的检查认定，才能转入下一道工序。

• 做好工程施工方案的编制工作，对关键施工部位要制订切实可行的保证工程质量的技术措施。施工现场必须执行“五不准”：无设计方案或无合格证的设计不准施工；原材料无合格证的不准施工；设备和半成品不合格者不准施工；降低规范要求或验收标准不准施工；不合格工程不准申报竣工工作量和竣工项目。

• 做好施工技术资料填报工作，要做到及时、完整、准确、可追溯，按质量控制点对重点施工部位和资料进行复查。

• 在工程竣工时，及时向建设单位交付完整的工程技术资料，及时对单位工程做出质量评定并提交有关质量监督单位的审核证明。

7.4.4 系统集成和调试的质量控制

1. 系统集成的质量控制特点

（1）需要多专业合作

系统集成的质量控制一般需要多种专业的配合，例如，中间件平台接口、存储管理备份系统的集成需要计算机、外设、网络、数据库、软件等专业共同配合。

（2）具有创造性

业主的不同特点和需求使得每一个系统集成工程都有不同之处，它需要“量身定做”，同时也带来了一些非标准化的问题。

（3）质量不可控因素增多

系统集成的很大一部分工作要在现场完成，这就对现场作业的质量控制提出了新的要求。

系统集成工作在合同中往往体现在对功能的文字说明中，实施时受业主意见、集成系统如何选材、厂商配合程度、各系统设备特性等诸多因素的影响，需要项目部相关技术管理成员做大量的现场协调工作。

2. 系统集成和调试运行质量控制策略

调试工作应由有经验的专业工程师承担，子系统的调试和工程整体调试必须达到设计指标要求，经反复调试仍不能达到指标的，应找出原因进行整改或返工，直至满足设计要求为止。

系统的各分项工程完成后，最后要进行系统的连机统调。参与调试的人员要制订好统调方案，按照预定的方案检查系统的运行是否正常，系统及各种参数指标是否满足设计要求，系统间的通信是否畅通，与系统联动的设备控制是否灵活，有时要反复调整多次，才能使系统的工作处在最佳状态。

在设备安装调试过程中，参加安装和调试的人员要认真做好各项记录，包括单机、子系统和系统统调的各种记录、测试结果等。

为了验证系统的可靠程度，调试人员还要进行系统的运行试验，确认系统在功能方面的完备性、可靠性，并做好系统试运行记录。这些记录都是工程验收和日后维修维护不可缺少的技术文件资料。

未来负责运营管理的技术人员、操作人员和维护人员应参与设备安装过程，熟悉设备的安装位置、安装方法、调试过程以及性能要求，以便迅速掌握设备的使用方法、故障诊断技巧，更有利于今后的检修维护工作。

3. 系统集成和调试运行质量控制措施

（1）系统调试应具备的条件

① 系统调试前，系统图、控制原理图、管线施工图、各种接线表、设备安装中各个设备平面布置图、产品技术说明书等施工设计图纸与资料的检查；线路敷设、测试记录包括隐蔽工程验收报告

的检查；设备安装记录包括各个工种之间的交接验收单、受控单体设备测试记录的检查。

② 调试方案的内容应包括单体设备调试程序、检查或测试项目的方法、评定要求或标准、测试仪器设备，并在各个子系统调试开通的基础上，在其他专业的机电设备单独运行正常的情况下，按设计要求让各个子系统与其进行联动控制。

③ 记录、检查、确认各项测试数据，发现问题及时提出解决措施，并经相关部门确认。

（2）系统调试质量要求

① 调试质量标准按照国家规范、行业标准和设计图纸的规定执行；明确各个子系统的软硬件单体及系统调试的主要内容、主要功能；明确测试文档的组成及其要求，以及测试方法的要求等。

② 在调试预备阶段，要对各个子系统的调试方案、调试计划和调试仪器进行审核。无调试方案、调试计划或调试方案、调试计划不具体，调试仪器不合格者不得进场接受调试。

③ 调试仪器应通过国家计量部门的认可并且认可处于有效期内，其精度、量程也要符合国家的相关规范或标准。

④ 调试人员应具有丰富的经验和相关的操作证书。

⑤ 根据设计、规范、合同的要求编制调试方案，经审查确认后组织实施。调试方案必须按各个子系统单独编制，其内容应包括单体设备调试程度、检查或测试项目的方法、评定要求或标准、测试仪器设备。

⑥ 严格按规范和调试方案的要求进行检查。

7.5 信息化 EPC 总承包项目总体实施进度管理

7.5.1 进度拖延因素分析

1. 相关工作落实程度及配合度低，影响项目开工与推进

信息化 EPC 总承包项目是采用集设计、采购、施工于一体的工程总承包模式，一些业主在项目招标前根本不对建设目标进行研究，认为反正是包含设计的工程，待招标后到现场再慢慢设计。但到真正进场设计时，业主又在研究探讨需求和解决方案后迟迟无法确定设计方案，致使工期一再拖延。

2. 业主关键联系人专业能力弱

业主或业主聘请的管理团队内部也是分专业管辖的，即每个人管理工地上不同专业的承包商。信息化 EPC 总承包项目一般由业主的信息部或者智能化专业工程师管理。项目的信息工程技术含量高要求业主的专业知识必须非常全面，业主要既懂工程又懂信息化技术，这一般是很难做到的。

3. 当地主管部门要求严格

国家对信息安全和信息化规范管理逐年严格，项目方不仅在土建、强电等专业工程建设时需要报送相关资料，而且在信息化工程建设时也要报送相关文件，这样才能拿到相应验收，这些都是工程竣工验收的前提。例如，一些地市的安全报警技术办公室组织的验收逐渐成为智能化工程验收趋势；相关工程资料不再是由业主和承包商留存，还需报送给当地档案馆等，相关要求需要在实施过程中被理清并实时跟踪完成。

4. 项目内部因素对施工进度的影响

项目部是项目实施的主体，项目部内部的关系及人员状态都是影响进度的因素，不利因素包括项目部成员对当地环境的不适应，或成员长期出差导致积极性减退，公司、个人因素或分工不明引起项目内部沟通不和谐、内部分化等。

5. 设备、材料及技术因素对施工进度的影响

因为信息化项目专业设备较多，技术性高，有时施工还涉及大型机械，所以设备、材料及技术等客观因素也会引起进度拖延，客观因素主要包括大型机械进出场问题、设备变更后的到货时间问题、专业工程和其他专业招标时界定不清晰产生的纠纷问题、业主和监理单位对形象工程的要求不一致、施工工序安排合理性的问题等。

7.5.2 进度计划编制及管理

1. 制订实际的进度计划

施工进度（工期）是总承包商施工管理的一项核心指标，总承包商必须保证在合同工期内

完成工程的建造。不但分包商逾期需要总承包商承担责任，而且由于施工过程中各参与方的配合和协作的程度直接关系到工程进度，所以总承包商要承担各个分包商配合不好造成的工期延误的责任。如果总承包商在工期计划上“独断专行”，采用倒排工期的方法给分包商指定工期，不考虑分包商在资源配置方面的压力，那么由此形成的进度计划可能在理论上是经济的，但不一定是科学可行的。缺乏合作意识的总承包商经常容易忽略分包商在工期计划中的作用，事实上，分包商是最直接的施工作业者，他们对工期的预测和计划往往是最现实合理的。总承包商在总进度计划的编排上要充分考虑分包商的意见，使总进度计划最大限度地趋于科学合理。总承包商对分包商的进度控制计划一般分为总进度计划、月进度计划和周进度计划 3 个层次。总进度计划是总承包商在综合各个分包商的意见之后，经过合理协调后统一制订的，一般采取时标网络形式，总进度计划的控制任务是对项目进度关键线路及关键节点的控制。

明确进度计划的关键和编制原则后，编制进度计划就剩下“术”的施展。好的进度计划能让人一目了然。

下面列举几种进度计划工具的使用情况。

施工进度计划示例 1 如图 7-8 所示，施工进度计划示例 2 如图 7-9 所示。

图 7-8 是用 Excel 软件做的简单进度计划表，用纯文字的形式表述工作内容及时间安排，该进度计划表只适用于小型项目的简单计划安排，既看不出工作前后的逻辑安排，工作分工也不细致。

图 7-9 也是用 Excel 软件做的进度计划表，在图 7-8 的基础上做了样式的修改，用手绘进度条表示工作前后顺序关系，工作分工也详细许多。

弱电阶段进度计划明细		2016年12月8日
项目	日期	具体工作量
地下室及自用层	12月8日至12月9日	自用层会议室管路预埋
	12月8日至12月11日	地下室分控箱安装、桥架及线缆敷设到箱
	12月12日至12月14日	地下室广播点位安装收尾
前端设备	12月8日至12月13日	门禁锁具安装
	12月10日至12月12日	读卡器等安装，墙面预留面板封堵
	12月12日至12月15日	标准层监控前端设备安装，广播安装收尾（21层优先）
	12月14日至12月16日	地下室监控点位支架设备安装
	12月15日至12月17日	标准层报警设备安装
弱电间、室外工程量	12月6日至12月8日	监控光缆敷设，熔光纤
	12月9日至12月10日	综合布线光缆及自用层电话大对数线缆敷设
	12月11日至12月13日	室外立杆、分控箱基础浇筑，光纤熔接
	12月12日至12月16日	弱电间门禁系统接线、监控电箱制作接线
	12月12日至12月14日	弱电间机柜内设备安装
	12月15日至12月16日	电梯机房梯控、五方对讲主线、屋面监控门禁线缆收尾

图7-8　施工进度计划示例1

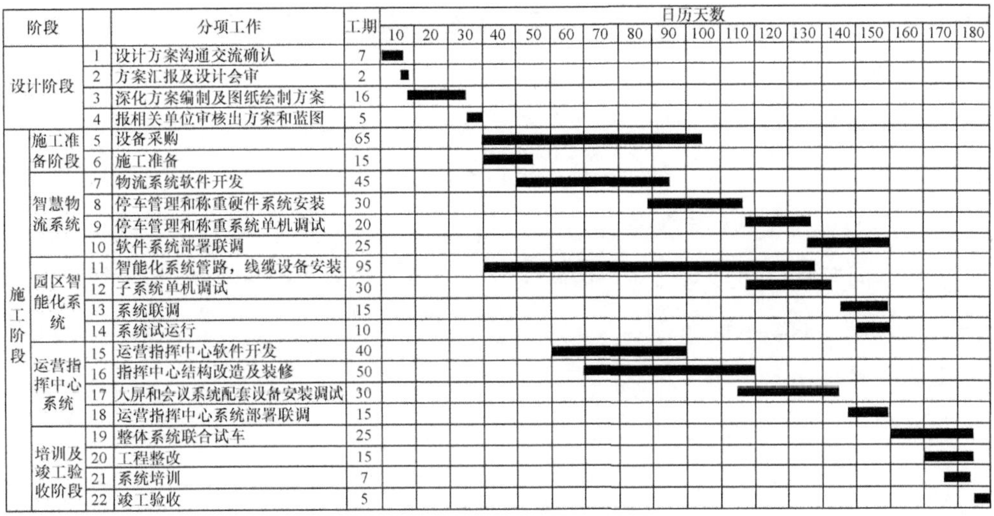

图7–9　施工进度计划示例2

运用合理软件工具编辑出逻辑清晰的工程进度计划，是施工管理水平的体现，也是管理达标的关键手段，唯有对工程的各项工作胸有成竹，具备很强的逻辑思维才能完成此任务。

2. 进度计划优化方法

项目进度计划的优化一般是根据项目的网络计划图来进行的，即网络计划的优化，是在一定的约束条件下，按既定的网络计划进行不断地改进、调整，以寻求满意的进度计划的过程。网络计划的优化目标具体可分为工期优化、费用—时间优化和共享资源优化。

（1）工期优化

工期优化是指通过压缩关键工作的持续时间来达到缩短工期的目的。工期优化应按照经济合理的原则，不能将关键工作压缩成非关键工作。当工期优化过程中出现多条关键线路时，必须对各条关键线路的总持续时间进行等量压缩，否则就不能有效缩短工期。在选择可压缩的关键工作内容时，应考虑缩短持续时间不会影响项目质量和操作安全、有足够的备用资源及缩短持续时间所导致的费用增加最少等多个方面，有时也可以通过调整工作之间的逻辑关系来达到工期优化的目的。

（2）费用—时间优化

费用—时间优化也可称为时间成本优化，目的在于寻求总成本最低的工期安排或按期完工时的最低成本计划安排。该方法基于以下假设条件：每项工作有两组工期和费用包括估计正常时间和正常费用、应急时间和应急费用；必须采用应急方案时，要有足够的资源；正常时间和应急时间、正常费用和应急费用之间的关系是线性的；工作的总费用由直接费用和间接费用构成，直接费用会随着时间的压缩而增加，但是间接费用会随着时间的缩短而减少。因此，当需要通过压缩关键线路上的工作以应急时，应选择直接费用最少的关键工作作为压缩对象。费用—时间优化的基本思路就是不断地在网络计划图中找出直接费用最少的关键工作，以缩短其持续时间；同时再考虑间接费用随时间的缩短而减少这一特点，最后求得项目总成本最低时的工期安排或按期完工时的最低成本安排。

（3）共享资源优化

共享资源优化是通过改变工作的开始时间和完成时间，使共享资源的时间分布符合优化目标，通常可分为两种情况："共享资源有限，工期最短"和"工期固定，资源均衡"。共享资源优化的前提条件是不改变网络计划图中工作的逻辑关系，不改变各项工作的持续关系，网络计划图中各项工作的共享资源强度是一个合理的常数且要保持工作的连续性。"共享资源有限，工期最短"的优化方式旨在尽可能地缩短工期，提前完工，尽早收益。"工期固定，资源均衡"优化的目的在于尽可能地均衡项目共享资源用量，单位时间内不出现过多的共享资源高峰和低谷，便于项目的组织与管理，从而降低总的成本支出，主要方法有方差值最小法、削高峰法等。实际上，在信息化 EPC 项目建设过程中，工作前后环节和工序在工作时间上是完全可以进行交叉和重叠的。

7.5.3 进度控制方法及措施

1. 进度控制的主要方法

（1）行政方法

行政方法是指通过发布进度指令，对进度进行指导、协调和考核。利用激励手段（奖、罚、表扬、批评）、监督、督促等方式进行进度控制。使用行政方法的优点是直接、迅速、有效，但是要提倡科学性，避免主观、武断、片面。

（2）经济方法

进度控制的经济方法是指用经济手段对进度进行控制，主要有以下几种方式：通过对投资的投放速度的控制来调节工程项目的实施进度；在承包合同中写进有关工期和进度的条款；通过招标的优惠条件鼓励承包商加快进度；通过工期提前奖励和延期罚款的措施实施进度控制；通过调节物资的供应进行进度控制等。

（3）管理技术方法

进度控制的管理技术方法主要是使用规划、控制和协调等管理职能手段。一是确定并编制项目的总进度计划和分进度计划；二是在项目开展的全过程中，进行计划进度与实际进度的比较，发现偏离后及时采取措施进行纠正；三是同时协调参与项目各个单位之间的关系。

2. 进度控制的具体措施

（1）组织保证措施

项目部应建立可保证工期的组织机构，成立以项目经理为组长，项目副经理和总工程师为副组长，各部室负责人及各队长为组员的保证工期领导小组，建立健全自上而下、层层落实的工期保证组织机构。

项目部工程技术科应设有专门的进度管理工程师，专门负责工程形象进度管理，落实各项工期管理措施，深入基层调查了解影响工期的各项因素，协助施工队制订改善进度的可行性措施，提升工程进度管理的适时性，便于项目经理及时掌握工程进度，提高工期管理效率。具体可根据以下两个部分开展工作。

① 分解施工进度计划

- 按施工阶段分解，突出控制节点。以关键线路为主要线索，以总进度网络计划中心起止里程碑为控制点，在不同施工阶段确定重点控制对象，制订施工细则，以确保控制节点的顺利完成。
- 按施工单位分解，明确分部目标。以总进度网络计划为依据，明确各个单位的分部目标，通过合同责任书落实相关责任，以分头实现各自的分部目标来确保总目标的实现。
- 按专业工种分解，确定交接时间。在不同专业和不同工种的任务之间进行综合平衡，并强调相互之间的衔接配合，确定交接日期，保证工程进度不在本工序内造成延误。通过对各道工序完成的质量与时间的控制来保证各分部工程进度目标的实现。
- 按总进度网络计划的时间要求，将施工总进度计划分解为年度、季度、月度、旬期和周等不同时间控制单位的进度网络计划。

② 强化进度计划管理

- 工程开工前，项目部必须严格按照施工招标书的工期要求，提出工程总进度计划，并对其是否科学、合理，能否满足合同规定工期要求等问题进行认真的论证。
- 在工程总进度计划的控制下，对于施工过程，项目部应坚持逐月（周）编制出具体的工程施工计划和工作安排，并对其科学性、可行性进行认真的推敲。

• 在工程总进度计划的执行过程中，如果发现未能按期完成工程计划，必须及时分析原因，立即调整计划和采取补救措施，以保证工程总进度计划的实现。

（2）制度保证措施

① 实行工期责任考核制，施工对进场后将目标总工期分解，层层签订承包合同并签发施工任务书。

② 实行阶段性工期控制并把计划落实到施工班组，从上至下推行工期、质量奖惩责任制，加快工程进度。

③ 制订工程进度管理逐级报告制度。

④ 施工班组须向施工队按时汇报工程进度，施工队按时向进度管理工程师汇报工程进度情况，进度管理工程师再向项目部领导层定期汇报工程进度情况。

⑤ 坚持定期召开工程分析会，合理布置工程任务，解决施工中遇到的各种问题。

⑥ 坚持实行跟班作业制度，各级领导要深入一线跟班作业，及时了解工程进度动态，发现问题及时解决。

⑦ 执行合同管理制度，充分保证施工人员的积极性和主动性；实行定额用工，加强劳动定额管理，确保定额任务的完成；依靠科学组织、合理安排，保证各项工作按序进行。

⑧ 建立工程进度奖罚制度，确保合同规定工期按要求实现。在下达施工进度计划的同时，制订施工进度检查和奖罚制度。

（3）技术管理保障措施

① 开工前，项目部应做好施工队的布置、建点和安置工作；认真审核施工图纸，组织相关人员对施工现场进行详细检查；积极与土建等专业施工单位联系，了解其工程进度情况。

② 施工准备期要短，即进场时间短、准备时间短、尽快形成生产能力。通过合理的组织与正确的施工方法，保持稳产高产。

③ 项目部应认真做好工程的统筹、网络计划工作，科学组织、合理安排、均衡生产，采用先进的项目管理软件，对工程进度进行动态控制。

④ 根据工程所处地理位置的气候特点，项目部应充分考虑冬季、雨季对施工的影响，牢牢抓住关键工序的管理与施工。

⑤ 项目部和施工队应提前做好图纸会审工作，对图纸中有疑问的地方，及时与设计人员联系解决，避免耽误施工。

⑥ 项目部要提前做好各分部、分项工程的施工方案与材料试验，及时申报开工。需要专家

评审的方案应提前进行，防止其影响施工进度。

⑦ 在使用大型先进施工设备时，施工队应保证有足够多的施工机械及机械操作人员，确保工期目标的实现，并成立专门的机械维修班组。

⑧ 注重依靠科学和技术进步。对影响施工进度的施工技术难题，项目部可开展质量小组活动，组织技术攻关，充分听取各个方面的合理化建议。

⑨ 根据施工总进度的要求，项目部应分别编制年度、季度、月度施工生产计划，实施并对照检查，找差距，找原因，完善管理，促进施工。

⑩ 全面提高人员整体素质。项目部应加强技术培训，提高施工人员的操作熟练程度，同时抓好后勤保障工作，一切为生产服务。

⑪ 加强施工调度指挥，项目部应对施工中出现的不平衡和不协调问题及时进行调整，并定期组织调度会，协调各方，采取措施，消除施工中的矛盾，改善施工管理过程中的薄弱环节，实现动态平衡。

⑫ 全面实现层层计划交底，保证全体施工人员共同参与计划实施。在施工进度计划实施前，项目部应根据任务进度文件的要求层层交底落实，使有关人员明确各项计划的目标、任务、实施方案、预控措施、开始/结束日期、有关保证条件、协作配合要点，使项目管理层和作业层协调一致，从而保证施工生产计划有步骤、连续、均衡地进行。

（4）资源保障措施

① 施工所需的人力、物资、设备、资金等资源在项目部范围内统一调配。

② 各个工区配置足够的资源，确保工期目标实现。

③ 配备足够的机械设备，加强设备的管、用、养、修，合理维持配件库存，确保设备完好，提高设备利用率。

④ 项目部应组织相关技术人员编制机械安全技术操作规程，设备管理人员须深入现场督促检查设备安全情况，发现问题，及时纠正，消除隐患。

⑤ 项目部应建立专项资金用于材料的采购工作，确保材料供应充足，任何个人或部门均不得擅自挪用该资金。

⑥ 项目部应加强材料的管理工作，保证材料的库存量合理，确保材料的质量在库存阶段不发生变化，保证满足工程施工的需求。

⑦ 项目部应掌握和追踪目前的材料动向和发展状况，追踪新材料、新技术、新工艺的信息，不断提高材料管理水平。

⑧ 特殊材料的采购应提前进行，留出充足的到货时间，保持与材料供应单位的联系，确保

材料的正常供应。

⑨ 项目部应组织提前进行节假日期间所需的材料采购，确保材料库存量满足假期工程施工的正常需要。

（5）进度影响因素的控制措施

在施工生产过程中，影响进度的因素纷繁复杂，例如，设计变更、施工技术、资金、机械、材料、劳动力、水电供应、气候、施工组织协调等，要保证目标总工期的实现，就必须采取各种措施预防和克服上述因素的影响，其中从技术方面入手是最直接有效的途径之一。

① 设计变更因素

设计变更因素是施工进度执行过程中的最大干扰因素，其中包括改变部分工程的功能引起大量设计变更，增加施工工作量，以及因设计图纸本身欠缺而变更或补充，造成施工增量、返工，打乱施工流水节奏，致使施工减速、延期甚至停工。针对这些现象，项目部要通过理解图纸与业主意图，进行自审、会审以及与设计院交流，最大限度地做到事前预控，把影响降到最低。

② 施工技术因素

• 施工对应实行工种流水交叉、循序跟进的施工程序，抢工期间实行昼夜两班作业。

• 发扬技术力量优势，大力应用、推广“三新”项目（新材料、新技术、新工艺）。

③ 资源配置因素

• 劳动力配置：在保证工程劳动力需求充足的条件下，项目部优化对工人的技术等级、思想、身体素质等的管理与配备。流水作业方式以均衡流水为主，对关键工序等影响工程工期的重要环节配备足够的施工劳动力。

• 材料配置：项目部可按照施工进度计划的要求及时进货，做到既满足施工要求，又使现场无太多的积压材料，以便有更多的场地安排施工；建立高效的材料市场调查、采购、供应部门。

• 机械配置：为保证工程的按期完成，项目部应配备足够的施工机械，其不仅要满足工程正常施工使用，还要保证有效的备用。例如，为确保在市电网停电的情况下也能正常施工，项目部要在工地配备柴油发电机以做备用。另外，项目部要组织机械维修班组做好施工机械的定期检查和日常维修，保证施工机械处于良好状态。

• 资金配备：根据施工的实际情况，项目部编制月进度报表，根据合同条款申请工程款，并将预付款、工程款合理分配到人工费、材料费等各个方面，确保施工顺利进行。

• 后勤保障：后勤服务人员要做好生活服务供应工作，重点解决好吃、住两大难题，工地食堂的饭菜要保证品种多、味道好，同时开饭时间要随时根据施工进度进行调整。

7.6 信息化 EPC 项目现场安全管理

7.6.1 安全生产管理机构及职责

安全生产管理机构如图 7-10 所示。

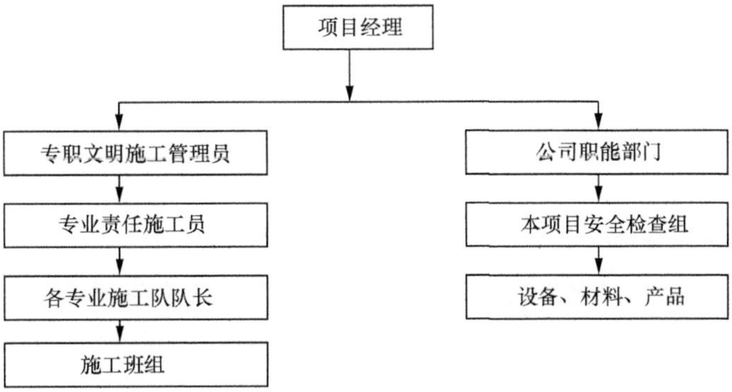

图7-10 安全生产管理机构

项目部成立安全生产管理机构，由项目经理、项目副经理、项目安全负责人、项目技术负责人及项目部各个职能部门负责人组成。

安全生产管理机构按照国家、行业的安全法规、标准，配备不少于合同约定的专职安全管理人员。

根据本工程的安全生产状况，特别是薄弱环节、重大危险源，安全生产管理机构应制订防止伤亡、火灾事故或职业危害的防治措施，以及施工危险岗位、危险设备的安全操作规程，安全生产管理机构也应对规程执行落实情况进行监督检查。

安全生产管理机构应根据《危险性较大的分部分项工程安全管理办法》，在危险性较大的分部分项工程施工前编制专项方案；对于超过一定规模的危险性较大的分部分项工程，组织专家对专项方案进行论证。

安全生产管理机构应建立应急救援体系，制订综合应急预案、专项应急预案、现场处置方案，定期开展应急救援预案演练和培训工作，让所有相关人员认知危险源的危险性，掌握应急处置方案和技能。

安全管理机构应全面领导本工程的安全管理，在计划、布置、检查、总结、评比中确保施工安全进行。

1. 项目经理安全职责

- 认真贯彻安全生产方针、政策、法规和各项规章制度，制订和执行安全生产管理办法，严格执行安全考核指标和安全生产奖罚办法，严格执行安全技术措施审批和施工安全技术交底制度。
- 定期组织安全生产检查和分析，针对可能产生的安全隐患制订相应的预防措施。
- 当施工过程中发生安全事故时，项目经理必须按安全事故处理的有关规定和程序及时上报和处置，并制订防止同类事故再次发生的措施。

2. 安全员安全职责

- 落实安全设施的设置。
- 对施工全过程的安全进行监督，纠正违章作业，配合有关部门排除安全隐患，组织安全教育和全员安全活动，保证劳动安全防护用品的质量和监督施工人员对其的正确使用。

3. 施工班组组长安全职责

- 向施工人员进行安全技术措施交底，组织实施安全技术措施。
- 对施工现场的安全防护装置和设施进行验收。
- 对施工人员进行安全操作规程培训，增强施工人员的安全意识，防范安全事故发生。
- 当发生重大或恶性工伤事故时，施工班组组长应保护现场，立即上报项目经理并参与事故调查处理。

4. 施工人员安全职责

- 认真学习并严格执行施工安全技术操作规程，不违规作业。
- 自觉遵守安全生产规章制度，执行施工安全技术交底和有关安全生产的规定。
- 服从安全监督人员的指导，积极参加安全活动。
- 爱护安全设施，正确使用劳动安全防护用品。
- 对不安全作业提出意见，拒绝违章指挥。

7.6.2　安全生产措施

1. 施工日常安全控制措施

- 对施工工地实行封闭管理，在出入大门处设置安全保卫人员 24 小时看护，实行出入人员登记制度，安全保卫人员对出入施工现场、生活区域、办公区域的外来人员进行询问，检查证件及时登记，在节假日要加强对重点目标、重要区域的安全检查，及时发现并处理安全隐患。夜间安排安全保卫人员对施工现场进行巡查，防火防盗，排除安全隐患。

- 在宿舍（生活区域）设置标识牌，并张贴住宿人员名单。对地面进行硬化处理并设置排水沟，设置专门排放池进行生活污水排放。
- 室内照明设施应采用 36V 的安全电压。宿舍内不得随意堆物堆料，摆放各种集体用餐食物和明火炉灶。
- 食堂和厕所间距不少于 20m，将烹调区与饮食区分隔开，生熟食品分开存放，采取冷冻、消毒、防蚊蝇蟑螂等卫生措施。食堂需申领卫生许可证，符合卫生标准，食堂工作人员应持有健康证，且证照上墙。
- 按规定及时为施工人员发放质量合格的劳动安全防护用品，施工负责人和安全员对劳动防护用品的穿戴和正确使用情况进行检查，不按规定穿戴劳动安全防护用品的人员不得上岗作业。
- 进入施工现场的人员一律佩戴安全帽和工作牌，系好帽带。所有施工人员都要经过入场三级安全教育和岗位安全操作技术培训，各类机械设备的操作工、电工、架子工、焊工等特种作业人员，必须经过国家专门机构的安全操作技术培训，考试合格持证后且在证书有效期内，方可持证上岗。由项目安全质量环保部对特种作业人员进行登记备案，定期组织安全培训。
- 保证施工、消防道路畅通，在特殊情况下，需沿边设置防护栏杆、夜间设置红色标志灯，并有保证安全通行的措施。
- 工程施工前、工种换岗及转岗都必须由技术人员对施工人员进行安全、工程技术、安全操作规程交底，施工人员应明确每道工序的技术、质量要求及安全操作规程要领，掌握可能发生的质量、安全事故的预防控制措施。
- 现场库房、配电房、重要设备堆放场地应设置专人进行 24 小时看护。
- 定期组织安全生产检查，及时制止违章指挥、违章作业、违反劳动纪律的行为，发现事故隐患及时整改落实。

2. 施工用电安全控制措施

- 直接从事带电作业时，施工人员必须穿绝缘鞋和戴绝缘橡胶手套，防止触电。
- 从事电焊作业的特种作业人员必须持证上岗，作业时必须戴焊接专用手套，穿绝缘鞋，戴护目镜和面罩。

• 施工人员应使用自动开关进行电源控制，不准使用手动开关，对一、二次线必须增加防触电保护装置，一次线长度不应超过 5m（不能拖地），二次线长度不应小于 30m。

• 施工人员不得随意拆除或改装手动工具及电动工具的插头，不得接长使用工具自带的软线，严禁将线缆的金属线头直接插入插座内。

• 施工人员不得在钢筋网上拖动砼振捣器的电缆，防止电缆破皮漏电。电缆长度不应超过 30m，施工人员应穿绝缘鞋和戴绝缘橡胶手套。

• 施工现场所有的电器设备和线缆的绝缘必须良好，接头不准裸露，施工人员当发现有接头裸露或破皮漏电时，应及时上报、不得擅自处理，以免发生触电事故。

• 当施工采用橡皮线时，其应被架空敷设，不得拖地使用，以防出现人踩车压，造成破皮漏电事故。当有水作业时，例如，使用水磨机时，施工人员要将电源电缆用钢索架起，防止浸水造成漏电事故。

• 高压线的下方不得搭设临时建筑，不准堆放材料和进行施工作业，在高压线一侧，任何材料必须与其保持 6m 以上的安全距离，达不到上述安全距离时，必须采取隔离防护措施，防止施工人员作业时，金属材料碰触高压线造成触电事故。

• 施工现场的开关箱安装和使用，必须是一机一闸一漏保及专用开关箱，不得混用。为确保运行的安全，施工人员作业前必须按照规定对现场的施工机械进行检查试运转，作业结束后必须拉闸断电，锁好电闸箱，防止发生意外事故。

• 开关箱应防雨防尘、加锁，一般安装高度（距地）为 1.4m ～ 1.6m，与其他控制的电器设备的距离不超过 3m。开关箱内不准放置任何物品，以免妨碍操作造成事故。开关箱周围不得堆放任何杂物，并留有足够两人操作的空间和通道。开关箱内的电器安装与接线，必须由电工操作，非电工严禁操作，电闸保险丝跳断后应立即找电工查明原因，排除故障后再接好保险丝。

• 施工现场的所有电器设备必须安装漏电保护器，漏电保护器应安装在电器设备的负荷线首端。在使用漏电保护器前，应由电工检验确认其合格后再使用，不得用漏电保护器直接代替电闸开关。当漏电保护器掉闸时，不得强行合闸，应由电工查明原因排除故障后，再继续使用。

• 施工现场使用的手持照明灯的电压应采用 36V 安全电压，在 36V 电线上严禁乱搭乱挂。当使用碘钨灯时，外壳应做接零、接地保护，灯具架设应距离易燃物 30cm 以上，固定架设高度不低于 3m。

3. 施工机械安全控制措施

• 现场施工机械的使用应严格遵守《建筑机械使用安全技术规程》。

• 在施工过程中，必须使用有资质的企业生产的施工机械，且施工机械具有合格证和完整的安装、使用、维修说明书。在施工机械进场前，其应经过验收确认合格。

• 施工机械操作工必须经过专业培训，考核合格，取得建设行政主管部门颁发的操作证书或公安交通主管部门颁发的机动车驾驶执照后，方可上岗。实习操作工必须在持证人员的指导下操作。小型施工机具操作工应经过安全技术培训，考核合格后，方可上岗。

• 施工部门应建立施工机械维修保养制度，定期对施工机械进行检查、保养。施工机械上的各种安全防护装置和监测、指示、仪表、报警、信号等自动装置必须完好齐全，有缺损时应及时修复。严禁使用安全防护装置不完整或已失效的施工机械。

• 在施工机械使用前，操作工应对其进行全面检查，确认施工机械各个部分完好，防护装置齐全有效，并经试运转确认正常后，再作业。

• 施工机械操作工必须按照生产企业的使用说明书规定的技术性能、承载能力和使用条件来正确操作机械，合理使用，严禁超载作业或任意扩大使用范围，不得随意更换原机零部件，需要更换时，应由专业技术人员设计并试验、鉴定，确认符合要求后实施。施工机械不得带病运转，运转过程中发现不正常时，应立即停机检查，排除故障后方可再次使用。施工机械运转过程中严禁维修、保养。维修、保养施工机械必须在断电或熄火、制动和楔紧行走轮后进行。在施工机械悬空部位下作业时，作业人员必须将悬空部位支撑起来或用支垫稳固住。

• 施工现场车辆严禁超速行驶。驾驶员应根据车速与前车保持适当的安全距离，选择较好路面行进，遇有凹坑、明沟或路口时，驾驶员应提前减速，缓慢通过。

• 所有起重设备、绳索、滑轮、卸扣、绳卡等工具必须具有合格证或质量证明书和使用说明书。作业前施工人员应认真检查，确认符合要求后方可使用。

• 使用吊车进行吊装作业时，操作工应根据被吊物件的重量、规格、吊装位置、作业半径及工作环境，选用型号合适的吊车。吊车吊装前，操作工应对吊车进行全面检查，吊车应处于完好状态，限位装置灵敏可靠。吊车不得超载，不得歪拉斜吊或起吊不明重量的物件。吊车行走、作业的路面及场地要压实平整，其承受能力需要满足吊车行走及作业的要求。吊装作业应有专人指挥，明确分工。参加吊装的人员应坚守岗位，并根据指挥命令工作。吊装过程中任何岗位出现问题，应立即向指挥者报告，没有指挥者的命令，任何人不得擅自操作或离开岗位。吊装前吊件上应系牢固溜绳，防止吊装过程中吊件摆动、旋转或碰挂其他物件。吊车作业时，其配重旋转范围内严禁人员进入，吊物不得从操作室、驾驶室上方通过，一般采取背向吊装方式。

4. 施工现场消防管理

- 在编制施工组织设计时，施工总平面图、施工方法和施工技术均要符合消防要求。
- 安全生产管理机构应成立义务消防队，制订和落实消防安全操作规程、日常防火检查制度和火灾隐患整改制度，建立消防档案。
- 施工现场应配备足够的消防器材，由专职安全员进行维护、管理、定期更新，保证消防器材可靠使用。施工现场需要道路通畅，材料分类堆放，夜间应有照明设备，保证消防通道畅通无阻，并安排安全保卫人员加强值班巡逻。
- 易燃易爆物品应被放置在专用库房保存，远离其他临时房屋，配备足够的消防器材，并派专人看护。引爆危险品的距离应达到足够的安全距离（例如，30m 以上），且动火前应执行动火审批制度，签发动火证明，并安排动火监护人进行现场监护。
- 在电焊、气割作业点，氧气瓶、乙炔瓶放置的距离应大于 10m，远离易燃易爆物品。
- 项目部应对施工人员进行消防安全教育和培训，定期组织施工人员进行消防演练，所有施工人员均必须掌握消防器材的使用方法及基本消防知识。
- 临时搭建的房屋应采用防火阻燃材料，并保证疏散通道畅通无阻。
- 项目部应定期组织安全员对施工现场进行安全检查，对仓库、配电房、配电箱、电缆、易燃易爆物品存放点进行安全检查，对发现的安全隐患立即进行整改，并由整改责任人监督整改情况，直至消除安全隐患。项目部应积极组织消防安全知识和治安保卫管理条例的学习培训活动，通过板报、墙报、张贴标语等形式进行安全宣传教育，不断提高全员的消防安全意识和自防自救能力。

5. 施工防火、防毒、防爆、防雷措施

- 施工现场的易燃易爆物品要远离生活区域和作业区域，要设置专用库房，要有专人管理，库房要有通风设施。
- 各种气瓶要注意遮阳，气瓶和油料要远离火源，库房内应采用防爆电气照明。
- 有毒物品要妥善保管，防止泄漏，施工人员使用有毒物品时要戴好防毒面具和正确使用劳动安全防护用品。
- 高大设备要设有防雷装置，其接地电阻要不大于 10Ω。

7.6.3 突发事件应急救援预案

1. 突发事件应急救援管理组织机构

项目部建立以项目经理为组长，项目副经理、生产经理为副组长，安全负责人、各施工队队长为组员的突发事件应急救援管理领导小组，成立突发事件应急救援队伍，再形成纵横网络的突发事件应急救援管理组织机构。

2. 突发事件应急救援培训制度

项目部应组织所有人员学习并掌握在突发事件发生后的自救方法，以减少人员伤亡。所有人员还要学习在简易条件下救护伤员的急救措施。

针对本工程的特点，施工人员在上岗前，要进行突发事件救援教育，定期培训和演练，学习自救及救援必备的基本知识和技能。项目部有计划地对生产知识、安全操作规程、施工纪律、救护方法进行培训和考核。

3. 日常检查和演习

为了确保所有人员应急救援的快速反应能力和效果，突发事件应急救援管理组织机构还必须研究和制订安全排险救助的技术措施，做到统一指挥、分工明确、各尽其责、协作配合。同时突发事件应急救援管理领导小组应对整个系统的各个环节进行常态化检查并实战演练，当险情发生时，其能够指挥得当，应对自如，真正发挥其抢险救助的作用，达到减少或避免损失的目的。

施工现场需配备必要的医疗急救设备，随时提供救助服务，随时可与现场附近医院取得联系，以确保突发疾病和受伤人员能够及时得到救治。

项目部还应聘请专业救护人员，让所有人员学习自救和急救知识，添置必要的急救药品和医疗器材；在施工现场配备受过急救培训、掌握急救、抢救和工程抢险技能的专兼职人员；发生火灾时立即拨打火警电话“119”，并组织现场人员进行抢救。

项目部从各施工班组中抽调精干人员组成抢险小组，由一名副经理担任组长，做好教育培训和演练工作，还要做好日常检查工作并负责突发的抢险工作；在必要时，项目部可调动社会援助力量投入抢险救助中，将事故损失降到最低。

4. 救援物资的准备

（1）材料及设备配置

施工现场应配备担架、绷带等医疗急救设备，起重机、吊车和类似设备均应装有超载报警装置。施工现场的办公区域、生活区域、仓库要放置足够数量的消防器材，并要得到消防部门的检查认可，同时项目部要经常抽查消防器材，保证其性能完好。现场应配备抽水机和发电设备以备抢险应急时用水用电的需要。

（2）材料及设备的安全管理制度

所有施工机械进场前必须已被验收，并留有记录，保证其能被安全使用。项目部对进场的起重设备要进行验收，施工机械操作工必须持证上岗。安全环保部门每个月要对施工设备进行安全检查，并保存记录，一旦发现故障，及时排除。出现事故时，施工人员要立即向施工班组组长报告，组长立即组织抢险队伍，进入应急状态，控制事故蔓延发展。联络组及时联络救援队、车辆和物资。救援、运输队及时疏散现场人员，正确快速地引导救援、救护车辆。救护队对伤员进行正确施救。死亡事故发生后，项目部必须及时报告公司安全管理部和公司领导。

5. 突发事件应急救援处置

（1）触电事故的应急处理

① 脱离电源

当发现有人触电，不要惊慌，要尽快切断电源。救护人千万不要直接用手去拉触电人，防止发生救护人触电事故。根据现场具体条件，救护人可采取以下几种适当的方法和措施进行救助。

如果开关或按钮距离触电地点很近，救护人应迅速拉开开关，切断电源，并准备充足照明，以便进行抢救。如果开关或按钮距离触电地点很远，救护人可用绝缘手钳或用干燥木柄的斧、刀、铁锹等工具把电线切断。当导线搭在触电人身上或压在身下时，可用干燥的木棒、木板、竹竿或其他带有绝缘柄（手握绝缘柄）的工具，迅速将电线挑开，注意千万不能使用任何金属棒或湿的工具去挑电线，以免发生救护人触电事故。如果触电人的衣服是干燥的，而且不是紧缠在身上时，救护人可站在干燥的木板上，或用干衣服、干围巾等把自己的一只手进行严格绝缘包裹，然后用这只手拉触电人的衣服，把他拖离带电体。如果人在较高处触电，必须对触电人采取保护措施防止切断电源后触电人从高处摔落。

② 触电人脱离电源后的处理

如果触电人神志清醒，救护人则应使其就地躺下，严密监视，暂时不要站立或走动。如果触电人神志不清，救护人则应使其就地仰面平躺，确保气道通畅，并每隔5s呼叫触电人或轻拍其肩部，以判断触电人是否丧失意识，严禁摆动触电人的头部呼叫触电人。救护人应坚持就地正确抢救，并尽快联系附近医院进行抢救。如果触电人丧失意识，救护人则应在10s内用看、听、试的方法判断触电人的呼吸情况。

看：看触电人的胸部、腹部有无起伏动作。

听：耳贴近触电人的口，听有无呼气声音。

试：试测触电人的口鼻有无呼气的气流，再用两手指轻试触电人一侧喉结旁凹陷处的颈脉有无搏动。

如果看、听、试的结果既无呼吸又无颈脉搏动，则可判定呼吸、心跳已停止，应立即采用心肺复苏法进行抢救。

（2）火灾应急预案处置

当民工驻地、办公区域及库房发生火灾时，现场人员及相关人员应按照以下步骤进行处理。

① 初起火灾，现场人员应就近取材，进行现场自救、扑救，控制火势蔓延。必要时，现场人员应切断电源，防止触电。在自救、扑救火灾时，现场人员应区分不同情况、场所，使用不同的消防器材。若扑灭电器火灾时，现场人员应使用干粉灭火器、二氧化碳灭火器，严禁用水或泡沫灭火器，以防触电。若扑灭油类火灾时，现场人员应使用干粉灭火器、二氧化碳灭火器、泡沫灭火器。

② 遇到火势较大或人员受伤时，现场人员在组织自救的同时，应通过各种通信工具向项目部安全科、应急指挥中心办公室报告，并及时拨打火警电话“119”、急救中心电话“120”或公安指挥中心电话“110”求得外部支援；求援时现场人员必须讲明起火地点、火势大小、起火物资、联系电话等详细情况，并派人到路上接警。

③ 项目部安全科、应急指挥中心办公室接到电话后应立即根据报告情况启动应急响应，相关人员应在第一时间赶赴事故现场，并通知项目部应急车辆及各现场救援组赶到事故现场做好应急准备工作。

④ 现场救援组将受伤人员及时转送医院进行紧急救护。现场抢救组配合有关部门积极灭火。

⑤ 现场保护组负责疏散人群，抢救物资，尽可能地减少生命财产损失，防止火势蔓延。火灾事故若对区域内外人群安全构成威胁时，现场保护组必须对与事故应急救援无关的人员进行紧急疏散。

⑥ 火情处理后，善后处理组要对起火单位进行现场保护，接受事故调查并如实提供火灾事

故的情况，协助消防部门认定火灾原因，核定火灾损失，查明火灾直接责任。

（3）机械人员伤亡事故预案处置

施工现场发生机械人员伤亡事故时，现场人员及相关人员应按照以下步骤进行处理。

① 发生机械人员伤亡事故时，现场人员应立即对受伤人员进行固定、包扎、止血、紧急救护等。同时，现场人员通过各种通信工具向项目部安全科、应急指挥中心办公室报告。伤亡事故报告内容应包括事故发生的时间、地点、部门（单位）、简要经过、伤亡人数和已采取的应急措施等。

② 项目部安全科、应急指挥中心办公室接到电话后应立即根据报告情况启动应急响应，相关人员应在第一时间赶赴事故现场，并通知项目部应急车辆及各现场救援组赶到事故现场做好应急准备工作。必要时，项目部应立即与急救中心取得联系，求得外部支援。

③ 现场救援组和抢救组立即组织现场车辆运送受伤人员到附近医院抢救，并电话通知医院作好抢救受伤人员的准备。

④ 当有人员死亡时，善后处理组应立即做好书面报告，并积极配合、协助调查及处理好死亡人员的善后事宜。

⑤ 应急指挥中心办公室应根据事故原因采取相应的防制措施，对操作人员进行培训，确保按照操作规程进行工作。

（4）食物中毒事故应急预案处置

当项目部和各施工班组成员发生食物中毒事件时，现场人员及相关人员应按照以下步骤进行处理。

① 现场人员通过各种通信工具向项目部安全科、应急指挥中心办公室报告，并自觉维护现场秩序。

② 项目部安全科、应急指挥中心办公室接到电话后应立即根据报告情况启动应急响应，相关人员应在第一时间赶到事故现场，并通知项目部应急车辆及各现场救援组赶到事故现场做好应急准备工作。

③ 现场救援组和抢救组立即组织现场车辆运送食物中毒人员到附近医院抢救，并电话通知医院做好抢救食物中毒人员的准备。

④ 应急指挥中心办公室的善后处理组对食物中毒人员进行妥善安排后，应立即对食物中毒原因进行调查并记录存档。

⑤ 现场保护组如果发现食物中毒原因可疑，应立即保护好现场并上报当地派出所、公安局

介入调查食物中毒原因。

⑥ 当有人员死亡时，善后处理组应立即做好书面报告，上报当地安全生产监督局，并积极配合、协助调查及处理好死亡人员的善后事宜。

⑦ 应急指挥中心办公室应根据食物中毒事故原因采取相应措施，督促食堂每天进行卫生检查，凡是不符合卫生条件和来历不明的食物，一律严禁食用。

（5）急性传染病事故应急预案处置

① 当工地现场发生急性传染病时，项目部安全科、应急指挥中心办公室应立即启动应急响应，组织现场救援组人员对已被传染人员进行隔离，控制人员流动，并立即电话通知附近医院。

② 现场救援组和抢救组应在医务人员的指导下采取必要的消毒措施，禁止无关人员接触被传染人员，听候医院的统一安排。

③ 现场保护组应检查所有过往车辆，任何车辆在未经医务人员消毒和允许的情况下，严禁载送被传染人员，防止传染源扩大。

④ 善后处理组应在应急指挥中心办公室的指导下，调查发生传染病的起因，向应急指挥中心办公室提交书面报告。

7.7 文明施工及环境保护管理

7.7.1 文明施工保证措施

文明施工是确保安全施工，提高工程质量的重要手段，也是体现施工企业综合管理水平的一项重要标志。

为加强施工现场管理，促进文明施工，项目部应根据国家和所在省（直辖市、自治区）的相关规定，结合弱电施工的实际情况，制订文明施工制度。

施工人员进入现场必须遵守现场安全文明施工各项管理制度，施工人员进入现场必须着装整齐，佩戴工作卡，按规定的标准正确使用劳动安全防护用品，不得赤膊，不得穿短裤、裙子、拖鞋、凉鞋。

在施工现场，项目部应明确划分文明施工管理责任区，坚持谁施工谁负责的原则。

在施工现场，项目部应设置定点的垃圾池或垃圾桶，安排保洁人员随时随地清理现场垃圾，定期施药除“四害”。

在施工过程中，施工人员应做到“工完、料净、场地清”，不给施工现场留下任何残迹和安全隐患，每天下班前清理一次。

保证施工现场安全道路畅通，不得在安全通道堆放任何材料、设备及其他物品，不得破坏安全通道。

施工现场应设置卫生间，并有水源供冲洗，同时设置简易化粪池或集粪池，加盖并定期喷药，每日有专人负责清洁。

工程所需要的材料、设备在施工现场应堆放整齐、牢固，按有关规定不得超宽、超高。

施工现场的临时电源（包括总电源箱、配电箱、开关箱、插座箱、电线电缆等），电焊机的一、二次线，三气瓶及气带的布置和管理应进行统一规划，不得随意摆放。

严禁在工作现场（包括仓库）进餐，以预防鼠、虫害。

项目部应加强对施工现场待安装设备和已安装设备的保护，防止设备的二次污染、丢失、损坏，并加强施工现场区域的安全保卫工作。

施工过程中产生的废油、废水等应处理后排放。

项目部应严格按照建筑工程文明施工的标准，制订文明施工措施，并将其纳入施工组织设计一并实施。

在施工现场进出口处的醒目位置应设置施工标牌，注明施工单位简介和工程项目负责人姓名、监督电话、工程概况、施工现场平面图、建设单位、设计单位与监理单位名称以及其他应当注明的事项。

项目部应遵守有关环境保护和安全生产的法律、法规，对于施工现场产生的各种粉尘、废气、废水、固体废物以及噪声、振动等采取控制和处理措施。

在施工的过程中，施工人员应保证施工机械的噪声和振动符合城市环境噪声标准，合理安排施工工序，尽量避免在中午和夜间开展产生噪声的施工作业。

7.7.2 环境保护措施

项目部应将环保施工和文明施工相结合，从前期的施工规划、总平面布置入手，按照 GB/T 24001—2016/ISO 14001：2015《环境管理体系 要求及使用指南》的要求，以《建筑施工现场环境与卫生标准》等有关规章制度为依据，精心布置，合理组织施工，减少和消除对周围环境的影响，保障施工人员的安全和健康，为施工人员创造良好的作业环境和工作秩序，实现施工现场环境保护规范化、管理水平标准化的预期目标。

项目部应对施工现场的环境因素进行识别，评价出重要环境因素，并对评价出的重要环境因素采取有针对性的控制措施，制订切实可行的环境管理方案和控制措施，将目标分解，落实到责任人。

项目部应对进入项目的分包单位和相关人员进行有关环境方面的工作宣传、交底，告之项目的重要环境因素和主要控制措施。

项目部应对环境管理体系运行中的各个过程进行监视和测量，以证实在各个过程中实施前策划的要求能否实现，同时寻求持续改进的机会，以便采取纠正和预防控制措施。

项目部每个月会对环境进行一次综合性检查，重点是控制好场地噪声、水电消耗、污水与废弃物处理、装饰材料等，采用《记录控制程序》中规定的方式做好记录。项目部还要对检查记录进行分析，对多次出现的问题采取纠正和预防措施。

1. 实行环保目标责任制

项目部应把环保指标落实到集体和个人，制订岗位责任制。项目经理是环保工作的第一责任人，是施工现场环境保护监控体系的领导者和责任人。

2. 加强检查和监控工作

项目部应加强对施工现场粉尘、噪声、废气的监测和监控工作，及时采取措施消除粉尘、废气和污水等造成的污染。

3. 保护和改善施工现场的环境，进行综合治理

一方面，项目部应采取有效措施控制人为噪声、粉尘污染和采取技术措施控制烟尘、污水等。另一方面，项目部应与周围居委会、办事处、派出所、居民、施工单位、环保部门加强联系，做好宣传工作，凡能解决的扰民问题立即解决，暂时不能解决的问题要说明情况，做好沟通工作并限期解决。

4. 严格遵守并执行国家的法律、法规

在施工现场平面布置和组织施工过程中，项目部要遵守并执行国家、地区、行业和企业有关防治空气污染、水源污染、噪声污染等环境保护法律、法规和规章制度。

5. 采取措施防止大气污染

施工现场的垃圾要及时清理。在清理垃圾时，项目部要组织人员搭设封闭式专用垃圾道，严禁凌空随意抛散。

除设有符合规定的装置之外，禁止在施工现场焚烧油毡、橡胶、塑料、皮革、树叶等，以及其他会产生有毒、有害烟尘和恶臭气味的物质。

6. 防止噪声污染措施

严格控制人为噪声。进入施工现场后，所有人员不得高声叫喊、无故甩打模板、乱吹哨、使用高音喇叭，最大限度地减少噪声扰民的情况。

7.8 对 EPC 项目协调沟通管理

EPC 项目具备施工、设计、采购等多个环节的工作，因此每个环节的工作都需要与业主或相关人员沟通才能很好地完成；且信息化 EPC 项目是利用高新技术和高品质管理为业主服务，需要沟通和解释很多技术和管理细节，涉及的面多、人广，增加了项目沟通的复杂性。

7.8.1 项目内部、外部总体协调原则

- 有效组织机构管理：采用二级管理制度（公司—项目部），体现公司领导下的项目经理负责制，施工现场以项目经理为核心，实行项目部集体管理模式。
- 按设计要求、设备安装要求、实际施工情况及有关规定编写深化设计图纸，并提交设计组审批，同时负责把有关图纸送监理及业主签字认可。
- 及时了解和确保其他单位的设备安装情况，保证各专业的匹配，如果出现不匹配情况，则即时通知设计单位。
- 与各专业设计单位建立良好的沟通和反馈渠道，重要的施工（例如，变更等）情况随时反馈设计组，工程验收时要提供系统的功能参数和调节校验系数。项目部应关注采购进度，加强沟通和交流，帮助采购人员克服程序上的困难。
- 项目部内部人员的协调：一是要看项目经理的领导能力，要在技术、能力、人品方面让团队信服，让众分包单位信服；二是要项目组成员做事靠谱、诚信负责。

- 与外部协调事多且杂，主要工作基本概括为以下几点。

在业主的总协调和管理下，项目部与其他分包单位协调工作。

公司要明确与各专业承建商的作业分界线；及时给予各专业承建商所需的资料，并及时获取自身所需资料；与各专业承建商商讨决定施工场地移交的具体事宜；与各专业承建商确定有关的智能化接口、控制点、接地点等技术问题；与各专业承建商确定有关的信息化设备、配件安装的具体位置，以及检查有关的施工情况。

- 在业主的总协调下，公司要与其他分包单位协调有关机电系统的调试及运行工作。
- 在施工过程中，公司应制订单项工程各部位的详细施工计划和对土建装修相应部位的配合要求，进度计划经业主与其他分包单位协商修改后可作为施工指导。在施工中与其他分包单位配合方面，公司应本着友好协商、积极配合的原则，避免出现相互间推卸责任、扯皮等现象。
- 在一个项目中存在众多的承包商，施工中的穿插和相互配合是无法避免的，需要合作的各方应以诚信（诚实、信用）为准则，本着公平、公开、公正的原则，切实提供一切可能的方法为合作方排忧解难；平时应加强与其他承建商的沟通、配合，保证彼此共同取得施工质量、进度的成功。

7.8.2 设计人员与施工人员的沟通

工程施工是一项程序比较复杂且相当耗时的工作，施工单位要预先与设计人员进行有效的交流与沟通，在开工前及施工过程中做好设计人员和技术管理人员的交流，确定最合适的图纸方案，保证施工的准确性和顺利开展。设计人员要有足够的耐心来讲解工程的设计意图，设计过程中也可以参考技术管理人员的意见对图纸做出合理的更改。设计人员和技术管理人员在沟通时，要注意其技术配合的方式，避免产生误解。技术管理人员和设计人员应当加强自身素质，互相多沟通，形成共识，这样才能使工程进展顺利，并保证工程的质量。

7.8.3 施工人员与业主的沟通

施工人员必须反复阅读、认真研究项目任务文件或合同，充分理解项目的目标和范围，了解业主的需求，避免项目管理和实施情况与业主的需求相悖。

施工人员必须与业主进行及时有效的沟通，让业主参与到项目中来。施工人员要及时汇报项目的进展情况、投入成本、花费时间等，积极为项目提供帮助，减少非程序干预。

施工人员与业主应建立良好的关系，要尊重业主，不擅自做出权限外的决定。

施工人员应灵活地待人处事，对于业主所在企业的其他部门领导或工作人员对项目所提出的各种建议，应耐心地倾听并做出解释和说明。

项目组应注重指导和培训业主方的工作人员，特别是基层管理者（技术管理人员），指导他们如何具体操作，共同将计算机及网络维护工作做好。

项目组与业主双方有义务完成合同所规定的各项内容，如果发生争议，双方应本着平等、互谅的精神友好协商解决。

7.9 智慧物流园区施工管理

7.9.1 总平面规划案例

施工前的总体部署包含了现场施工总体平面布置，好的平面布置不仅能够提高现场的施工效率，也能在安全和生活方面有一定保障。

某物流园区总平面布置如图 7-11 所示。

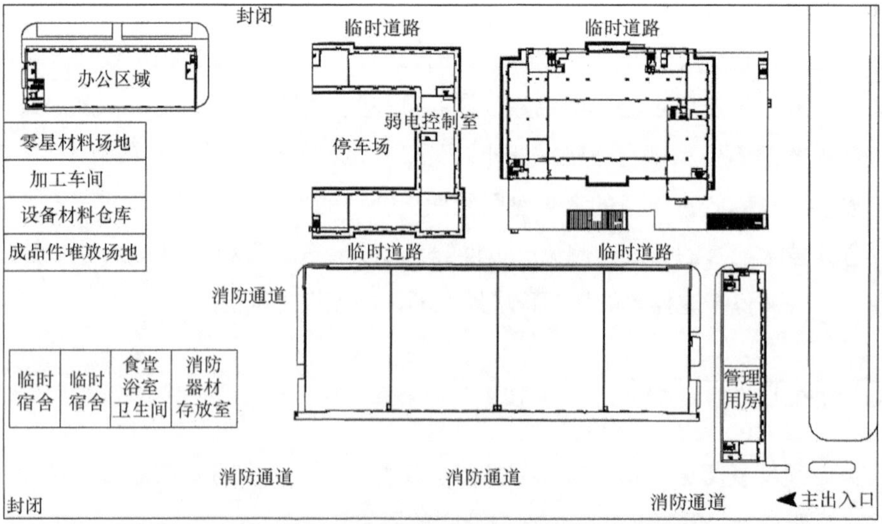

图7-11　某物流园区总平面布置

根据室外平面图及现场勘察，施工现场的办公区域利用优先建成的库房建筑，库房内部用木板做成隔断，库房内部包括总承包办公室、业主办公室、监理办公室、会议室等。办公区域统一配备办公设施和网络，使项目各方靠近办公区域，提高工作效率。办公区域周围要优先建设花坛等绿化设施。

仓库及设备加工区域等场所设在靠近办公区域的位置；生活区域则离办公区域及加工区域较远，环境较为安静并靠近取水点。

在平面布置图上要明确标出消防通道及临时道路，并在土建总包的统一协调下，完成现场的标识、标牌布置，分别是施工图牌、安全标识牌、导向牌、物资标识牌。

7.9.2 深化设计中的需求挖掘

对于信息化 EPC 项目来说，设计和施工一体化对总承包单位是很有利的，再加上信息化 EPC 项目变更点很多，总承包单位可以从中多增补变更，在帮助业主完善信息化建设的同时，扩大合同金额及利润率。

例如，在某物流园区项目实施的过程中，因招标前需求统计不明确，总承包单位未能和业主进行充分沟通，能耗系统的点位只是根据初步电气图中的一些能耗电箱的名称，画出简易的能耗系统拓扑图。经过现场深入勘察，总承包单位最终挖掘出业主所有能耗数据统计需求，绘出具体点位和系统拓扑详图，系统也从开始的电量统计延伸到水、电、燃气的统计，并接入园区大数据平台，为园区的智慧运营建设打好基础。

某园区招标前能耗系统如图 7-12 所示。

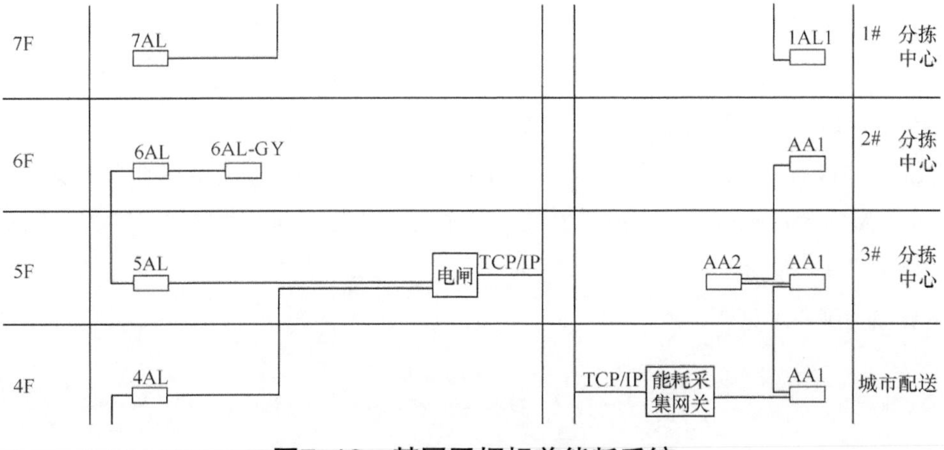

图7–12 某园区招标前能耗系统

某园区深化设计后能耗系统（局部）如图 7-13 所示。

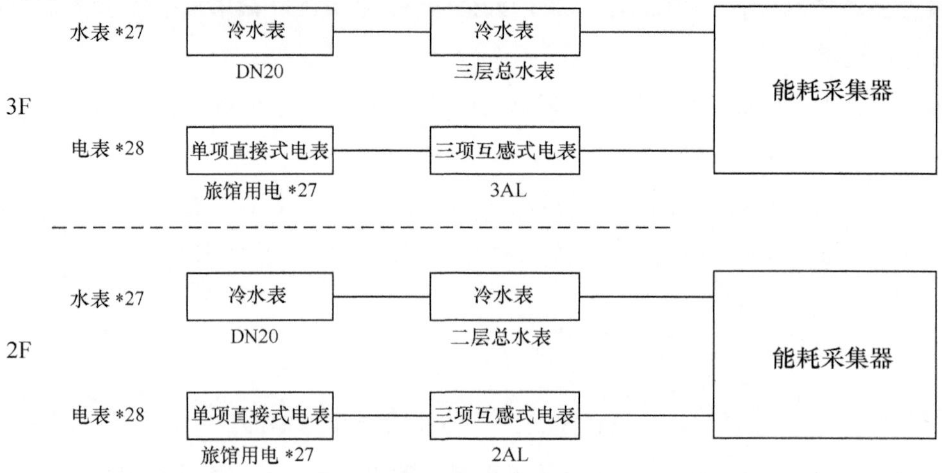

图7–13　某园区深化设计后能耗系统（局部）

从图 7-12、图 7-13 的能耗系统来看，深化设计后的能耗系统的点位数量和种类明显增加，点位的布置、施工总线的拓扑、采集器的位置都十分清晰，不仅清楚表达了能耗系统涵盖的设备及逻辑关系，还起到指导施工的作用，后期审计也可以依据该能耗系统图进行结算。

7.9.3　范围管理案例

工程类项目因多专业交叉施工的特点，如果合同内细节工作约定不明，在施工工序交接上会产生扯皮现象，因此就要连同监理单位、业主和各专业单位共同在会议上做好协商，明确各自的范围节点，做好记录存档工作。

某产业园项目在施工期间信息化承包商与土建总包和暖通、消防等专业单位就楼宇设备自控（Building Automation，BA）系统控制节点、消防报警等方面产生分歧，各方协商后形成会议纪要和施工界面控制表。

施工界面控制要求见表 7-2。

表7-2　施工界面控制要求

序号	有关项目	弱电智能化分包工作范围	其他分包工作范围		备注
			其他分包单位	工作范围	
1	综合管线及吊顶设备布置	配合综合管线提供条件图，按照综合管线布置图完成深化设计图并施工	总包	总包负责提供整体综合管线协调，完成综合管线布置图及吊顶设备综合布置图	
2	空调风系统	提供空调风系统电动调节阀执行器	暖通分包	负责把智能化承包商提供的电动调节阀执行器安装到电动调节阀中，在工厂组装及调试，确认合格	
3	空调控制	负责提供所有变风量(Variable Air Volume，VAV)控制器，并监督BOX厂家整定工作，提供由DDC箱至各监控点位的信号线与电源的供应及连接；安装空调温控器及温控管线敷设	暖通分包	负责把BA系统承包商提供的VAV控制器安装到BOX控制箱中，在工厂组装及调试，确认合格	VAV控制器由智能化专业分包提供
4	机房配电	供应及安装自动转换开关(Automatic Transfer Switching，ATS)电源箱以下(不含电源箱)出线及弱电房内的设备配电箱、线缆、管道及UPS电源等设备	总包	提供电信网络机房、无覆盖机房、消控中心等弱电机房的双电源箱到机房内，完成机房的普通照明、插座、通风空调	
5	给排水监控	提供DDC控制箱内设备并安装和调试；负责给排水设备监控点位的管线及连接	总包	根据弱电系统图，按弱电要求预留接线端子	
6	照明控制	提供设备、安装和调试，并负责照明控制设备与模块的管线及连接	总包	按要求将控制模块安装在照明配电箱内，并预留接线端子	
7	能耗计量系统	完成系统架构、能量表和系统设备供货、安装、调试，由表具(能量表、水表、电表、燃气表)至能耗采集网关的管线等辅件由弱电施工单位负责实施	其他分包	按照智能化专业要求开孔，按照智能化专业要求供应、安装水表、智能电表、燃气表，配合智能化专业系统调试	

（续表）

序号	有关项目	弱电智能化分包工作范围	其他分包工作范围		备注
			其他分包单位	工作范围	
8	背景音乐兼紧急广播系统	提供背景音乐兼紧急广播系统的设备、线缆安装和调试，并预留消防切换接口	总包	完成背景音乐兼紧急广播系统电线管敷设	

在某智慧城市建设项目中，某税务版块的数据平台展示内容未在合同内进行明确规定，此时需要项目部及时与业主沟通，了解业务流程范围、网络结构、设备功能，制订合适的数据流向及内容，最终与业主达成一致后实施。数据流分类如图 7-14 所示。

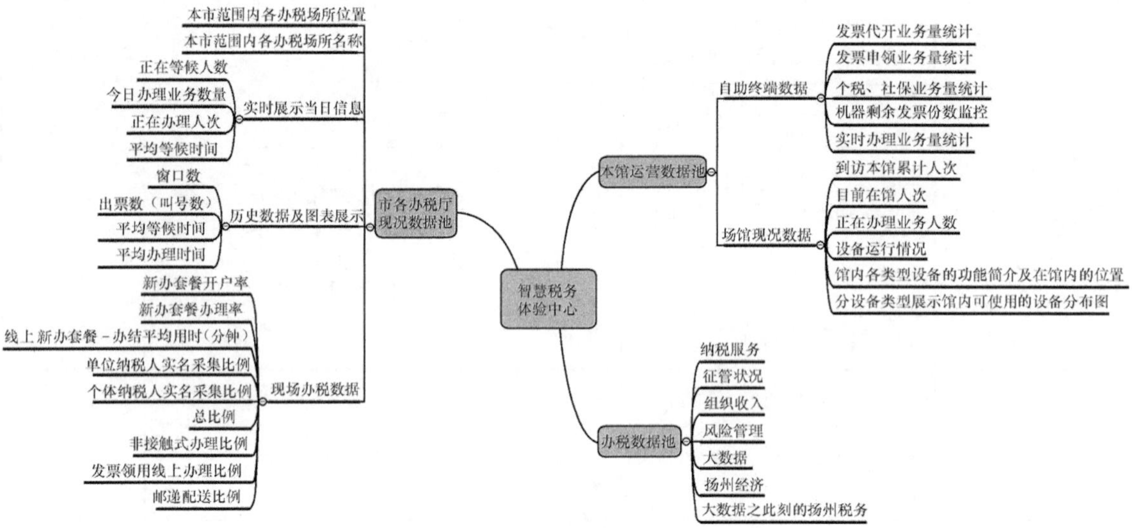

图7-14　数据流分类

7.9.4　安全管理案例

除了安全交底、现场安全教育以及安全责任书等常规的安全管理外，每个项目部或每个公司都要有自己的安全管理策略。

在某物流园区项目的实施阶段，因施工现场涉及专业的单位多，工期紧，经常会有加班作业，施工人员的安全意识有所下降，为此项目部每天早上的安全教育增加了一个环节，即利用公司编制的“班前喊话卡”，在早上进行安全教育的同时分发给每个施工人员传阅，每张喊话卡上印有不同的安全知识，在细节上时刻保持安全意识。

安全管理案例如图 7-15 所示。

班前喊话卡

临时用电

一、电工持证上岗，上岗证随身携带，严禁无证操作。
二、布线沿塔或距地 2.5m，使用绝缘挂钩。严禁拖地。
三、开关箱具体要求如下。
1. 使用合格的开关箱。开关箱有标示牌、电气图、检查表、安全警示标志。
2. 进线两次绑扎牢靠。地线先接母排，再接箱体接地点和插座、箱门和箱体用跨接线连接。插座分开单独接地线排。
3. 使用合格匹配的熔断器，严禁使用空开。
4. 漏电保护器符合要求，每天开工前检测一次。
5. 箱内各种电器元件固定牢靠。
6. 使用小功率电器，开关箱最多安装两组漏电保护器。
四、照明灯具如下。
1. 灯具外壳可靠接地。
2. 灯具远离可燃物。
××× 物流园智慧园区工程总承包（EPC）工程项目部

班前喊话卡

小型电动工具

一、角磨机和切割机。
1. 使用护目镜。
2. 电缆线和插头完好，外壳手柄无裂纹破损。
3. 远离易燃物，切割时前方有遮挡物。
4. 断电更换砂轮片。
5. 停电、休息或离开时，应切断电源。
二、电锤、手枪钻。
1. 电缆线和插头完好，外壳手柄无裂纹破损。
2. 使用护目镜。
3. 使用专用工具清理钻屑。
4. 钻头与工作匹配，避开承重钢筋和内部管线。
5. 做好培训和应急处置方案，电锤应由经验丰富的工人操作。
××× 物流园智慧园区工程总承包（EPC）工程项目部

班前喊话卡

个人安全防护

一、规范穿反光衣和戴安全帽，严禁不拉拉链、不系下颚带。
二、登高作业必须系安全带，安全带高挂低用，钩挂点坚固牢靠。
三、登高作业使用防滑鞋，电工使用绝缘鞋。
四、所用劳动安全防护用品必须符合国家标准。
××× 物流园智慧园区工程总承包（EPC）工程项目部

班前喊话卡

铝合金作业平台

一、规范搭设，平台高度不超过 6m。
二、平台必须验收，悬挂验收牌和安全操作规程牌。
三、作业时轮子应制动可靠。
四、作业面超过 3m，应增设 4 条支撑腿。
五、作业面必须满铺脚手板。
六、佩戴安全帽和系安全带，安全带高挂低用，钩挂点必须坚固牢靠。
七、搭设护栏，护栏高度不低于 1m。
八、平台工作面无人时方可进行移动。
××× 物流园智慧园区工程总承包（EPC）工程项目部

图7-15　安全管理案例

第8章

项目试运行与竣工验收管理

项目试运行与竣工验收是项目实施目标的检验阶段，同时也是项目执行过程中的检验和试验的最后阶段。项目试运行与竣工验收必须执行总承包合同文件中所明确规定的检验标准和试验标准，并在实施时严格按照总承包单位规定的标准进行检验和试验。

项目试运行与竣工验收管理的目的是加强项目在试运行和竣工验收阶段的管理，确保项目顺利移交业主。项目试运行与竣工验收管理流程如图 8-1 所示。

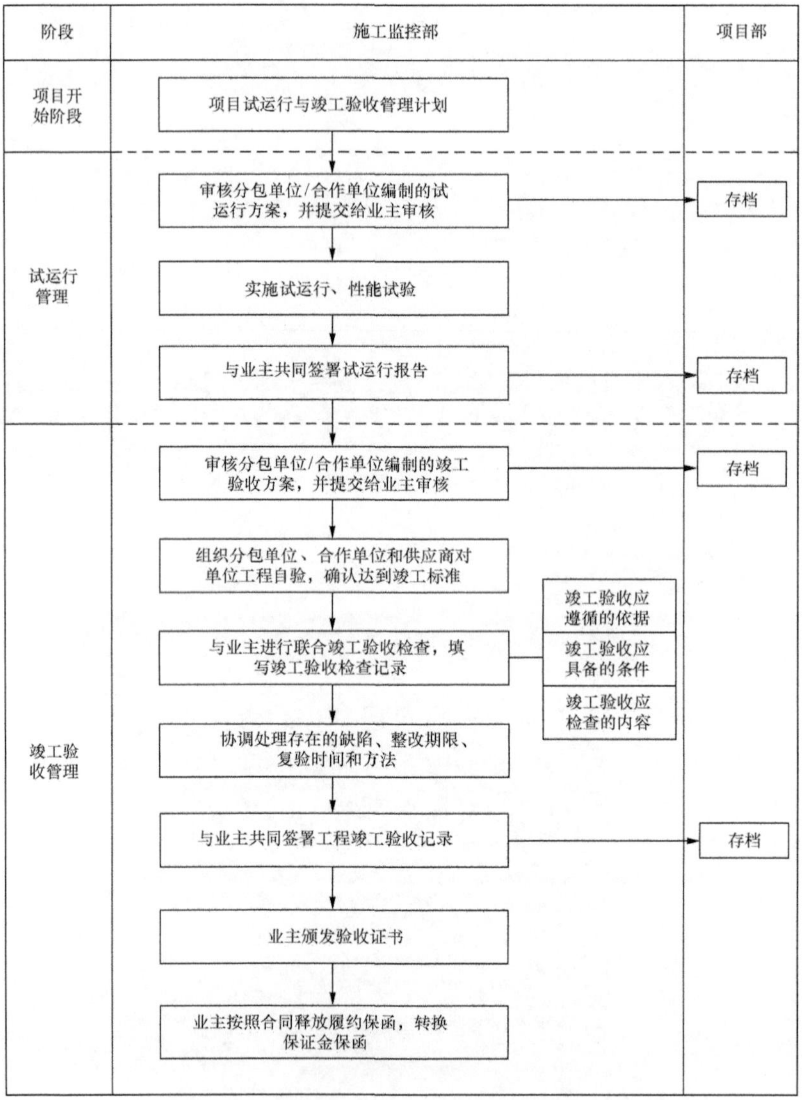

图8-1 项目试运行与竣工验收管理流程

8.1 管理职责

根据项目的专业特点及合同要求，做好项目试运行与竣工验收管理工作。项目试运行与竣工验收管理工作由施工监控部门负责组织、协调、检查、监督和管理，相关专业的技术专家应参与项目试运行与竣工验收工作。业主方参与项目试运行与竣工验收的管理，操作人员也应参与并接受培训。

施工监控部门应按照项目管理策划的要求编制项目试运行与竣工验收管理计划。按照项目技术管理以及项目试运行与竣工验收管理策划要求，施工监控部门在项目施工组织设计方案中负责组织协调参加试运行与竣工验收的合作单位 / 分包单位编制项目试运行与竣工验收管理计划，并在试运行与竣工验收前 3 个月，根据项目试运行与竣工验收管理计划，组织协调试运行与竣工验收的合作单位编制项目试运行方案、竣工验收方案。

项目试运行与竣工验收管理工作完成后，项目部应审核试运行与竣工验收的合作单位 / 分包单位编制的试运行报告、工程竣工验收记录，并在获得业主签字确认后，作为附件列入当月的项目工作月度报告中。

项目部现场各部门应负责向业主提交合同约定的竣工资料，并上报项目部备案；督促、协调和指导各合作单位 / 分包单位；负责竣工资料的收集、汇总、整理、归档，并向业主及公司移交竣工档案。

8.2 试运行管理

项目部应按照合同内容做好试运行管理工作。试运行管理工作主要包括试运行方案制订、培训服务、试运行准备、试运行实施及试运行报告等。

8.2.1 试运行目的

试运行的目的是通过既定时间段的试运行，全面考察项目建设成果，并通过试运行发现项目存在的问题，从而进一步完善项目的建设内容，确保项目顺利通过竣工验收并移交给业主。

通过对项目实际运行过程中系统功能与性能的全面考核，来检验系统在长期运行中的整体稳定性和可靠性。

1. 系统功能、性能与稳定性考核

- 系统功能及性能的实际应用考核。
- 系统主要硬件设备、辅助设备、供配电设备的长期稳定性和可靠性。
- 系统软件的长期稳定性和可靠性。
- 系统长期安全性能。

2. 系统在各种环境条件下的工作稳定性和可靠性

在各种环境条件下，特别是在局部故障或个别设备出现故障时，检验系统整体功能的可靠性。

在各种环境条件下，对设备和系统的稳定性和可靠性的检验。

3. 健全系统运行管理体制，完善运行操作、系统维护规范

- 建立专责管理队伍。
- 建立健全运行操作规程。
- 建立健全系统日常维护规范。

在试运行期间，项目部的主要工作包括安排人员培训，并进行实际操作；对系统的日常操作，并予以记录；对系统发生的问题，分重点分层次地解决，并提出有针对性的措施，即应急预案；发现并总结系统运行过程中的管理和维护问题，总结经验，以便系统正常运行时参考。

8.2.2 试运行方案制订

在项目试运行前 3 个月，施工单位应根据项目试运行与竣工验收管理计划、合同的技术要求等，组织协调试运行与竣工验收的合作单位 / 分包单位编制项目试运行方案，并交给业主审核。项目试运行方案见表 8-1，具体内容可在实际操作中根据项目特点进行适当的增加或删减。试运行方案应按照合同要求及时提交业主确认。

表8-1　项目试运行方案

序号	主要内容	要求	编制人
1	工程概况		
2	编制依据和原则		
3	目标和采用标准		
4	试运行应具备的条件		
5	试运行文件及试运行准备工作的要求	试运行需要的原料、物料和材料的落实计划，试运行及生产中必需的技术规定、安全规程和岗位责任制等规章制度的编制计划	
6	组织指挥系统	提出参加试运行的相关单位，明确各单位的职责范围；提出试运行组织指挥系统和人员配备计划，明确各岗位的职责及分工	
7	试运行的程序	应充分考虑工艺装置的特点、工艺衔接和对公用工程、辅助设施的要求，合理安排试运行程序，包括预试运行、投料试运行、性能试验等	
8	试运行进度安排	编制试运行进度计划，该计划应符合项目总进度计划的要求，并对施工、竣工和生产准备工作的进度提出要求，使之与试运行全过程协调一致	
9	试运行资源配置		
10	试运行培训计划	试运行培训计划应根据合同约定和项目特点进行编制。培训计划一般包括培训目标、培训的岗位和人员、时间安排、培训与考核方式、培训地点、培训设备、培训费用以及培训教材等内容	
11	试运行费用计划	试运行费用计划的编制和使用原则，应按计划中确定的试运行期限、试运行负荷、试运行产量以及原材料、能源和人工消耗等计算试运行费用	
12	环境保护设施投运安排		
13	安全及职业健康要求		
14	试运行预计的技术难点和采取的应对措施等		
审核：		核准：	日期：

经业主确认的项目试运行方案的电子版首先应以附件形式列入当月的项目工作月度报告中，然后上报项目部存档。

8.2.3 培训服务

为了试运行工作顺利开展，以试运行与操作培训相结合的原则，在试运行期间进行全面、系统的培训工作，确保工程项目相关系统由经过日常操作培训的维护人员进行运维。

培训服务的内容应依据合同内容，一般包括编制培训计划、推荐培训方式和场所，对生产管理和操作人员进行模拟培训和实际操作培训，例如，系统日常操作、故障处理、应急处理、系统软硬件维护等培训。

在上岗培训前，施工单位应对操作人员进行工艺流程、操作手册、安全、事故处理等培训，做好培训记录。培训记录示例见表 8-2。

表8-2 培训记录示例

项目名称：	培训单位：
培训地点：	参加单位：
培训老师：	培训方式：
培训项目：	
参加培训人员名单：	
培训内容摘要：	
考核：	
备注：	

8.2.4 试运行准备

项目部应组织、协调、监督及检查参与试运行与竣工验收管理的合作单位 / 分包单位，检查试运行准备工作，确保已按设计文件及相关标准完成生产系统、配套系统和辅助系统的施工安装及调试工作，并达到竣工验收标准。试运行准备工作包括设备和系统的内部处理以及仪表调试等，主要应具备以下条件。

• 已按设计文件规定和有关标准规范的质量要求完成了全部的安装工作，提供了各种产品合格证书、各项施工安装质量合格记录以及有关资料，包括按照合同或双方约定应提交的竣工资料、操作手册和维修手册。

• 试运行方案已获得业主同意，操作人员经过学习并正确掌握试运行要领。

• 试运行所需要的所有仪器、设备、消耗品、工具、材料、劳力以及具有适当资质和经验的人员已经齐备。

• 所需水、电、气等可以保证供应，仪表气源等公用系统可以正常使用。

• 所需测试仪表已按规定安装完毕，测试仪器、模拟信号发生装置以及通信工具均已按规定准备齐全。

• 在施工合作单位 / 分包单位自检合格的基础上，由项目部组织业主、施工合作单位及有关部门对工程设计的漏项和缺陷、工程质量的隐患和未完工程进行清查，确定人员、任务、措施、时间处理的工作已达到规定的标准。

• 试运行安全措施到位，事故处理程序、预案已制订。

• 试运行的时间和地点已经由业主和项目部双方商定，但项目部一般应提前 21 天通知业主试运行的日期。

• 试运行是项目检验和试验的最后阶段，试运行前应完成设备安装前的现场检验和试验。

• 建立系统运行所需的各项规章制度。

① 运行管理队伍。

② 建立日常操作、故障处理。

③ 制订设备定检制度、使用记录。

④ 制订系统管理和维护规范。

⑤ 制订日常运行报表，并记录内容。

8.2.5 试运行实施

1. 预试运行

预试运行包括设备安装完毕后的单机调试、系统调试、联动调试等。预试运行阶段的主要工作是联动调试，属于空载运行。联动调试包括系统联动调试和整机调试。项目部应及时组织协调并监督检查试运行与竣工验收管理的合作单位处理联动调试中出现的施工安装问题。联动调试可以按单元或系统组织进行，不受工艺条件影响的仪表、保护性联锁和报警均属于试运行范围，并应逐步投入自动控制系统。联动调试中暴露的问题和缺陷，分包单位 / 合作单位应尽快处理和完善。

2. 试运行

项目部的试运行与竣工验收部门以及设计人员应及时了解、研究并解决试运行中出现的各种技术问题。试运行与竣工验收部门应及时组织协调施工安装的技术骨干，及时排除试运行过程中出现的各种故障。试运行的开始日期应由业主和项目部共同确定。试运行合格后由业主 / 咨询工程师签字确认。

试运行过程中要及时做好试运行记录。智能化集成系统试运行记录示例见表 8-3。

表8-3　智能化集成系统试运行记录示例

编号：

系统名称		建设（使用）单位	
设计单位		施工单位	
日期	系统运行情况	备注	值班人
值班长		建设单位代表	

注：系统运行情况栏中，注明正常 / 不正常，并每班至少填写一次；如果不正常，则须在备注栏内填写简要说明（包括修复日期）。

3. 性能测试

项目试运行通过后，一般需要在移交业主前进行可靠性试验或性能试验。建筑设备监控（系统实时性、可维护性、可靠性）系统工程质量检验示例见表 8-4。

表8–4　建筑设备监控（系统实时性、可维护性、可靠性）系统工程质量检验示例

<table>
<tr><td colspan="2">工程名称</td><td colspan="3"></td><td>检测部位</td><td></td></tr>
<tr><td colspan="2">子系统名称</td><td colspan="3"></td><td>序号</td><td></td></tr>
<tr><td colspan="2">施工单位</td><td colspan="3"></td><td>项目经理</td><td></td></tr>
<tr><td colspan="2">分包单位</td><td colspan="3"></td><td>分包项目经理</td><td></td></tr>
<tr><td colspan="2">施工执行标准名称及编号</td><td colspan="5">智能建筑工程施工质量验收规范（GB 50339—2003）</td></tr>
<tr><td colspan="2">序号</td><td colspan="3">检测规范及规定（GB 50339—2003 第 6.3.14、6.3.15、6.3.16 条）</td><td>检测结果</td><td>系统检测评定记录</td></tr>
<tr><td rowspan="17">主控项目</td><td rowspan="2">1</td><td rowspan="2">关键数据采样速度</td><td>满足合同文件</td><td></td><td></td><td></td></tr>
<tr><td>满足设备性能指标</td><td></td><td></td><td></td></tr>
<tr><td rowspan="2">2</td><td rowspan="2">系统响应时间</td><td>满足合同文件</td><td></td><td></td><td></td></tr>
<tr><td>满足设备性能指标</td><td></td><td></td><td></td></tr>
<tr><td rowspan="2">3</td><td rowspan="2">报警信号响应速度</td><td>满足合同文件</td><td></td><td></td><td></td></tr>
<tr><td>满足设备性能指标</td><td></td><td></td><td></td></tr>
<tr><td rowspan="2">4</td><td rowspan="2">应用软件在线编程和修改功能</td><td>在线编程及修改</td><td></td><td></td><td></td></tr>
<tr><td>软件下载</td><td></td><td></td><td></td></tr>
<tr><td rowspan="2">5</td><td rowspan="2">设备故障自检测</td><td>现场故障指示</td><td></td><td></td><td></td></tr>
<tr><td>工作站显示和报警</td><td></td><td></td><td></td></tr>
<tr><td rowspan="2">6</td><td rowspan="2">网络通信故障自检测</td><td>网络故障指示</td><td></td><td></td><td></td></tr>
<tr><td>工作站显示和报警</td><td></td><td></td><td></td></tr>
<tr><td rowspan="3">7</td><td colspan="2">系统可靠性：启停设备时</td><td></td><td></td><td></td></tr>
<tr><td colspan="2">电源切换为 UPS 供电时</td><td></td><td></td><td></td></tr>
<tr><td colspan="2">中央站冗余主机自动投入时</td><td></td><td></td><td></td></tr>
<tr><td>8</td><td colspan="2"></td><td></td><td></td><td></td></tr>
<tr><td colspan="6" style="display:none"></td></tr>
<tr><td rowspan="2">施工单位检查评定结果</td><td colspan="6"></td></tr>
<tr><td colspan="6">项目专业质量检查员（盖章）：　　年　月　日</td></tr>
<tr><td rowspan="2">监理（建设）单位验收结论</td><td colspan="6"></td></tr>
<tr><td colspan="6">专业监理工程师（建设单位项目专业技术负责人）：　　年　月　日</td></tr>
</table>

4. 试运行实施的内容

试运行实施的内容参考表 8-1 的内容。

8.2.6 试运行报告

试运行与竣工验收部门应组织协调并监督检查试运行与竣工验收的合作单位 / 分包单位按试运行方案的要求落实相关的技术、人员和物资；检查影响合同考核指标达标所存在的问题，并督促落实解决措施。

试运行与竣工验收部门在试运行完成后，应组织协调试运行与竣工验收的合作单位 / 分包单位编制试运行报告，经过项目部审定后的试运行报告应报业主签字确认。

施工监控部门应将试运行报告以附件形式列入当月的项目工作月度报告中，并上报项目部存档。

工程试运行报告模板示例见表 8-5。

表8-5 工程试运行报告模板示例

工程名称	××× 工程			
建设单位		电话		联系人	
工程地址					
施工单位		电话		负责人	
试运行起止日期					
试运行情况	××× 工程自 ×× 年 ×× 月 ×× 日试运行以来，系统运行正常；试运行期间，系统运行正常，未出现重大问题。系统功能符合合同与设计要求，工程质量合格				
试运行评述	××× 工程设备运行正常，各项指标符合设计任务书和设计方案的要求，试运行通过				
备注	（1）试运行报告由建设单位根据试运行记录写出系统试运行报告 （2）试运行情况中应注明试运行起止日期；试运行过程是否正常；故障（含误报警、漏报警）产生的日期、次数、原因和排除状况；系统功能是否符合设计要求以及综合评述等 （3）试运行评述是指系统功能是否符合设计要求以及对系统的综合评述				
建设（使用）单位： （盖章） 年 月 日					

8.3 竣工验收管理

应先进行分阶段验收（或初步验收），然后进行全部工程的竣工验收。

8.3.1 竣工验收一般应遵循的文件

- 合同文件（含补充协议）。
- 经业主确认的设计文件（含变更）。
- 合同中规定的设计、技术和验收标准，例如，行业标准等。
- 政府主管部门批准的项目立项建议书或可行性研究报告。
- 设备技术规范说明书、设备的设计文件和标准。
- 业主对颁布接收证书的申请或工程竣工验收申请的批复意见。

8.3.2 竣工验收一般应具备的条件

- 合同规定的各项内容已经全部建成，包括生产性装置和辅助性公用设施等。
- 项目部对所有工程进行了检查评定，确认工程质量符合合同规定和强制性标准，对体量大、工艺技术复杂的项目自行组织预竣工验收。
- 在工程竣工前一般不少于 14 天向业主提交颁布接收证书的申请或工程竣工验收申请。
- 试运行合格，主要技术指标达到设计要求。
- 环境保护、劳动安全卫生、消防已按设计文件与主体工程同时建成投用，各项指标达到有关标准、规范的要求，并经业主验收合格。
- 竣工运营投产的各项准备工作、操作人员培训、检修设施和规章制度等满足生产需要。
- 竣工资料已经按照合同提交给业主。
- 提交工程竣工验收申请表。

工程竣工验收申请示例见表 8-6。

表8-6　工程竣工验收申请示例

<table>
<tr><td>工程名称</td><td></td><td>工程地址</td><td></td></tr>
<tr><td>建设单位</td><td></td><td>结构类型 / 层数</td><td></td></tr>
<tr><td>勘察单位</td><td></td><td>建筑面积</td><td></td></tr>
<tr><td>设计单位</td><td></td><td>开工日期</td><td>年　月　日</td></tr>
<tr><td>监理单位</td><td></td><td>完成日期</td><td>年　月　日</td></tr>
<tr><td>施工单位</td><td></td><td>合同工期</td><td></td></tr>
<tr><td rowspan="8">竣工条件</td><td colspan="2">项目内容</td><td>施工单位自检情况</td></tr>
<tr><td colspan="2">完成工程设计和合同约定的情况</td><td></td></tr>
<tr><td colspan="2">技术档案和施工管理资料</td><td></td></tr>
<tr><td colspan="2">主要设备、线材及辅材资料</td><td></td></tr>
<tr><td colspan="2">施工安全评价书</td><td></td></tr>
<tr><td colspan="2">工程款支付情况</td><td></td></tr>
<tr><td colspan="2">工程质量保修书</td><td></td></tr>
<tr><td colspan="2">监督部门责令整改问题的执行情况</td><td></td></tr>
<tr><td colspan="4">已完成设计和合同约定的各项内容，工程质量符合有关法律、法规和工程建设强制性标准，特申请办理工程竣工验收手续</td></tr>
<tr><td colspan="4">项目经理：
（施工单位盖章）
企业技术负责人：
法定代表人：　年　月　日</td></tr>
<tr><td colspan="4">监理（建设）单位意见：

总监理工程师（建设单位专业技术负责人）签名：　年　月　日</td></tr>
</table>

8.3.3 竣工验收的一般程序

竣工验收按照合同的规定执行，一般程序如下所述。

- 在试运行开始前 3 个月，项目部组织协调试运行与竣工验收的专业合作单位 / 分包单位编制竣工验收方案，经项目部审核后提交给业主确认。
- 按照竣工验收方案实施竣工验收准备工作。
- 施工监控部组织专业合作单位 / 分包单位，对列入竣工验收的工程进行自验，确认达到竣工标准。
- 由业主、项目部等专家组成各专业验收小组，负责专业工程验收。
- 各专业验收小组按方案、分专业进行专业验收，重点检查工程项目是否达到验收条件、是否存在质量和影响安全生产的隐患、竣工文件是否齐全并且真实可靠、是否与现场工程实物一致，对各专业小组有争议的问题进行协调处理，对存在的缺陷明确处理意见、整改期限、复验时间和方法。
- 专业验收小组填写专业工程 / 单位（子单位）工程验收记录。

相关验收记录表格如下所述。

① 施工现场质量管理检查记录见表 8-7。

② 资料审查情况登记示例见表 8-8。

③ 工程安装质量及观感质量验收记录见表 8-9。

④ 智能建筑工程分项工程质量检测记录示例见表 8-10。

⑤ 子系统检测记录示例见表 8-11。

⑥ 单位（子单位）工程质量竣工验收记录见表 8-12。

⑦ 观感质量检查验收记录见表 8-13。

⑧ 分项（子系统）工程质量验收记录见表 8-14。

⑨ 建筑设备监控（现场设备安装及检测）系统工程质量检验示例见表 8-15。

⑩ 智能化系统集成（网络连接）分项工程质量检验示例见表 8-16。

⑪ 智能化系统集成（综合管理及冗余功能）分项工程质量检测记录示例见表 8-17。

⑫ 智能化系统集成（可维护性和安全性）分项工程质量检验示例见表 8-18。

表8–7　施工现场质量管理检查记录

<table>
<tr><td>系统名称</td><td colspan="3"></td><td>施工许可证（开工证）</td><td></td></tr>
<tr><td>建设单位</td><td colspan="3"></td><td>项目负责人</td><td></td></tr>
<tr><td>设计单位</td><td colspan="3"></td><td>项目负责人</td><td></td></tr>
<tr><td>监理单位</td><td colspan="3"></td><td>总监理工程师</td><td></td></tr>
<tr><td>施工单位</td><td></td><td>项目经理</td><td></td><td>项目技术负责人</td><td></td></tr>
<tr><td>序号</td><td colspan="3">项目</td><td colspan="2">内容</td></tr>
<tr><td>1</td><td colspan="3">现场质量管理检查制度</td><td colspan="2"></td></tr>
<tr><td>2</td><td colspan="3">施工安全技术措施</td><td colspan="2"></td></tr>
<tr><td>3</td><td colspan="3">主要专业工种操作上岗证书</td><td colspan="2"></td></tr>
<tr><td>4</td><td colspan="3">分包方确认与管理制度</td><td colspan="2"></td></tr>
<tr><td>5</td><td colspan="3">施工图审查情况</td><td colspan="2"></td></tr>
<tr><td>6</td><td colspan="3">施工组织设计、施工方案及审批</td><td colspan="2"></td></tr>
<tr><td>7</td><td colspan="3">施工技术标准</td><td colspan="2"></td></tr>
<tr><td>8</td><td colspan="3">工程质量检验制度</td><td colspan="2"></td></tr>
<tr><td>9</td><td colspan="3">现场设备、材料存放与管理</td><td colspan="2"></td></tr>
<tr><td>10</td><td colspan="3">检测设备、计量仪表检验</td><td colspan="2"></td></tr>
<tr><td>11</td><td colspan="3">开工报告</td><td colspan="2"></td></tr>
<tr><td>12</td><td colspan="3"></td><td colspan="2"></td></tr>
<tr><td colspan="6">检查结论：
总监理工程师（建设单位项目负责人）签名：　年　月　日</td></tr>
</table>

表8-8 资料审查情况登记示例

系统名称：____________ 编号：____________

<table>
<tr><td rowspan="3">序号</td><td>审查内容</td><td colspan="2"></td><td colspan="4">审查结果</td><td rowspan="3">备注</td></tr>
<tr><td></td><td colspan="3">完整性</td><td colspan="2">准确性</td><td></td></tr>
<tr><td></td><td>完整
（或有）</td><td colspan="2">不完整
（或无）</td><td>合格</td><td>不合格</td><td></td></tr>
<tr><td>1</td><td colspan="3">工程合同技术文件</td><td></td><td></td><td></td><td></td><td></td></tr>
<tr><td>2</td><td colspan="3">设计更改审核</td><td></td><td></td><td></td><td></td><td></td></tr>
<tr><td>3</td><td colspan="3">工程实施及质量控制检验报告及记录</td><td></td><td></td><td></td><td></td><td></td></tr>
<tr><td>4</td><td colspan="3">系统检测报告及记录</td><td></td><td></td><td></td><td></td><td></td></tr>
<tr><td>5</td><td colspan="3">系统的技术、操作和维护手册</td><td></td><td></td><td></td><td></td><td></td></tr>
<tr><td>6</td><td colspan="3">竣工图及竣工文件</td><td></td><td></td><td></td><td></td><td></td></tr>
<tr><td>7</td><td colspan="3">重大施工事故报告及处理</td><td></td><td></td><td></td><td></td><td></td></tr>
<tr><td>8</td><td colspan="3">监理文件</td><td></td><td></td><td></td><td></td><td></td></tr>
<tr><td>9</td><td colspan="3">其他</td><td></td><td></td><td></td><td></td><td></td></tr>
<tr><td colspan="2">审查结果统计</td><td colspan="2"></td><td>审查
结论</td><td colspan="4"></td></tr>
<tr><td colspan="9">审核人员签名：
日期：</td></tr>
<tr><td colspan="9">注：（1）在审查结果栏，按实际情况在相应的空格内打“√”
（2）存在的问题，在其他栏内注明
（3）根据行业要求，专业验收小组可增加竣工验收要求的文件，填在空格内</td></tr>
</table>

表8-9　工程安装质量及观感质量验收记录

编号：_______ 系统名称：_______ 工程施工单位：_______

<table>
<tr><th rowspan="2">设备名称</th><th rowspan="2">项目</th><th rowspan="2">要求</th><th rowspan="2">方法</th><th rowspan="2">主观评价</th><th colspan="2">检查结果</th><th rowspan="2">抽查百分数</th></tr>
<tr><th>合格</th><th>不合格</th></tr>
<tr><td></td><td></td><td></td><td></td><td></td><td></td><td></td><td></td></tr>
<tr><td></td><td></td><td></td><td></td><td></td><td></td><td></td><td></td></tr>
<tr><td></td><td></td><td></td><td></td><td></td><td></td><td></td><td></td></tr>
<tr><td></td><td></td><td></td><td></td><td></td><td></td><td></td><td></td></tr>
<tr><td></td><td></td><td></td><td></td><td></td><td></td><td></td><td></td></tr>
<tr><td></td><td></td><td></td><td></td><td></td><td></td><td></td><td></td></tr>
<tr><td>检查
结果</td><td colspan="3"></td><td>安装质量
检查结论</td><td colspan="3"></td></tr>
<tr><td colspan="4">施工单位人员签名：</td><td colspan="3">监理工程师（建设单位）签名：</td><td>验收日期：</td></tr>
<tr><td colspan="8">注：（1）在检查结果栏，按实际情况在相应空格内打“√”
（2）检查结果：K_s（合格率）= 合格数 / 项目检查数（项目检查数如果无要求或实际缺项未检查的，则不计在内）
（3）检查结论：K_s（合格率）≥ 0.8，判为合格；K_s < 0.8，判为不合格；必要时做简要说明
（4）主观评价栏内填写主观评价意见，分“符合要求”和“不符合要求”；不符合要求时注明主要问题</td></tr>
</table>

表8-10　智能建筑工程分项工程质量检测记录示例

编号：________

单位（子单位）工程名称		子（分部）工程	
分项工程名称		验收部位	
验收部位		项目经理	
施工执行标准名称及编号			
分包单位		分包项目经理	
检测项目及抽检数量		检测记录	备注
检测意见： 监理工程师（建设单位项目专业技术负责人）签字： 日期：		检测机构负责人签字： 日期：	

表8-11　子系统检测记录示例

编号：________

系统名称		子系统名称		序号		检测部位	
施工单位						项目经理	
执行标准名称及编号							
分包单位			分包项目经理				
	系统检测内容	检测规范的规定	系统检测评定记录	检测结果		备注	
				合格	不合格		
主控项目							
一般项目							
强制性条文							
检测机构的检测结论 检测负责人　　年　月　日							
注：（1）按实际情况在相应空格内打“√” （2）备注栏内填写检测时出现的问题							

表8-12　单位（子单位）工程质量竣工验收记录

<table>
<tr><td colspan="2">工程名称</td><td colspan="2"></td><td>结构类型</td><td colspan="2"></td><td colspan="2">层数 / 建筑面积</td><td></td></tr>
<tr><td colspan="2">施工单位</td><td colspan="2"></td><td>技术负责人</td><td colspan="2"></td><td colspan="2">开工日期</td><td></td></tr>
<tr><td colspan="2">项目经理</td><td colspan="2"></td><td>项目技术
负责人</td><td colspan="2"></td><td colspan="2">竣工日期</td><td></td></tr>
<tr><td>序号</td><td colspan="2">项目</td><td colspan="4">验收记录</td><td colspan="3">验收结论</td></tr>
<tr><td>1</td><td colspan="2">分部工程</td><td colspan="4">共　　　分部，经查　　　分部
符合标准及设计要求　　　　分部</td><td colspan="3"></td></tr>
<tr><td>2</td><td colspan="2">质量控制资料核查</td><td colspan="4">共　　项，经审查符合要求　　　项
经核定符合规范要求　　　　　项</td><td colspan="3"></td></tr>
<tr><td>3</td><td colspan="2">安全和主要使用功能核查及抽查结果</td><td colspan="4">共核查　　项，符合要求　　　项
共抽查　　项，符合要求　　　项
经返工处理符合要求　　　　　项</td><td colspan="3"></td></tr>
<tr><td>4</td><td colspan="2">观感质量验收</td><td colspan="4">共抽查　　　项，符合要求　　项，
不符合要求　　项</td><td colspan="3"></td></tr>
<tr><td>5</td><td colspan="2">综合验收结论</td><td colspan="4"></td><td colspan="3"></td></tr>
<tr><td rowspan="2">参加验收单位</td><td colspan="3">建设单位</td><td colspan="2">监理单位</td><td colspan="2">施工单位</td><td colspan="2">设计单位</td></tr>
<tr><td colspan="3">单位名称

（公章）

单位（项目）负责人：

日期：</td><td colspan="2">单位名称

（公章）

总监理工程师：

日期：</td><td colspan="2">单位名称

（公章）

单位负责人：

日期：</td><td colspan="2">单位名称

（公章）

单位（项目）负责人：

日期：</td></tr>
</table>

表8-13　观感质量检查验收记录

<table>
<tr><td colspan="2">工程名称</td><td colspan="5"></td></tr>
<tr><td colspan="2">所属子分部（系统）/ 分项
（子系统）工程名称</td><td colspan="5"></td></tr>
<tr><td>总包单位</td><td colspan="2"></td><td>项目经理（负责人）</td><td colspan="3"></td></tr>
<tr><td>安装单位</td><td colspan="2"></td><td>项目经理（负责人）</td><td colspan="3"></td></tr>
<tr><td rowspan="2">序号</td><td rowspan="2">检查项目</td><td colspan="2" rowspan="2">抽查百分数 / 抽查部位、区、段
（可分级填好、一般、差）</td><td colspan="3">质量评价汇总统计</td></tr>
<tr><td></td><td></td><td></td></tr>
<tr><td>1</td><td></td><td colspan="2"></td><td></td><td></td><td></td></tr>
<tr><td>2</td><td></td><td colspan="2"></td><td></td><td></td><td></td></tr>
<tr><td>3</td><td></td><td colspan="2"></td><td></td><td></td><td></td></tr>
<tr><td>4</td><td></td><td colspan="2"></td><td></td><td></td><td></td></tr>
<tr><td>5</td><td></td><td colspan="2"></td><td></td><td></td><td></td></tr>
<tr><td>6</td><td></td><td colspan="2"></td><td></td><td></td><td></td></tr>
<tr><td>7</td><td></td><td colspan="2"></td><td></td><td></td><td></td></tr>
<tr><td>8</td><td></td><td colspan="2"></td><td></td><td></td><td></td></tr>
<tr><td>9</td><td></td><td colspan="2"></td><td></td><td></td><td></td></tr>
<tr><td>10</td><td></td><td colspan="2"></td><td></td><td></td><td></td></tr>
<tr><td>11</td><td></td><td colspan="2"></td><td></td><td></td><td></td></tr>
<tr><td>12</td><td></td><td colspan="2"></td><td></td><td></td><td></td></tr>
<tr><td>13</td><td></td><td colspan="2"></td><td></td><td></td><td></td></tr>
<tr><td>14</td><td></td><td colspan="2"></td><td></td><td></td><td></td></tr>
<tr><td>15</td><td></td><td colspan="2"></td><td></td><td></td><td></td></tr>
<tr><td>16</td><td></td><td colspan="2"></td><td></td><td></td><td></td></tr>
<tr><td></td><td></td><td colspan="2"></td><td></td><td></td><td></td></tr>
<tr><td colspan="2">观感质量检查验收综合意见</td><td colspan="5">合格</td></tr>
<tr><td colspan="3">安装单位</td><td colspan="4">监理（建设）单位</td></tr>
<tr><td colspan="3">项目质量技术负责人：

项目经理（负责人）：

日期：</td><td colspan="4">

专业监理工程师
（建设单位项目专业技术负责人）：

日期：</td></tr>
</table>

表8-14　分项（子系统）工程质量验收记录

<table>
<tr><td colspan="2">工程名称</td><td colspan="2"></td></tr>
<tr><td colspan="2">验收部位、区、段</td><td colspan="2"></td></tr>
<tr><td colspan="2">安装单位</td><td>项目经理（负责人）</td><td></td></tr>
<tr><td colspan="2">施工执行标准名称及编号</td><td colspan="2"></td></tr>
<tr><td>序号</td><td>检验批部位、区、段</td><td>安装单位检查评定意见</td><td>监理（建设）
单位验收意见</td></tr>
<tr><td>1</td><td>例如，监控系统</td><td>合格</td><td>同意验收</td></tr>
<tr><td>2</td><td></td><td></td><td></td></tr>
<tr><td>3</td><td></td><td></td><td></td></tr>
<tr><td>4</td><td></td><td></td><td></td></tr>
<tr><td>5</td><td></td><td></td><td></td></tr>
<tr><td>6</td><td></td><td></td><td></td></tr>
<tr><td>7</td><td></td><td></td><td></td></tr>
<tr><td>8</td><td></td><td></td><td></td></tr>
<tr><td>9</td><td></td><td></td><td></td></tr>
<tr><td>10</td><td></td><td></td><td></td></tr>
<tr><td>11</td><td></td><td></td><td></td></tr>
<tr><td>12</td><td></td><td></td><td></td></tr>
<tr><td colspan="2">质量控制资料</td><td>齐全</td><td>同意验收</td></tr>
<tr><td colspan="2">安全和功能自检记录（检测报告）</td><td>齐全</td><td>同意验收</td></tr>
<tr><td colspan="2">观感质量检查验收</td><td>好</td><td>同意验收</td></tr>
<tr><td>验收结论</td><td colspan="3">本（子系统）工程于　　年　　月　　日经各方一致同意通过验收</td></tr>
<tr><td colspan="2">安装单位</td><td colspan="2">监理（建设）单位</td></tr>
<tr><td colspan="2">项目质量技术负责人：

项目经理（负责人）：

日期：</td><td colspan="2">专业监理工程师
（建设单位项目专业技术负责人）：

日期：</td></tr>
</table>

表8-15　建筑设备监控（现场设备安装及检测）系统工程质量检验示例

<table>
<tr><td colspan="2">工程名称</td><td colspan="3"></td><td>检测部位</td><td></td></tr>
<tr><td colspan="2">子系统名称</td><td colspan="3"></td><td>序号</td><td></td></tr>
<tr><td colspan="2">施工单位</td><td colspan="3"></td><td>项目经理</td><td></td></tr>
<tr><td colspan="2">分包单位</td><td colspan="3"></td><td>分包项目经理</td><td></td></tr>
<tr><td colspan="2">施工执行标准
名称及编号</td><td colspan="5">《智能建筑工程施工质量验收规范》GB 50339-2003</td></tr>
<tr><td colspan="2">序号</td><td colspan="3">检测规范及规定（GB50339-2003 第 6.3.17、6.3.18、6.3.19 条）</td><td>检测结果</td><td>系统检测评定记录</td></tr>
<tr><td rowspan="14">一般项目</td><td rowspan="4">1</td><td rowspan="4">现场设备安装</td><td>传感器安装</td><td></td><td></td><td></td></tr>
<tr><td>执行器安装</td><td></td><td></td><td></td></tr>
<tr><td>控制箱（柜）安装</td><td></td><td></td><td></td></tr>
<tr><td>其他</td><td></td><td></td><td></td></tr>
<tr><td rowspan="4">2</td><td rowspan="4">设备性能检测</td><td>传感器测试</td><td></td><td></td><td></td></tr>
<tr><td>控制设备性能测试</td><td></td><td></td><td></td></tr>
<tr><td>执行器性能测试</td><td></td><td></td><td></td></tr>
<tr><td>其他</td><td></td><td></td><td></td></tr>
<tr><td rowspan="5">3</td><td rowspan="5">评测项目</td><td>控制网络</td><td></td><td></td><td></td></tr>
<tr><td>数据库</td><td></td><td></td><td></td></tr>
<tr><td>系统冗余配置</td><td></td><td></td><td></td></tr>
<tr><td>系统可扩展性</td><td></td><td></td><td></td></tr>
<tr><td>节能措施</td><td></td><td></td><td></td></tr>
<tr><td>4</td><td colspan="2"></td><td></td><td></td><td></td></tr>
<tr><td colspan="2">施工单位检查评定结果</td><td colspan="5">项目专业质量检查员（盖章）：　　　　　　　　日期：</td></tr>
<tr><td colspan="2">监理（建设）单位验收结论</td><td colspan="5">专业监理工程师
（建设单位项目专业技术负责人）：　　　　　　日期：</td></tr>
</table>

表8-16 智能化系统集成（网络连接）分项工程质量检验示例

<table>
<tr><td colspan="2">工程名称</td><td colspan="3"></td><td>检测部位</td><td></td></tr>
<tr><td colspan="2">子系统名称</td><td colspan="3"></td><td>序号</td><td></td></tr>
<tr><td colspan="2">施工单位</td><td colspan="3"></td><td>项目经理</td><td></td></tr>
<tr><td colspan="2">分包单位</td><td colspan="3"></td><td>分包项目经理</td><td></td></tr>
<tr><td colspan="2">施工执行标准名称及编号</td><td colspan="5">《智能建筑工程施工质量验收规范》GB 50339-2003</td></tr>
<tr><td colspan="2">序号</td><td colspan="3">检测规范及规定（GB50339-2003 第 10.3.8 条）</td><td>检测结果</td><td>系统检测评定记录</td></tr>
<tr><td rowspan="10">主控项目</td><td rowspan="2">1</td><td rowspan="2">连接线测试</td><td>服务器端</td><td></td><td></td><td></td></tr>
<tr><td>有权限的客户端</td><td></td><td></td><td></td></tr>
<tr><td rowspan="2">2</td><td rowspan="2">设备连锁控制</td><td>服务器端</td><td></td><td></td><td></td></tr>
<tr><td>有权限的客户端</td><td></td><td></td><td></td></tr>
<tr><td rowspan="3">3</td><td rowspan="3">应急状态的联动逻辑检测</td><td>现场模拟火灾信号</td><td></td><td></td><td></td></tr>
<tr><td>现场模拟非法侵入</td><td></td><td></td><td></td></tr>
<tr><td>其他</td><td></td><td></td><td></td></tr>
<tr><td>4</td><td colspan="2">系统连通性测试</td><td></td><td></td><td></td></tr>
<tr><td>5</td><td colspan="2">网管工作站和网络设备通信测试</td><td></td><td></td><td></td></tr>
<tr><td colspan="2">施工单位检查评定结果</td><td colspan="5">项目专业质量检查员（盖章）：　　　　日期：</td></tr>
<tr><td colspan="2">监理（建设）单位验收结论</td><td colspan="5">专业监理工程师
（建设单位项目专业技术负责人）：　　　　日期：</td></tr>
</table>

表8-17　智能化系统集成（综合管理及冗余功能）分项工程质量检测记录示例

<table>
<tr><td colspan="2">工程名称</td><td colspan="3"></td><td>检测部位</td><td></td></tr>
<tr><td colspan="2">子系统名称</td><td colspan="3"></td><td>序号</td><td></td></tr>
<tr><td colspan="2">施工单位</td><td colspan="3"></td><td>项目经理</td><td></td></tr>
<tr><td colspan="2">分包单位</td><td colspan="3"></td><td>分包项目经理</td><td></td></tr>
<tr><td colspan="2">施工执行标准名称及编号</td><td colspan="5">《智能建筑工程施工质量验收规范》GB 50339–2003</td></tr>
<tr><td colspan="2">序号</td><td colspan="3">检测规范及规定（GB50339–2003 第 10.3.8 条）</td><td>检测结果</td><td>系统检测评定记录</td></tr>
<tr><td rowspan="13">主控项目</td><td rowspan="3">1</td><td colspan="2">综合管理功能</td><td></td><td></td><td></td></tr>
<tr><td colspan="2">信息管理功能</td><td></td><td></td><td></td></tr>
<tr><td colspan="2">信息服务功能</td><td></td><td></td><td></td></tr>
<tr><td rowspan="3">2</td><td rowspan="3">视频图像接入时</td><td>图像显示</td><td></td><td></td><td></td></tr>
<tr><td>图像切换</td><td></td><td></td><td></td></tr>
<tr><td>图像传输</td><td></td><td></td><td></td></tr>
<tr><td rowspan="6">3</td><td rowspan="6">系统冗余和容错功能</td><td>双机备份及切换</td><td></td><td></td><td></td></tr>
<tr><td>数据库备份</td><td></td><td></td><td></td></tr>
<tr><td>备用电源及切换</td><td></td><td></td><td></td></tr>
<tr><td>通信链路冗余及切换</td><td></td><td></td><td></td></tr>
<tr><td>故障自诊断</td><td></td><td></td><td></td></tr>
<tr><td>事故条件下的安全保障措施</td><td></td><td></td><td></td></tr>
<tr><td>4</td><td colspan="2">与火灾自动报警系统相关性</td><td></td><td></td><td></td></tr>
<tr><td colspan="2">施工单位检查评定结果</td><td colspan="5">项目专业质量检查员（盖章）：　　　　日期：</td></tr>
<tr><td colspan="2">监理（建设）
单位验收结论</td><td colspan="5">专业监理工程师
（建设单位项目专业技术负责人）：　　　　日期：</td></tr>
</table>

表8-18　智能化系统集成（可维护性和安全性）分项工程质量检验示例

<table>
<tr><td colspan="2">工程名称</td><td colspan="3"></td><td>检测部位</td><td></td></tr>
<tr><td colspan="2">子系统名称</td><td colspan="3"></td><td>序号</td><td></td></tr>
<tr><td colspan="2">施工单位</td><td colspan="3"></td><td>项目经理</td><td></td></tr>
<tr><td colspan="2">分包单位</td><td colspan="3"></td><td>分包项目经理</td><td></td></tr>
<tr><td colspan="2">施工执行标准名称及编号</td><td colspan="5">《智能建筑工程施工质量验收规范》GB 50339-2003</td></tr>
<tr><td colspan="2">序号</td><td colspan="3">检测规范及规定（CB50339-2003 第 10.3.8 条）</td><td>检测结果</td><td>系统检测评定记录</td></tr>
<tr><td rowspan="9">主控项目</td><td rowspan="2">1</td><td rowspan="2">系统可靠性维护</td><td>可靠性维护说明及措施</td><td></td><td></td><td></td></tr>
<tr><td>设定系统故障检查</td><td></td><td></td><td></td></tr>
<tr><td rowspan="4">2</td><td rowspan="4">系统集成安全性</td><td>身份认证</td><td></td><td></td><td></td></tr>
<tr><td>访问控制</td><td></td><td></td><td></td></tr>
<tr><td>信息加密和解密</td><td></td><td></td><td></td></tr>
<tr><td>抗“病毒”攻击能力</td><td></td><td></td><td></td></tr>
<tr><td rowspan="3">3</td><td rowspan="3">工程实施及质量控制记录</td><td>真实性</td><td></td><td></td><td></td></tr>
<tr><td>准确性</td><td></td><td></td><td></td></tr>
<tr><td>完整性</td><td></td><td></td><td></td></tr>
<tr><td colspan="2">施工单位检查评定结果</td><td colspan="5">项目专业质量检查员（盖章）：　　　　日期：</td></tr>
<tr><td colspan="2">监理（建设）单位验收结论</td><td colspan="5">专业监理工程师
（建设单位项目专业技术负责人）：　　　　日期：</td></tr>
</table>

• 项目部与业主共同确认工程竣工验收记录内容，包括对竣工验收遗留的问题进行整改，确定整改措施，到整改合格。

• 针对存在的质量缺陷，确定整改措施。

• 向业主提出由业主和项目部共同签订工程竣工验收记录，内容包括工程概况、工程数量、工程造价、过程控制、验收经过、发现缺陷、纠正措施、综合评价、验收结论等。

• 业主确认项目部已按合同规定完成全部工程并达到验收标准，并按照合同规定签署竣工验收文件或颁发接收证书。

• 业主按照合同规定释放履约保函及转换质保金保函。

• 竣工验收方案和工程竣工验收记录应以附件形式列入当月的项目工作月度报告，上报项目部存档。

8.3.4 施工质量缺陷的处理

• 修补处理：当工程的某些部分的质量虽未达到规定的标准或设计要求，存在一定的缺陷，但经过修补处理后还可达到规定的标准，在不影响使用功能或外观要求时，可以做出进行修补处理的决定。

• 返工处理：当工程质量未达到规定的标准或设计要求，存在明显的严重质量问题，对结构的使用和安全有重大影响，而又无法通过修补处理办法给予纠正时，可以做出返工处理的决定。

• 限制使用：当工程质量缺陷按修补处理方式无法保证达到规定的标准或设计要求，而又无法返工处理时，可以做出结构卸荷、减荷以及限制使用的决定。

• 不做处理：某些工程质量缺陷虽不符合规定的标准或设计要求，但是情况不严重时，经过分析、论证和慎重考虑后，可以做出不做处理的决定。

8.3.5 竣工验收报告

根据专业特点和工程类别不同，各地采用的工程竣工验收报告的格式也不尽相同。依照国家对建设工程竣工验收条件的规定，工程竣工验收报告主要包括以下内容。

（1）工程概况

① 工程名称、工程地址、建筑面积、结构层数、设备台件、开工日期、竣工验收日期。

② 建设单位、勘察单位、设计单位、施工单位、监理单位、质量监督单位的名称。

③ 完成设计文件和合同约定工程内容的情况，包括工程量、设备试运行等内容。

（2）竣工验收组织形式

① 竣工验收委员会。

② 竣工验收小组。

③ 验收组织单位和代表。

（3）质量验收情况

① 建筑工程质量。

② 给排水与采暖工程质量。

③ 建筑电气安装工程质量。

④ 通风与空调工程质量。

⑤ 电梯安装工程质量。

⑥ 建筑智能化工程质量。

⑦ 工程竣工资料审查结论。

⑧ 其他专业工程质量（略）等。

（4）竣工验收程序

① 按工程规模大小划分。

② 按工程项目竣工先后组织。

③ 按施工合同约定的程序进行。

（5）竣工验收意见

① 建设单位执行基本建设程序的情况。

② 对勘察、设计、施工、监理等方面的评价。

③ 对整个建设工程竣工验收的综合评估。

（6）签名盖章确认

① 参加竣工验收各单位代表签名。

② 加盖竣工验收各单位公章。

（7）竣工验收报告附件

① 施工许可证及施工图设计文件审查意见。

② 勘察单位、设计单位的质量检查报告。

③ 施工单位的竣工资料分类目录及汇总表。

④ 监理单位对工程质量的评估报告。

⑤ 中间交工工程验收报告。

⑥ 竣工验收遗留问题处理结果报告。

⑦ 建设行政主管部门、质量监督机构责令整改的结果报告。

⑧ 法律、法规、规章规定应交的其他文件资料。

工程竣工验收报告模板示例如下。

__________________________工程

竣工验收报告（示例）

根据 ×× 要求，建设单位 ×× 组织相关单位对 ×× 工程进行了竣工验收。按照标准工期要求，从可批复至终验完成整个项目的计划 ×× 个月，本工程实际完成使用 ×× 个月。本工程于 ×× 年 × 月实现项目上线，上线试运行情况良好，于 ×× 年 × 月达到验收标准。

甘特图示例如图 8-2 所示。

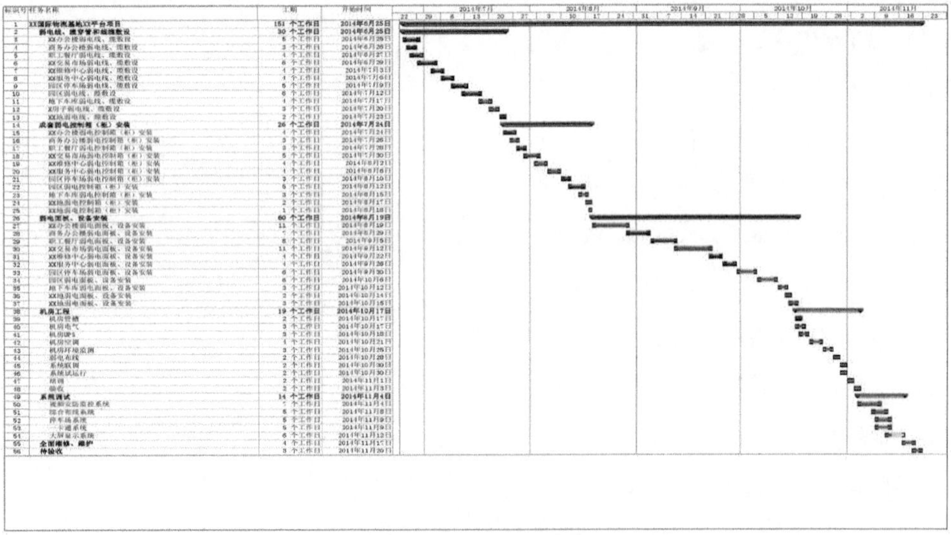

图8-2　甘特图示例

现将验收情况汇报如下。

一、建设依据

（一）××；

（二）××。

二、工程概况

（一）建设规模描述

建设规模描述：××。

（二）工程实施过程

本工程于实施开始时间 ×× 进行工程实施，于完成工程建设时间 ×× 系统通过验收测试并上线。

（三）本工程合作单位

合同单位列表示例见表 8-19。

表8-19　合同单位列表示例

单位类型	单位名称
设备供应商	××
系统集成商	××
设计单位	××
代理单位	××
施工单位	××
监理单位	××

三、初步验收情况

（一）初步验收组织过程及结论

为保证工程顺利实施，我公司依据 ×× 验收测试规范对本工程进行了充分的验收测试工作，主要包括：××。工程于完成初步验收批复时间 ×× 通过初步验收。

（二）初步验收遗留问题解决情况

初步验收遗留问题解决情况：××。

四、试运行情况

初步验收批复后工程进入试运行期，相关设备移交维护部门进行日常维护工作。在试运行期间，系统运行正常，未出现重大问题。系统功能符合合同及设计要求，工程质量合格。

五、工程财务情况

设计批复金额 ×× 元，资金来源为我公司自筹，完成实际投资 ×× 元，节余 ×× 元。

六、工程物资情况

领用工程物资 ×× 元（其中含捐赠物资 ×× 元），实际使用工程物资 ×× 元，退库工程

物资 ×× 元，未退库工程物资 ×× 元，报废物资 ×× 元。工程物资情况见表 8-20。

表8-20 工程物资情况

序号	科目		金额（元）
1	主设备	采购主设备物资	
		实际使用主设备物资	
		退库主设备余料	
		未退库主设备余料	
2	配套设备 / 材料	采购配套设备 / 材料物资	
		实际使用配套设备 / 材料物资	
		退库配套设备 / 材料物资	
		未退库配套设备 / 材料物资	
3	库存物资	领用库存物资	
		实际使用库存物资	
		退库领用库存物资	
		未退库领用库存物资	
4	报废物资		

注：领用工程物资包括主设备、配套设备 / 材料、库存物资、报库物资 4 个部分内容，其中：

主设备物资指物资采购部门专为本工程集中采购的工程物资；

配套设备 / 材料物资指工程建设部门请购的配套工程物资；

领用库存物资指从公司已有库存领用的工程物资（不包括为本工程采购形成库存后领用的物资）；

实际使用库存物资指工程开工建设至完工阶段实际使用的工程物资；

退库领用库存物资指工程建设完工（即达到预定可使用状态）后，未使用且已完成实物退库及 ERP 退库操作的工程物资；

未退库领用库存物资指工程建设完工（即达到预定可使用状态）后，未使用且尚未完成实物退库及 ERP 退库操作的工程物资；

报废物资指工程建设过程中由于不可抗力因素（例如，地震、战争、洪水、台风、雷击等）、工程物资被盗或者重要部件被盗、人为因素（例如，施工失误、消防设备误喷、搬运方法不恰当、人为破坏等）造成工程物资的严重损伤或毁坏，或由于过期、业务变更、技术落后等原因造成已无法正常使用而办理报废的工程物资。

七、工程档案资料

本工程形成竣工档案内容齐全、准确，手续完备，能反映工程实际，符合 ×× 等办法的归档要求。

八、工程竣工验收结论

（一）工程验收组织情况

工程验收组织情况：××。

（二）项目成果分析

项目成果分析：××。

（三）验收结论

建议同意本工程通过竣工验收。

建设单位名称：

组织竣工验收时间：

8.3.6 签发《工程竣工验收证明书》

在建设单位验收完毕并确认工程符合竣工标准和合同条款规定要求以后，应向施工单位签发《工程竣工验收证明书》。建设单位、设计单位、质量监督单位、监理单位、施工单位及其他有关单位在《工程竣工验收证明书》上签字。工程竣工验收证明书（示例）见表 8-21。

表8-21　工程竣工验收证明书（示例）

工程名称：____________合同编号：____________

建设单位		监理单位		施工单位	
工程范围					
开工日期			竣工验收日期		

（续表）

<table>
<tr><td>验收结论</td><td colspan="2">经验收：
1. 该工程已经完成施工和系统调试，各系统运行稳定；
2. 工程施工符合设计文件和施工合同要求；
3. 竣工资料完整，符合要求；
综上所述，该工程竣工验收合格 / 不合格</td></tr>
<tr><td>建设单位</td><td>设计单位</td><td>质量监督单位</td></tr>
<tr><td>建设单位（盖章）：
建设单位代表（签字）：
日期：</td><td>设计单位（盖章）：
设计单位代表（签字）：
日期：</td><td>质量监督单位（盖章）：
质量监督单位代表（签字）：
日期：</td></tr>
<tr><td>监理单位</td><td>施工单位</td><td></td></tr>
<tr><td>监理单位（盖章）：
监理单位代表（签字）：
日期：</td><td>施工单位（盖章）：
施工单位代表（签字）：
日期：</td><td></td></tr>
</table>

8.3.7 办理工程档案资料移交

工程档案是项目的永久性技术文件，是建设单位使用、维护、改造的重要依据，也是对项目进行复查的依据。在施工项目竣工后，项目经理必须按规定向建设单位移交档案资料。移交的工程档案和技术资料必须真实、完整、有代表性，能如实反映工程和施工过程中的具体情况。

8.3.8 办理工程移交手续

在对工程竣工验收完成以后，施工单位要向建设单位办理工程移交手续，并签订交接验收证书，办理工程结算手续。

8.4 竣工资料管理

8.4.1 竣工资料管理的要求

- 项目部应根据总承包合同、相关标准及业主要求，在工程开工前与业主协商确定竣工资料的范围、内容、表单样式及执行标准等。
- 项目部和各专业合作单位 / 分包单位应指定专人负责竣工资料的管理工作。
- 项目部应按有关编码的规定对资料进行分类、保管、收发，防止文件丢失。
- 设计管理部、设备采购与管理部及施工监控部应定期检查专业合作单位 / 分包单位的资料编制质量及与工程建设同步性。
- 项目部应在项目月报中汇报有关工程竣工验收的实施情况，包括编制质量、完整性及是否与工程建设同步等。

8.4.2 竣工资料编制的依据

- 相关法律、法规及强制性标准。
- 工程总承包合同。
- 施工过程中业主或监理发出的变更、增补指令。
- 施工管理资料。
- 施工技术资料。
- 施工测量资料。
- 施工物资资料。
- 施工记录。
- 施工试验资料。
- 过程验收资料。
- 其他相关资料。

8.4.3 竣工资料的形成

竣工资料应记录和反映项目的设计、采购、施工及竣工验收的全过程；真实记录和准确反映项目建设过程和竣工时的实际情况，图物相符、技术数据可靠，满足过程控制和质量追溯的要求。项目竣工资料一般内容参考目录见表 8-22。

表8-22 项目竣工资料一般内容参考目录

序号	归档文件
一、勘察设计相关资料（文件）参考目录	
（一）	工程地质勘察报告
（二）	水文地质勘察报告、自然条件、地震调查
（三）	建设用地钉桩通知单（书）
（四）	地形测量和拔地测量成果报告
（五）	技术设计图纸和说明
（六）	审定设计方案通知书及审查意见
（七）	施工图及其说明
（八）	设计计算书
二、采购、施工相关资料（文件）参考目录	
（一）	建筑安装工程
（二）	施工
三、竣工图文件参考目录（因项目而异）	
（一）	综合竣工图
1	综合图
2	总平面布置图（包括建筑、水景、照明、道路、绿化等）
3	竖向布置图
（二）	各专业图纸
四、竣工验收文件参考目录	

（续表）

序号	归档文件
（一）	工程竣工总结
1	工程概况表
2	工程竣工总结
（二）	竣工验收记录
1	建筑安装工程
2	单位工程质量竣工验收记录
3	竣工验收证明书
4	竣工验收报告
5	工程质量保修书
五、声像、缩微、电子档案等	
1	声像档案
2	工程照片
3	录音、录像材料
4	电子档案
5	光盘

竣工资料的编制应注意以下问题。

• 竣工资料的文件应为原件，因故不能提供原件的，应在复印件上加盖原件存放单位公章，注明原件存放处，并有经办人签字。

• 竣工资料应内容完整、结论明确、签字手续齐全；资料的文字、图表、图章应清晰。

• 竣工资料的文件数量，竣工图套数应满足总承包合同要求并提交公司一套。

• 竣工资料的各类文件应按文件形成的先后顺序或项目完成情况及时收集。

• 声像材料在整理时应附文字说明，对重大事件的事由、时间、地点、人物、作者等内容进行摘录。

• 根据建设程序和工程特点，竣工资料的归档可以分阶段分期进行，也可以在单位或分部工程通过竣工验收后进行，项目部组织专业合作单位/分包单位将各自形成的有关工程资料及时进行收集、汇总。

- 在项目完成后，将经整理、编目后形成的竣工资料进行归档。

8.4.4 竣工图的编制

竣工图应完整、准确、清晰、规范、修改到位，真实反映工程竣工验收时的实际情况。

项目部应根据合同及有关规定的要求，协调确定竣工图的编制工作责任，防止设计和施工分包单位的互相推诿。

竣工图的详细编制要求如下所述。

- 竣工图的编制工作必须由工程技术人员负责绘制。
- 竣工图必须在施工过程中，结合工程进度进行编制，不能在竣工后编制。
- 竣工图上反映的图形、尺寸、结构、材质以及有关的文字说明等，必须反映施工后的实际状况，做到图文与实物一致，没有错误、遗漏和不清楚的地方。
- 利用施工图改绘的竣工图必须注明修改依据，即在修改处注明设计变更单、图纸会审记录或材料代用单的编号。
- 施工图必须按照国家建筑制图标准或有关专业标准、规定进行编制。
- 底图、蓝图的更改只能杠改，不能刮改，不准用涂改液，以保持图面的整洁。
- 每张竣工图均需加盖竣工图章，或重新绘制竣工图图标。
- 在使用施工蓝图编制竣工图时，必须使用新蓝图，禁用在工地受到磨损、残缺丢角和有油垢的旧图用于编制竣工图。
- 重新绘制竣工图的封面、图纸、目录，并重新绘制竣工图图标，不再加盖竣工图章。
- 所有专业的竣工图都应编制竣工图图纸目录，做好竣工图归档，并置于各专业图纸之前排列。

8.4.5 工程竣工资料的审核与移交

项目部应对专业合作单位 / 分包单位提交的工程竣工资料进行审核，审核通过并组织统一整编后方可提交给工程师或业主代表。在竣工验收前，项目部应组织对工程竣工资料进行预验收，预验收合格后再提交给业主。经工程师或业主代表接收的工程竣工资料，在竣工验收时按相关要求的套数和格式移交，并办理清点、签字等交接手续。工程竣工资料经业主接收后 3 个月内，项目部应向公司提交一套完整的工程竣工资料用于存档。

如果当地工程档案馆对档案移交有要求的话，按档案馆要求整理移交。

8.5 软件开发系统验收

目前，国内软件开发系统的验收没有可参照的强制性标准，就软件测试和评价来说，参照的标准是 GB/T 17544 和 GB/T 16260，它们都是推荐性标准，且都是定性而非定量的标准，对于软件开发系统的验收来说，存在很大的分歧和不确定性。

8.5.1 验收原则

在软件开发合同的签订阶段就提出软件验收项目和验收通过标准的意见；在软件的需求评审阶段，仔细审阅软件的需求规格说明书，指出不利于测试和可能存在歧义的描述；软件在经过开发方内部仔细的测试后，对完成的软件进行评审或第三方的验收测试，提供完整的错误报告给业主或监理工程师，业主或监理工程师根据之前签订的开发合同中相应的验收标准判断是否进行验收。

8.5.2 验收项目和验收标准

1. 验收项目

（1）功能项测试

对软件需求规格说明书中的所有功能项进行测试。项目功能验收清单示例见表 8-23。

表8–23 项目功能验收清单示例

序号	功能点	功能实现	备注

（2）业务流程测试

对软件项目的典型业务流程进行测试。

（3）容错测试

容错测试包括以下内容。

① 软件对用户常见的误操作是否能进行提示。

② 软件对用户的操作错误和软件错误是否有准确、清晰的提示。

③ 软件对重要数据的删除是否有警告和确认提示。

④ 软件是否能判断数据的有效性，屏蔽用户的错误输入，识别非法值，并有相应的错误提示。

（4）安全性测试

安全性测试包括以下内容。

① 软件中的密钥是否以密文方式存储。

② 软件是否有留痕功能，即是否保存有用户的操作日志。

③ 软件中各种用户的权限分配是否合理。

（5）性能测试

对软件需求规格说明书中明确的软件性能进行测试。测试的准则是要满足规格说明书中的各项性能指标。

（6）易用性测试

易用性测试包括以下内容。

① 软件的用户界面是否友好，是否出现中英文混杂的界面。

② 软件中的提示信息是否清楚、易理解，是否存在原始的英文提示。

③ 软件中各个模块的界面风格是否一致。

④ 软件中的查询结果的输出方式是否比较直观、合理。

（7）适应性测试

第一，参照用户的软、硬件使用环境和需求规格说明书中的规定，列出开发软件需要满足的软、硬件环境；第二，对每个环境进行测试。

（8）文档测试

用户文档包括安装文档、操作文档和维护文档。对用户文档测试包括以下内容。

① 操作文档、维护文档是否齐全、是否包含产品使用所需的信息和所有的功能模块。

② 用户文档描述的信息是否正确，是否有歧义和错误的表达。

③ 用户文档是否容易理解，是否使用适当的术语、图形进行表示，并用详细的解释来表达。

④ 用户文档对主要功能和关键操作是否提供应用实例。

⑤ 用户文档是否有详细的目录表和索引表。

（9）有特别要求的测试

2. 验收标准

（1）软件错误的严重性等级

① 不能执行正常功能或重要功能，或者危及人身安全。

② 严重影响系统要求或基本功能的实现，且没有办法解决。

③ 严重影响系统要求或基本功能的实现，但有合理的解决办法。

④ 使操作者不方便或遇到麻烦，但不影响执行正常功能或重要功能。

⑤ 其他错误。

一级错误的描述。这一级别的错误一般包括以下内容：没有实现或错误地实现重要的功能；业务流程存在重大隐患；软件在操作的过程中由于软件自身的原因自动退出系统或出现死机的情况；软件在操作过程中由于软件自身的原因对系统或数据造成破坏；在现有的软、硬件建设环境下不能实现应有的功能；特殊软件在操作过程中可能危及系统和人身安全等。

二级错误的描述。这一级别的错误一般包括以下内容：没有实现基本功能，并且没有替代办法；没有实现重要功能中的部分功能，并且没有替代办法；业务流程衔接错误；密钥以明文方式存储；没有留痕功能；用户的权限分配不合理；在现有的环境下，不能实现部分功能且没有替代方案；没有满足系统的性能要求。

三级错误的描述。这一级别的错误是与二级错误相对应的，而三级错误是有替代方法的；对错误操作没有提示，导致非法数据进入数据库。

四级错误的描述。这一级别的错误通常为易用性方面的错误。例如，界面不友好、前后风格不一、中英文混杂、查询结果输出不直观等。

五级错误的描述。通常为文档方面的错误，例如，安装文档、操作文档、维护文档中的描述错误。

需要注意的是，对发现的每一个错误都要确定相应的严重性等级。

如果错误的级别和数量在合同可接受的范围外，用户方认为软件不可验收，要求开发方在规定的时间内全面整改软件，并提交给软件评测中心再次进行完整的验收测试，直到全部改正。

（2）验收标准

① 测试用例不通过数的比例 < 1.5 %。

② 不存在错误等级为一的错误。

③ 不存在错误等级为二的错误。

④ 错误等级为三的错误数量≤ 5。

⑤ 所有提交的错误都已得到改正。

3. 验收标准的详细说明

验收项目的划分参照 GB/T 16260 标准。在该标准中，将软件的质量特性分为六大特性、21 个子特性，而对于具体的软件，并非都要进行 21 个子特性的测试和评价。本文选取的是最通用的子特性部分，针对各种不同的软件，可以对验收项目进行剪裁或扩充。

需要制订的验收标准，即每一级别错误的数量的可接受范围。一般来说，不允许存在一级和二级错误，而三级错误的数量则可按本标准确定或由用户方和开发方根据软件的规模和复杂程度进行商定，并在软件开发合同中明确列出。

在软件验收测试中，测试的依据包括软件的投标文件、开发合同、需求规格说明书，同时还包括特定软件的相关行业标准（这些行业标准应在软件开发合同中明确列出）。

在进行第三方验收测试后，软件评测中心将发现的所有错误进行总结和归纳，并提交完整的错误报告，在错误报告中包括每一级别的错误数量和错误清单（所有的错误都需要经过用户方和开发方的确认）。

用户方根据错误报告中每一级别的错误数量和错误清单与软件开发合同中的验收标准进行对照，如果错误的级别和数量在合同中没有进行约定，可以按照以下办法中的规定进行。如果错误的级别和数量在合同可接受的范围内，用户方认为软件可以验收，但要求开发方对错误报告中的所有错误进行整改，并提交给软件评测中心进行回归测试，确认错误报告中的所有错误全部改正；如果错误的级别和数量在合同可接受的范围外，用户方认为软件不可验收，要求开发方在规定的时间内全面整改软件，并提交给软件评测中心再次进行完整的验收测试。

8.5.3 验收资料

- 工程立项批准文件。
- 项目验收申请报告。
- 软件需求说明书。
- 概要设计说明书。
- 数据及数据库设计要求说明书。
- 详细设计说明书。
- 软件测试报告。
- 核心算法说明文档。
- 操作文档。
- 用户手册。
- 项目用户评价过程意见。
- 软件接口规范。
- 原代码或安装盘。
- 编译、安装等配置说明。
- 专家组要求的其他材料。

8.5.4 其他

在有条件的情况下，还应该进行安装测试、压力测试和数据恢复测试。如果进行子系统验收或部分验收，则可以参照以上方法和资料，双方共同协商确定。

8.6 某园区软件开发验收材料要求

以下为某园区软件开发验收时需要提交的材料示例，供大家参考。

<table>
<tr><td colspan="4">实施开发计划书报审示例</td></tr>
<tr><td>工程名称</td><td></td><td>文档序号</td><td></td></tr>
<tr><td>分项名称</td><td></td><td>日期</td><td></td></tr>
<tr><td colspan="4">致：建设单位
我方根据合同的有关规定完成了《　　　　　　》实施方案（含开发计划）的编制，并经我单位上级技术负责人审查批准，请予以审查。
附：1.《　　　　　　》实施方案（含开发计划）

承建单位（章）：
项目经理：
日期：</td></tr>
<tr><td colspan="4">监理单位审查意见：

监理机构（章）：
总 / 监理工程师：
日期：</td></tr>
<tr><td colspan="4">建设单位审批意见：

建设单位（章）：
负责人：
日期：</td></tr>
</table>

<table>
<tr><th colspan="4">总体实施计划报审示例</th></tr>
<tr><td>工程名称</td><td></td><td>文档序号</td><td></td></tr>
<tr><td>分项名称</td><td></td><td>日期</td><td></td></tr>
<tr><td colspan="4">致：建设单位
监理方
我方根据合同的有关规定制订了《　　　　》计划，并经我单位上级负责人审查批准，请予以审查。
附：《　　　　》计划

承建单位（章）：
项目经理：
日期：</td></tr>
<tr><td colspan="4">监理单位审查意见：

监理机构（章）：
总 / 监理工程师：
日期：</td></tr>
<tr><td colspan="4">建设单位审批意见：

建设单位（章）：
负责人：
日期：</td></tr>
</table>

<table>
<tr><th colspan="4">开工申请</th></tr>
<tr><td>工程名称</td><td></td><td>文档序号</td><td></td></tr>
<tr><td>分项名称</td><td></td><td>日期</td><td></td></tr>
<tr><td colspan="4">致：本工程监理机构
根据合同的有关规定，我方认为工程已具备了开工条件。经我单位上级负责人审查批准，特此申请《　　　　　　》项目开工，请予以审核批准。
附:《批准的实施计划（工程量清单、进度计划、组织管理计划等）》

承建单位（章）：
项目经理：
日期：</td></tr>
</table>

<table>
<tr><th colspan="4">质量保证计划报审示例</th></tr>
<tr><td>工程名称</td><td></td><td>文档序号</td><td></td></tr>
<tr><td>分项名称</td><td></td><td>日期</td><td></td></tr>
<tr><td colspan="4">致：建设单位、监理单位
我方根据合同的有关规定制订了《　　　　　　　》软件质量保障计划，并经我单位上级负责人审查批准，请予以审查。
附:《　　　　　　　》软件质量保障计划

承建单位（章）：
项目经理：
日期：</td></tr>
<tr><td colspan="4">监理单位审查意见：

监理机构（章）：
总 / 监理工程师：
日期：</td></tr>
<tr><td colspan="4">建设单位审批意见：

建设单位（章）：
负责人：
日期：</td></tr>
</table>

<table>
<tr><th colspan="4">需求调研计划报审示例</th></tr>
<tr><td>工程名称</td><td></td><td>文档序号</td><td></td></tr>
<tr><td>分项名称</td><td></td><td>日期</td><td></td></tr>
<tr><td colspan="4">致：建设单位、监理方
我方根据合同的有关规定制订了《　　　　　　》需求调研计划，并经我单位上级负责人审查批准，请予以审查。
附：《　　　　　　》需求调研计划

承建单位（章）：
项目经理：
日期：</td></tr>
<tr><td colspan="4">监理单位审查意见：

监理机构（章）：
总 / 监理工程师：
日期：</td></tr>
<tr><td colspan="4">建设单位审批意见：

建设单位（章）：
负责人：
日期：</td></tr>
</table>

<table>
<tr><th colspan="4">需求分析报审示例</th></tr>
<tr><td>工程名称</td><td></td><td>文档序号</td><td></td></tr>
<tr><td>分项名称</td><td></td><td>日期</td><td></td></tr>
<tr><td colspan="4">致：建设单位、监理方
我方根据合同的有关规定完成了《　　　　　　》软件调研报告、需求规格说明书编制，并经我单位上级负责人审查批准，请予以审查。
附：1.《　　　　　　》软件调研报告
2.《　　　　　　》需求规格说明书

承建单位（章）：
项目经理：
日期：</td></tr>
<tr><td colspan="4">监理单位审查意见：

监理机构（章）：
总 / 监理工程师：
日期：</td></tr>
<tr><td colspan="4">建设单位审批意见：

建设单位（章）：
负责人：
日期：</td></tr>
</table>

<table>
<tr><th colspan="4">概要设计说明书报审示例</th></tr>
<tr><td>工程名称</td><td></td><td>文档序号</td><td></td></tr>
<tr><td>分项名称</td><td></td><td>日期</td><td></td></tr>
<tr><td colspan="4">致：建设单位
我方根据合同的有关规定完成了《　　　　　　　》软件概要设计说明书文档编制，并经我单位上级负责人审查批准，请予以审查。
附：1.《　　　　　　　》软件概要设计说明书

承建单位（章）：
项目经理：
日期：</td></tr>
<tr><td colspan="4">监理单位审查意见：

监理机构（章）：
总 / 监理工程师：
日期：</td></tr>
<tr><td colspan="4">建设单位审批意见：

建设单位（章）：
负责人：
日期：</td></tr>
</table>

详细设计说明书报审示例			
工程名称		文档序号	
分项名称		日期	
致：建设单位 我方根据合同的有关规定完成了《　　　　　　》软件详细设计说明书文档编制，并经我单位上级负责人审查批准，请予以审查。 附：1.《　　　　　　》软件详细设计说明书 承建单位（章）： 项目经理： 日期：			
监理单位审查意见： 监理机构（章）： 总 / 监理工程师： 日期：			
建设单位审批意见： 建设单位（章）： 负责人： 日期：			

<table>
<tr><th colspan="4">数据库设计说明书报审示例</th></tr>
<tr><td>工程名称</td><td></td><td>文档序号</td><td></td></tr>
<tr><td>分项名称</td><td></td><td>日期</td><td></td></tr>
<tr><td colspan="4">致：建设单位
我方根据合同的有关规定完成了《　　　　　　　　》软件数据库设计说明书文档编制，并经我单位上级负责人审查批准，请予以审查。
附：1.《　　　　　　　　》软件数据库设计说明书

承建单位（章）：
项目经理：
日期：</td></tr>
<tr><td colspan="4">监理单位审查意见：

监理机构（章）：
总 / 监理工程师：
日期：</td></tr>
<tr><td colspan="4">建设单位审批意见：

建设单位（章）：
负责人：
日期：</td></tr>
</table>

<table>
<tr><th colspan="4">软件开发规范报审示例</th></tr>
<tr><td>工程名称</td><td></td><td>文档序号</td><td></td></tr>
<tr><td>分项名称</td><td></td><td>日期</td><td></td></tr>
<tr><td colspan="4">致：建设单位
我方根据合同的有关规定完成了《　　　　　》软件开发规范文档编制，并经我单位上级负责人审查批准，请予以审查。
附：1.《　　　　　》软件开发规范

承建单位（章）：
项目经理：
日期：</td></tr>
<tr><td colspan="4">监理单位审查意见：

监理机构（章）：
总 / 监理工程师：
日期：</td></tr>
<tr><td colspan="4">建设单位审批意见：

建设单位（章）：
负责人：
日期：</td></tr>
</table>

<table>
<tr><th colspan="4">软件编码规范报审示例</th></tr>
<tr><td>工程名称</td><td></td><td>文档序号</td><td></td></tr>
<tr><td>分项名称</td><td></td><td>日期</td><td></td></tr>
<tr><td colspan="4">致：建设单位
我方根据合同的有关规定完成了《　　　　　　　　》软件编码规范文档编制，并经我单位上级负责人审查批准，请予以审查。
附：1.《　　　　　　　　》软件编码规范

承建单位（章）：
项目经理：
日期：</td></tr>
<tr><td colspan="4">监理单位审查意见：

监理机构（章）：
总 / 监理工程师：
日期：</td></tr>
<tr><td colspan="4">建设单位审批意见：

建设单位（章）：
负责人：
日期：</td></tr>
</table>

<table>
<tr><th colspan="4">软件测试规范报审示例</th></tr>
<tr><td>工程名称</td><td></td><td>文档序号</td><td></td></tr>
<tr><td>分项名称</td><td></td><td>日期</td><td></td></tr>
<tr><td colspan="4">致：建设单位
我方根据合同的有关规定完成了《　　　　　　　　》软件测试规范文档编制，并经我单位上级负责人审查批准，请予以审查。
附：1.《　　　　　　　　》软件测试规范

承建单位（章）：
项目经理：
日期：</td></tr>
<tr><td colspan="4">监理单位审查意见：

监理机构（章）：
总 / 监理工程师：
日期：</td></tr>
<tr><td colspan="4">建设单位审批意见：

建设单位（章）：
负责人：
日期：</td></tr>
</table>

<table>
<tr><th colspan="4">软件接口设计规范报审示例</th></tr>
<tr><td>工程名称</td><td></td><td>文档序号</td><td></td></tr>
<tr><td>分项名称</td><td></td><td>日期</td><td></td></tr>
<tr><td colspan="4">致：建设单位
我方根据合同的有关规定完成了《　　　　　　　　》软件接口设计规范文档编制，并经我单位上级负责人审查批准，请予以审查。
附：1.《　　　　　　　　》软件接口设计规范

承建单位（章）：
项目经理：
日期：</td></tr>
<tr><td colspan="4">监理单位审查意见：

监理机构（章）：
总 / 监理工程师：
日期：</td></tr>
<tr><td colspan="4">建设单位审批意见：

建设单位（章）：
负责人：
日期：</td></tr>
</table>

<table>
<tr><th colspan="4">软件系统部署方案报审示例</th></tr>
<tr><td>工程名称</td><td></td><td>文档序号</td><td></td></tr>
<tr><td>分项名称</td><td></td><td>日期</td><td></td></tr>
<tr><td colspan="4">致：建设单位
我方根据合同的有关规定完成了《　　　　　　　　》软件系统部署方案文档编制，并经我单位上级负责人审查批准，请予以审查。
附：1.《　　　　　　　　》软件系统部署方案

承建单位（章）：
项目经理：
日期：</td></tr>
<tr><td colspan="4">监理单位审查意见：

监理机构（章）：
总 / 监理工程师：
日期：</td></tr>
<tr><td colspan="4">建设单位审批意见：

建设单位（章）：
负责人：
日期：</td></tr>
</table>

<table>
<tr><td colspan="4">软件系统部署申请</td></tr>
<tr><td>工程名称</td><td></td><td>文档序号</td><td></td></tr>
<tr><td>分项名称</td><td></td><td>日期</td><td></td></tr>
<tr><td colspan="4">致：建设单位
根据合同的有关规定，我方已完成了《　　　　　　》软件系统部署方案编制工作并具备部署条件。经我单位上级负责人审查批准，特此申请《　　　　　　》软件系统部署，请予以审核批准。
附：1. 批准的《　　　　　　》软件系统部署方案

承建单位（章）：
项目经理：
日期：</td></tr>
<tr><td colspan="4">监理单位审查意见：

监理机构（章）：
总 / 监理工程师：
日期：</td></tr>
<tr><td colspan="4">建设单位审批意见：

建设单位（章）：
负责人：
日期：</td></tr>
</table>

<table>
<tr><th colspan="4">软件系统测试方案报审示例</th></tr>
<tr><td>工程名称</td><td></td><td>文档序号</td><td></td></tr>
<tr><td>分项名称</td><td></td><td>日期</td><td></td></tr>
<tr><td colspan="4">致：建设单位
我方根据合同的有关规定完成了《　　　　　　　》软件系统测试方案文档编制，并经我单位上级负责人审查批准，请予以审查。
附：1.《　　　　　　　》软件系统测试方案

承建单位（章）：
项目经理：
日期：</td></tr>
<tr><td colspan="4">监理单位审查意见：

监理机构（章）：
总 / 监理工程师：
日期：</td></tr>
<tr><td colspan="4">建设单位审批意见：

建设单位（章）：
负责人：
日期：</td></tr>
</table>

<table>
<tr><td colspan="4">软件系统测试申请</td></tr>
<tr><td>工程名称</td><td></td><td>文档序号</td><td></td></tr>
<tr><td>分项名称</td><td></td><td>日期</td><td></td></tr>
<tr><td colspan="4">致：建设单位
根据合同的有关规定，我方已完成了＿＿＿＿＿＿＿工作。经我单位上级负责人审查批准，特此申请《　　　　　　　》项目软件系统测试，请予以审核批准。
附：1. 批准的《　　　　　　　》项目软件系统测试方案
2. 批准的《测试计划》

承建单位（章）：
项目经理：
日期：</td></tr>
<tr><td colspan="4">监理单位审查意见：

监理机构（章）：
总 / 监理工程师：
日期：</td></tr>
<tr><td colspan="4">建设单位审批意见：

建设单位（章）：
负责人：
日期：</td></tr>
</table>

测试报验示例

工程名称		文档序号	
分项名称		日期	

致：建设单位

根据合同的有关规定，我方已完成了＿＿＿＿＿＿＿＿。经我单位上级负责人审查批准，特此申请《　　　　　　》测试验收，请予以审核批准。

附：1.《　　　　　　　　》测试报告

2.《　　　　　　　　》测试记录

承建单位（章）：
项目经理：
日期：

监理单位审查意见：

监理机构（章）：
总 / 监理工程师：
日期：

建设单位审批意见：

建设单位（章）：
负责人：
日期：

<table>
<tr><td colspan="4">软件系统培训方案报审示例</td></tr>
<tr><td>工程名称</td><td></td><td>文档序号</td><td></td></tr>
<tr><td>分项名称</td><td></td><td>日期</td><td></td></tr>
<tr><td colspan="4">致：建设单位
我方根据合同的有关规定完成了《　　　　　　　》软件系统培训方案文档编制，并经我单位上级负责人审查批准，请予以审查。
附：1.《　　　　　　　》软件系统培训方案

承建单位（章）：
项目经理：
日期：</td></tr>
<tr><td colspan="4">监理单位审查意见：

监理机构（章）：
总 / 监理工程师：
日期：</td></tr>
<tr><td colspan="4">建设单位审批意见：

建设单位（章）：
负责人：
日期：</td></tr>
</table>

<table>
<tr><th colspan="4">软件系统培训申请</th></tr>
<tr><td>工程名称</td><td></td><td>文档序号</td><td></td></tr>
<tr><td>分项名称</td><td></td><td>日期</td><td></td></tr>
<tr><td colspan="4">致：建设单位
根据合同的有关规定，我方已完成了______________ 部署，现具备软件系统培训工作。经我单位上级负责人审查批准，特此申请《　　　　　　　》软件系统培训，请予以审核批准。
附：1. 批准的《　　　　　　　》软件系统培训方案
2. 批准的《培训计划》

承建单位（章）：
项目经理：
日期：</td></tr>
<tr><td colspan="4">监理单位审查意见：

监理机构（章）：
总 / 监理工程师：
日期：</td></tr>
<tr><td colspan="4">建设单位审批意见：

建设单位（章）：
负责人：
日期：</td></tr>
</table>

<table>
<tr><th colspan="4">软件系统培训报验示例</th></tr>
<tr><td>工程名称</td><td></td><td>文档序号</td><td></td></tr>
<tr><td>分项名称</td><td></td><td>日期</td><td></td></tr>
<tr><td colspan="4">致：建设单位
根据合同的有关规定，我方已完成了______项目培训工作。经我单位上级负责人审查批准，特此申请《　　　　》培训工作验收，请予以审核批准。
附：1.《　　　　》培训报告
2.《　　　　》培训记录

承建单位（章）：
项目经理：
日期：</td></tr>
<tr><td colspan="4">监理单位审查意见：

监理机构（章）：
总 / 监理工程师：
日期：</td></tr>
<tr><td colspan="4">建设单位审批意见：

建设单位（章）：
负责人：
日期：</td></tr>
</table>

<table>
<tr><th colspan="4">试运行方案报审示例</th></tr>
<tr><td>工程名称</td><td></td><td>文档序号</td><td></td></tr>
<tr><td>分项名称</td><td></td><td>日期</td><td></td></tr>
<tr><td colspan="4">致：建设单位
我方根据合同的有关规定完成了《　　　　　　》软件试运行方案编制工作，并经我单位上级负责人审查批准，请予以审查。
附：1.《　　　　　　》软件试运行方案

承建单位（章）：
项目经理：
日期：</td></tr>
<tr><td colspan="4">监理单位审查意见：

监理机构（章）：
总 / 监理工程师：
日期：</td></tr>
<tr><td colspan="4">建设单位审批意见：

建设单位（章）：
负责人：
日期：</td></tr>
</table>

<table>
<tr><td colspan="4">试运行申请</td></tr>
<tr><td>工程名称</td><td></td><td>文档序号</td><td></td></tr>
<tr><td>分项名称</td><td></td><td>日期</td><td></td></tr>
<tr><td colspan="4">致：建设单位
我方根据合同的有关规定完成了《　　　　　　　》软件试运行方案编制并具备试运行条件，并经我单位上级负责人审查批准，请予以审查。
附：1. 已批复的《　　　　　　　》软件试运行方案

承建单位（章）：
项目经理：
日期：</td></tr>
<tr><td colspan="4">监理单位审查意见：

监理机构（章）：
总 / 监理工程师：
日期：</td></tr>
<tr><td colspan="4">建设单位审批意见：

建设单位（章）：
负责人：
日期：</td></tr>
</table>

<table>
<tr><th colspan="4">初步验收方案报审示例</th></tr>
<tr><td>工程名称</td><td></td><td>文档序号</td><td></td></tr>
<tr><td>分项名称</td><td></td><td>日期</td><td></td></tr>
<tr><td colspan="4">致：建设单位
我方根据合同的有关规定完成了《　　　　　　　　》软件系统初步验收方案编制工作，并经我单位上级负责人审查批准，请予以审查。
附：1.《　　　　　　　　》软件系统初步验收方案

承建单位（章）：
项目经理：
日期：</td></tr>
<tr><td colspan="4">监理单位审查意见：

监理机构（章）：
总 / 监理工程师：
日期：</td></tr>
<tr><td colspan="4">建设单位审批意见：

建设单位（章）：
负责人：
日期：</td></tr>
</table>

<table>
<tr><th colspan="4">初步验收申请</th></tr>
<tr><td>工程名称</td><td></td><td>文档序号</td><td></td></tr>
<tr><td>分项名称</td><td></td><td>日期</td><td></td></tr>
<tr><td colspan="4">致：建设单位
我方根据合同的有关规定完成了《　　　　　　　　》软件系统初步验收方案，并且项目已具备初步验收条件，并经我单位上级负责人审查批准，请予以审查。
附：1.《　　　　　　　　　》软件系统初步验收方案

承建单位（章）：
项目经理：
日期：</td></tr>
<tr><td colspan="4">监理单位审查意见：

监理机构（章）：
总 / 监理工程师：
日期：</td></tr>
<tr><td colspan="4">建设单位审批意见：

建设单位（章）：
负责人：
日期：</td></tr>
</table>

<table>
<tr><th colspan="4">终验收申请</th></tr>
<tr><td>工程名称</td><td></td><td>文档序号</td><td></td></tr>
<tr><td>分项名称</td><td></td><td>日期</td><td></td></tr>
<tr><td colspan="4">致：建设单位
我方根据合同的有关规定完成了《　　　　　　》软件系统终验收方案，并且具备终验收条件，并经我单位上级负责人审查批准，请予以审查。
附：1.《　　　　　　》软件系统终验收方案

承建单位（章）：
项目经理：
日期：</td></tr>
<tr><td colspan="4">监理单位审查意见：

监理机构（章）：
总 / 监理工程师：
日期：</td></tr>
<tr><td colspan="4">建设单位审批意见：

建设单位（章）：
负责人：
日期：</td></tr>
</table>

8.7 项目总结

项目结束后编制项目总结，总结 EPC 工程总承包实施中的经验教训，为其他工程项目的实施提供借鉴参考。

以下为工程项目总结报告示例。

1. 项目概况

（1）项目（工程）概况

对项目（工程）的总体介绍，包括项目名称、地点、建设单位、监理单位、分包单位情况等内容。

（2）主要工作量

概要介绍项目的子系统、主要施工工程量等。

（3）项目特色、亮点

概要介绍项目的特点、亮点等。

2. 项目前期决策和实施准备

（1）项目组织架构

实际投入的项目管理组成员。

（2）项目实施准备

项目的招投标工作、项目立项、施工组织方案、合同谈判与签订、项目分包、开工准备等。

3. 项目实施情况

（1）项目进度控制情况

（2）项目质量控制情况

（3）项目成本控制情况

（4）项目安全环境文明施工等管理情况

（5）新技术新材料新工艺总结

项目的组织与管理、合同执行情况，为实现工程进度、成本管理、工程质量、安全卫生环境管理方面的目标采取的控制措施、计划完成的情况、取得的效果，以及存在的问题进行总结。

4. 项目验收与决算情况

（1）项目竣工验收运行情况总结

对项目试运行情况，竣工验收情况（例如，组织形式、验收时间、验收结论、遗留尾工及处理情况）、项目运行情况、工程资料情况等进行总结。

（2）项目变更与决算情况

总结项目交付过程中的重大变更，变更原因及手续，变更对项目投资、进度与功能的影响等。

5. 项目相关方评价

（1）对建设单位的评价

（2）对设计单位（如有）的评价

（3）对监理单位（如有）的评价

（4）对分包单位（如有）的评价

对项目实施过程中建设单位、设计单位、监理单位、项目分包合作单位等相关方的配合、沟通、协调等进行评价。

6. 项目经验与教训

总结项目在实施的过程中出现的问题和具体的解决措施、获得的经验教训，也包括对公司管理的意见和建议。

7. 总结报告审核

公司相关管控部门组织对项目总结报告进行评审。评审结论作为项目部绩效考评的依据。

参考文献

[1] 荣世立，李森等. 建设项目工程总承包管理规范实施指南 [M]. 北京：中国建筑工业出版社，2018.

[2] 范云龙，朱星宇. EPC 工程总承包项目管理手册及实践 [M]. 北京：清华大学出版社，2016.

[3] 杨俊杰，王力尚. EPC 工程总承包项目管理模板及操作实例 [M]. 北京：中国建筑工业出版社，2014.

[4] 河海大学 . 工程总承包项目管理理论与实践 [M]. 北京：中国水利水电出版社，2009.

[5] 中国水电顾问集团中南勘测设计院，河海大学 . 工程总承包项目管理应用手册 [M]. 北京：中国水利水电出版社，2009.

[6] 王伍仁 .EPC 工程总承包管理 [M]. 北京：中国建筑工业出版社，2008.

[7] 李永福 .EPC 工程总承包全过程管理 [M]. 北京：中国电力出版社，2019.

[8] 美国项目管理协会 . 项目管理体系指南（PMBOK® 指南）[M]（第 6 版）. 北京：电子工业出版社，2018.

[9] 陈津生 .EPC 工程总承包合同管理与索赔实务 [M]. 北京：中国电力出版社，2018.

[10] 王宁坤 . 光耀撒哈拉——国际光伏 EPC 总承包项目管理创新与实践 [M]. 北京：机械工业出版社，2019.

[11] 王建玉 . 建筑智能化工程施工组织与管理 [M]. 北京：机械工业出版社，2018.

[12] 王建军 . 工程采购的风险及防范措施 [J]. 工程建筑与设计，2005（12）：81-83.

[13] 郑洪涛，张颖 . 工程项目采购风险控制设计——以苏州工业园区城市重建有限公司为例 [J]. 财务与会计，2014（4）：14-16.

[14] 鞠颂东，徐杰 . 采购管理 [M]. 北京：机械工业出版社，2005.

[15] 马士华，林勇，陈志祥 . 供应链管理 [M]. 北京：机械工业出版社，2000.

[16] 李君. 建设工程总承包项目管理实务 [M]. 北京：中国电力出版社，2016.

[17] 杨卫东，敖永杰等 . 全过程工程咨询实践指南 [M]. 北京：中国建筑工业出版社，2018.